“十四五”职业教育辽宁省规划教材

民航空中乘务专业系列教材

FLIGHT SERVICE SERIES

第5版

空乘人员仪态与服务礼仪训练

洪 涛 杨 静 主 编
杨 倩 郑大莉 高 宏 副主编
亢 元 熊 莹 李巧娜 参 编

北京·旅游教育出版社

民航空中乘务专业系列教材
编 委 会

修订说明

民航空中乘务专业系列教材依据中国民航局关于空乘人员的素质、知识结构、能力的要求开发和编写。作为全国首套针对空中乘务专业较为完善的系列教材，从2006年规划之初就坚持“探索教材体系、服务专业发展，创新教材内容、引领专业趋势”的指导思想。经过十几年的使用，本套教材得到了相关院校一线教师的充分肯定，获得了很好的口碑，对我国空中乘务专业的建设与人才培养发挥了重要作用。

我们欣喜地看到，在过去的十几年中，我国空中乘务专业办学层次不断提升，人才培养的内涵不断丰富，培养体系更加科学，在专业建设与教学改革方面取得了长足的进步。可以说，我国的空中乘务专业已经步入成熟发展时期。

其间，我们一直密切关注民航服务的实践，动态跟踪空中乘务专业的国内外发展趋势，不断深化对民航服务专业教育的认识。为适应未来民航服务国际化对人才培养的新要求，继续发挥本套教材对我国空乘服务专业教育的引领作用，完善教学体系和教学手段、丰富教学内容，提高教学的效率与质量，我们就教材在专业建设与人才培养中的实际效果以及毕业生在工作岗位上的职业发展进行了调研，在此基础上我们多次组织了工作在专业建设一线的空乘服务专业专家、教师对教材进行了修订，力图在教材的科学性、前瞻性和实用性方面有所创新，使这套空中乘务专业系列教材在未来的专业建设与人才培养方面发挥更大的作用。

本次教材修订我们主要遵循了以下原则：

1. 体现现代民航服务发展的趋势。《“十四五”民用航空发展规划》的发布全面开启了我国多领域民航强国建设的新征程。随着智慧民航建设新局面的拓展，民航服务学科的核心概念与外延正发生着变化。作为教材，必须反映这一发展趋势，摒弃传统的概念与思想，将智慧民航、绿色民航、民航安全等要素融入教材中，以发挥教材的导向作用，使教材的整体脉络更加科学、更具有前瞻性。

2. 提升教材的学科内涵。现今的空乘服务教育已从普通的专科教育为主，逐步走向本专科教育并存的格局，侧重点也开始从服务技能教育逐步向专注人才核心能力转变，学科的内涵逐渐凸显。为此，在本系列教材修订中我们适当融入了本科教学的理念，让教学内容更加体系化和饱满。

3. 教材编排模式向项目–任务式转变。项目–任务式教学模式是基于工作过程和岗位任职能力养成的需要，把学习内容转化为以项目为载体、以任务为牵引的教学方式。通过强化学习者的主体地位，使学习者在完成任务的过程中，以体验、互动、合作的学习方式，感悟知识应用，形成技能技巧。这种方式更适用于职业教育教学的开展和教学目标的实现。

4. 理论与案例结合，着力于培育整体服务思想体系。空乘服务专业实践性很强，服务涉及的情境复杂，服务的艺术性凸显，教与学问题突出，理论的引领更需要案例的配合。为此，在本套教材修订过程中，除了进一步完善教材理论内容体系，还特别增加了案例的数量，并及时将最新的案例编入教材中，以为读者提供一个更为广阔的民航服务的“崭新空间”。

5. 从传统纸质教材向多媒体融合教材方向发展。我们在纸质教材的基础上，协同作者开发了配套的音频、实训视频、教学微课、延伸阅读、互动自测等多种形式的数字融媒体资源，并借助云存储及二维码链接技术进行线上呈现，极大丰富了课堂教学的形式，也更便于学习者自学。

6. 将课程思政有机融入，强调“立德”与“树人”并举。通过设定“素质目标”，或引入相关思政案例材料，来丰富教材的思政元素。

本套教材目前共有20个品种，涵盖了民航空中乘务专业的专业基础课、专业核心课及某些实训课，并在此基础上向航空运输大类方向有所拓展。另外，我们还策划出版了“现代航空物流管理系列教材”，可供学校根据专业方向选用。

高质量空乘服务人才的培养需要建立在科学的培养模式、学科建设、规范的课程体系以及合理的课程内容与有效的教学方法基础上。希望本套教材的修订再版能在优化民航空中乘务及相关专业培养方案、完善课程体系、丰富课程内容、传播交流有效教学方法方面尽一份绵薄之力。

对于教材使用中的问题，我们衷心希望能够得到广大师生的积极反馈及专家学者的批评指正，我们会全力以赴地不断提升教材的品质，以回报给予我们大力支持的广大师生。如有建议或疑问，欢迎发邮件至 wytep@126.com。

旅游教育出版社

第 5 版前言

在民航业的复杂生态系统中，空乘人员不仅是乘客与飞行机组之间的桥梁，还负责确保飞行的安全和乘客的舒适。空乘人员的职业素养和技能水平对于民航的顺利运营至关重要。

对于从事空乘职业教育的教育者来说，把一个具有空乘人员潜质的学生培养成一名具有空乘职业素养的空乘专业人才，其过程是十分复杂的。而塑造良好的仪态气质和礼仪修养，比培养其服务技能则更复杂。因为这是一个漫长的“养成”过程，而这个过程需要我们不断思考与探索。

本教材针对空乘专业学生的特点，帮助学生在认识、理解和实践仪态与礼仪的过程中，逐步形成恰当的仪态和礼仪方式，从而实现良好气质修养的“养成”过程。本教材由多个院校的专业教师联合编写，共分为四个单元，分别是:“外秀内慧”赢服务、空乘人员仪态美的训练与养成、空乘服务礼仪规范、空乘服务礼仪综合训练。

本教材自 2011 年首次出版以来，以形象认知、仪态塑造、礼仪养成为主线，在紧跟行业标准变化和吸纳使用者反馈意见的基础上不断进行完善，已陆续完成 4 版修订。本教材于 2023 年入选“十四五”职业教育辽宁省规划教材。

本次第 5 版修订，主要从如下几个方面进行了完善:

1. 增设思政内容

为贯彻落实党的二十大精神，增强教材的育人功能，教材增加了更多思政素材，涉及中国传统礼仪文化、古人的礼仪小故事、现当代的仪态礼仪人物典范等，希望学生能从其中汲取成长的力量。

2. 优化内容体系

例如，第二单元中，对模块二中的“固化缺陷”概念进行了明晰界定，并在分类上做了优化整合；模块三中则对“坐姿”进行了更详细的分类讲解；在模块四空乘人员仪态综合训练中增设了空乘面试情景实训。

再如，第三单元优化调整了模块三中“空乘人员的仪容礼仪规范”和“空乘人员的服饰礼仪规范”的内容，以及模块四中“空乘人员常用服务礼仪训练”的内容。

3. 更新实训图片

本版修订替换了上一版中大部分的图片，并增加了一些新的实训场景图片，弥补了上一版中图片示范动作不够连贯的不足，希望可以帮助读者更有针对性地从外及里地塑造仪态美。

4. 补充实训视频

本版在原有 13 个实训小视频的基础上又补充了 34 个视频，共计 47 个，所有视频均可通过扫描书中二维码观看，满足当前移动阅读和学习的需求，丰富课堂教学资源，实现线上与线下的有机融合。

本教材由沈阳航空航天大学洪涛教授和中原工学院杨静教授任主编，具体编写分工如下：第一单元由高宏教授编写；第二单元由洪涛、杨倩、亢元编写；第三单元由杨静、郑大莉、李巧娜编写；第四单元由郑大莉、熊莹、李巧娜编写。

本教材编写得到了沈阳航空航天大学大学生记者团和中原工学院陈永康老师的大力协助，在此特别表示感谢！同时，沈阳航空航天大学、中原工学院、郑州经贸学院的学生们承担了本教材示范动作的演示模特儿工作，他们是：沈阳航空航天大学的曹秋凤、张馨予、张津镒、杨昕颖、王晓禹、程雯、刘晓雨、董笑尘、黄晨、刘欣悦、张明谦、赵泓萱、高子恒、刘吉昊、郝泽育，中原工学院的陈菲菲、周静、王晓婷、迟靖楠、宋亚楠、张涛、伍奕妮，以及郑州经贸学院的马晓彤、王琦、史玉冰、魏一、李德源、赵晟博、陈权伟、李南。书中留下了他（她）们的美丽身姿，他们的动作示范图片让本书大大增光添彩。

由于水平有限，本教材一定尚存不足之处，欢迎广大读者批评指正。

编者

目　录

二维码教学资源列表

<table>
<tr><th colspan="3">所在章节</th><th colspan="2">视频资源</th><th>页码</th></tr>
<tr><td rowspan="10">第二单元 空乘人员仪态美的训练与养成</td><td rowspan="3">模块二　常见的仪态要素缺陷分析与纠正</td><td>二、姿态固化缺陷</td><td>走姿缺陷</td><td>（1）内八字
（2）外八字
（3）拖步走
（4）坐着走</td><td>40</td></tr>
<tr><td rowspan="2">三、体态固化缺陷</td><td>无意识的身体动作</td><td>（1）身体摇晃
（2）身体颤抖
（3）昂头挺胸
（4）低头含胸</td><td>43</td></tr>
<tr><td>无意识的表情动作</td><td>（1）眼睛向下看
（2）眼睛向上看
（3）眼睛左右看
（4）中断眼神交流
（5）不停地眨眼睛
（6）眼珠转动
（7）挤眼睛
（8）表情木讷
（9）大笑
（10）忍不住地笑</td><td>44</td></tr>
<tr><td rowspan="5">模块三　空乘人员仪态基础训练</td><td>一、亲和力训练</td><td>眼神的亲和力训练</td><td>（1）自我训练法
（2）问题环境训练法</td><td>72</td></tr>
<tr><td rowspan="4">二、身体姿态训练</td><td>肩部和胸部的柔韧训练</td><td>（1）压肩胸①
（2）压肩胸②
（3）含展胸
（4）身体波浪</td><td>79</td></tr>
<tr><td>腰腹部力量练习</td><td>（1）腰背部力量练习
（2）身体稳固性练习</td><td>81</td></tr>
<tr><td colspan="2">四肢姿态的训练</td><td>83</td></tr>
<tr><td>身体综合姿态训练</td><td>（1）行姿（男女正向）
（2）行姿（男女侧向）
（3）坐姿（男女正向）
（4）坐姿（男女侧向）
（5）蹲姿（男女正向）
（6）蹲姿（男侧向）
（7）蹲姿（女侧向）
（8）鞠躬（男女正向）
（9）鞠躬（男女侧向）
（10）后退步
（11）引导步</td><td>87</td></tr>
<tr><td rowspan="2">模块四　空乘人员仪态综合训练</td><td>一、体态要素合成训练</td><td colspan="2">体态要素合成队列训练</td><td>100</td></tr>
<tr><td>二、情境模拟训练</td><td>面试情境模拟训练</td><td>（1）常规面试情境训练
（2）空乘面试情境训练（个人）
（3）空乘面试情境训练（小组）</td><td>109</td></tr>
</table>

续表

所在章节			视频资源	页码
第三单元 空乘服务礼仪规范	模块四　空乘人员体态礼仪规范	一、身体语言的礼仪规范	行姿礼仪规范	165
			坐姿礼仪规范	168
			常用女士坐姿	168
			蹲姿礼仪规范	172
第四单元 空乘服务礼仪综合训练	模块一　空乘人员常用服务礼仪训练	五、迎送礼仪	舱门迎客站姿	205

第一单元
“外秀内慧”赢服务

课前导读

本单元是本教材实训部分的导言，意在通过对空乘人员形象等“外秀”的描述，揭示本课程的实质——“内慧”需要“外秀”的表现，“外秀”需要“内慧”的支撑，以期达到使学习者“知其然，更知其所以然”的能动性教学目的。让学习者知道进行形体、仪态训练和礼仪养成与空乘服务的关系，按空乘服务对仪态、礼仪的内在要求和仪态、礼仪的养成规律去指导自己的训练，明确服务者、服务对象在空中乘务中的各种角色以及各种角色的辩证关系；同时，更清楚为什么要注重塑造美丽的身形、仪态以及养成规范的礼仪风范，应该塑造什么样的仪态、具有什么样的礼仪修养，从而为未来的职业生涯奠定扎实的基础。

“内慧”意指空乘人员的内在素质，而在服务中，这种“无形”的内慧，要通过“有形”的“外秀”表现出来，才能为乘客所体会、感受。“外秀”既指空乘人员外在的综合形象，包括静态的仪表之美，还包括高雅的举止、得体的礼仪风貌、善解人意的眼神、诚恳温柔的语言等有形的或可以被乘客体会的动态之美。衡量服务行为是否完美，其标准既在于行为举止是否发自内心，是否在行为举止中体现出个人的精神境界，同时，空乘人员还必须经由得体的行为举止去充分表达对乘客、对乘务工作的热爱。内慧与外秀，把“无形”的内心世界，通过“有形”的行为举止表现出来，达到“外秀内慧”的有机结合，空乘服务才能真正获得乘客的认可。

学习目标

【知识目标】了解“内慧外秀”的本质特征，以及“内慧”与“外秀”两者之间的关系；了解首轮效应理论；理解塑造空乘服务职业美的必要性。

【能力目标】从职业美的角度理解仪态训练的目的；从展现职业美的角度去把握空乘人员形象的角色定位，理解如何在行为细节中塑造良好的第一印象。

【素质目标】充分把握空乘人员形象的角色定位，理解如何通过空乘人员自身形象提升乘客的安全感，展现空乘服务内在美与外在美的完美融合，夯实服务品质的基础。

作为高端服务行业，民航企业不仅为社会提供公共航空运输服务，而且向世界展示着中华民族的精神风貌。在飞机硬件趋同的今天，决定空乘服务质量的不再是机型等硬件设施，而是以人为核心的软服务体系，即人文系统在服务过程中起着决定性作用。在客舱服务系统中，与乘客直接接触的空乘人员必然成为决定航空服务质量的活跃因素，会影响乘客对航空公司的服务质量的评价。

空乘服务的过程是人（空乘人员）与人（乘客）之间交流的过程，空乘人员所扮演的角色会由于不同的服务阶段、不同的服务对象或不同的服务目标而显现不同的特征。有时，服务者本身的感染力胜过服务内容本身。

空乘专业人才培养的实践证明：塑造良好的气质修养与仪态礼仪远比培养其服务技能本身复杂得多，这需要一个漫长的“养成”过程。在空乘专业培养体系中设置形体、仪态、礼仪等课程模块，就是要通过循序渐进的训练过程，使学生在仪态与礼仪修养方面受到系统的训练，以达到“静则流清，本固则丰茂；内修则外理，形端则影直”的初衷。对于仪态礼仪训练，我们强调的是心态与认知，就是抱着什么样的态度去训练，明确服务过程中“人”的角色以及重要性，并以此来理解服务的内涵与真谛，从职业的视野去审视仪态与礼仪训练。

模块一 “外秀”于表：塑造空乘人员完美的形象

形象通常是指一个人具备的内在修养与外在特征的综合体现，即“外秀”之表征。而在空乘服务中更多的是指一个人的形象对感知者（乘客）的表现力。作为一种高端服务，空乘服务中的重要特征是人（空乘人员）与人（乘客）的接触，空乘人员作为核心要素，既是客舱环境的有机组成部分，又是客舱服务的灵魂，温文尔雅而充满活力的职业形象不仅给乘客留下美好的“第一印象”，而且，这种印象会持续留在后续的服务沟通中，使服务过程更加流畅和谐。空乘人员的形象之所以会发挥这么重要的作用，是因为“形象”是个信息源，它所发出的各种信息都是有特定价值和含义的，至少对信息接收者是如此。空乘人员的内心世界、职业道德、礼仪修养水平也必然在服务中有所流露。因此，在自身的修炼过程中，要正确认知形象、理解形象的内涵、认知形象的作用，追求个人形象的表征与乘客所感知的形象的统一，树立空乘人员的完美形象。

一、角色认知——空乘人员的形象定位

在管理学中，将“一定的时空系统环境下，在一个组合中拥有相对的不可代替性的定位”称为角色定位。这里，“角色”不一定是一个人，可以是一个群体，是静态的表现，也可以是动态的展示；可以是客观的，也可以是主观能动的。角色定位理论认为：任何一个人想在社会上取得成功，都有必要先为自己进行正确的角色定位，再根据社会舆论对自己所要扮演角色的常规要求及看法，对自己进行适当的自我形象设计与美化，使自己的角色具体化、明确化、鲜明化。角色定位也告诉我们：当你的角色定位符合了系统角色的要求，你才能在系统中发挥作用，有助于系统的良好运行。

在客舱服务过程中，空乘人员究竟应该怎样进行形象定位呢？从“相对的

不可代替性”观点来看，空乘人员的形象是一种特殊的、不可替代的客舱资源与服务要素，它影响着服务的过程、感染着乘客的心理，影响乘客的内心的感受。可以说，离开了“空乘人员”这一活跃的基本形象要素，谈起客舱服务必定索然无味；而没有优雅的行为举止，空乘服务也无法在更高层次上为人们所认可。在具备基本形象的基础上，空乘人员需要“心”“形”结合，才能以完美的整体形象去适应空乘职业的客观要求。

在客舱服务的人文系统中，空乘人员具备如下几种具体的角色定位，从中我们可以更深刻地理解空乘服务，理解空乘人员职业本身。

（一）展示角色

在任何一个组织中，人既是不可或缺的，又是最活跃的决定要素，代表着组织的形象。有史以来，人们将航空公司与“空姐”自然联系起来，而国内外航空公司均通过提升空姐的形象来打造自己的服务品牌，也正是空姐的良好形象，使得人们更关注民航服务，使得民航服务成为服务领域的高端领域。

首先，空姐展示着航空公司的形象。这种展示，不仅在于空姐本身，而且在于空姐的形象就是公司的标志，她们的身上聚集着航空公司的文化要素、服务理念、对待乘客的态度。空乘人员是接触乘客的最前沿人员，服务过程中所代表的公司形象更直接、更鲜明、更全面，因此，由“空姐看公司”不失为社会公众评价航空公司的思维方式。

其次，良好的展示能力是空姐的基本素质。展示性角色在客观上要求乘务员具备展现公司良好形象的能力，如果自己展示能力不足，势必影响公司的整体形象，也必然影响服务质量。所以，如果有志成为空中乘务人员，必须要塑造自己良好的形象。

最后，展示性体现在服务过程中的每一个细节。这就需要空乘人员具有良好的行为习惯、端庄的举止、良好的礼仪修养。如果没有长期的仪态与礼仪的培养，在行为举止的细节上养成良好的习惯，空乘服务必将大打折扣。

形象的展示是为了增加服务的内涵，使相对固定的服务模式充满激情与活力，让服务对象感到赏心悦目。但需要注意以下问题：

第一，展示性不是单纯的外在条件的显露，而是综合素质与修养的展现。很多时候，外表漂亮的人并不是航空公司首选的对象，其主要原因在于形体不够端庄、仪态不够雅致、举止缺乏内涵。因此，在自身的成长过程中，需要通过学习来不断地提升修养，通过训练矫正自己的体态，提高自身的表现力与人格魅力。

第二，展示性不是展示个人本身，而是通过个人来展示公司的形象。乘务工作的展示不是表演，更不是“自我欣赏”，而是服务的有机组成部分，是“服从”乘客意志的至高境界。航空公司在选择空乘人员时，通常不会选择“个性张扬、傲气十足”的参聘者，担心个性与傲气会破坏客舱的和谐氛围，甚至成为客舱服务的消极因素。因此，服务的展示性必须服从服务的和谐氛围，是公司的价值、理念、态度的表现形式。

案例

艺术考生的一次挫折经历

在某公司招聘空姐那长长的候考队伍中，有一位考生特别引人注目：身材匀称，气质高雅，言谈举止表现力丰富。看得出她受过良好的艺术培养。很多考生也投去了羡慕的目光。但初试下来，通过的名单中却找不到她。这样的考生怎么能落榜，而且在第一轮落败？这位考生找了相关专家质询，答案使其迷惑不解：你在面试现场的表现说明你表演艺术学得不错，但你眼神游离，活跃有余，稳重不足。专家进一步解释说，空姐是服务人员，不是表演者，过度表现自己，就容易忽视对乘客的服务。要正确理解空乘人员的形象定位，外秀内智、活泼而不失稳重、热心而不粗心、美丽而不张扬，这才是公司所欢迎的。

评析：空乘人员本质上就是服务人员。空乘人员展现的不仅是外表之美，更是服务之美，进而塑造航空公司的整体形象。这才是有志从事空乘职业者的努力方向。

（二）感染角色

心理研究表明：环境氛围越具有感染力，人的行为越容易受到引导，人的行为也越与所处的场合协调。人之情感的最大特点是容易受到“环境”氛围的影响，“触景生情”“情不自禁”就是对人的情感特征的贴切描述。空乘服务中，空乘人员与乘客的接触是短暂的，而且是非连续的过程，空乘人员对个体乘客的服务过程往往只是瞬间之举，而这一瞬间传递的信息强度越大、内容越丰富，乘客的行为就越容易受情感的支配，服务也就越顺畅，乘客的心理体验越深刻。

感染力与人的外在条件有关，但不是必然，而主要来源于由内而外、由外及里的聚合过程，俗话说“美丽养眼，内慧养心”，其中的养心就是感染力所致。所以，感染力是一个人的“心境”所致，通过陶冶与修养形成。感染力通常表现为言谈举止可以充分地表达内心世界。

优美的仪态有助于塑造空乘人员的感染力，是拉近与乘客的距离、减少乘客的戒备心理的重要因素。亲和、端庄、优雅能缩短与乘客之间的距离，减少服务的障碍。

在表现层面，感染力与一个人轻盈而充满活力的体态和举止有关，形体与仪态的训练，可以纠正体态的缺陷，将正确的体态礼仪固化在行为中。同时，内在的修养就像人体内的“气”一样，由心而发的行为举止更具有生命力和感染力。可见，在仪态、形体及礼仪训练中，简单的动作性训练是不会从根本上改变一个人的表现力和感染力的，需要内心的净化与感悟的提升。仪态与礼仪的训练就是挖掘人的魅力，并通过恰当的形体语言表现出来。

（三）信任角色

信任感是一个人被他人敬佩、敬仰、认可的程度，是客体对主体行为内涵的判断与接受程度。信任是人类一切交往的根本，从服务的角度看，当一个人可信度高，就会增加服务对象配合的主动性，提高服务者言行的权威性，有利于服务目标的实现。所以，增加服务人员的可信任感是十分必要的。

一般而言，信任感源自被信任者传递的信息品质，而被信任者所传递的信息主要来自三个方面：第一，内在信息，信息传递者的真诚、修养以及内心品质；第二，形式信息，信息传递者的体态、仪容以及气质；第三，动态信息，仪态端庄、精神高昂、礼仪规范、行为干练。后两者都具有外露的表现性，更多地与仪态和礼仪等训练有关。尽管我们要摒弃那种“以貌取人”的狭隘思想，但却不能忽视表现性信息的质量，因为服务过程短暂性与非连续性的特征，使得服务者与被服务者之间缺乏深层次接触的机会，具有表现性特征的信息对建立信任的作用更加明显。因此，空乘人员应该通过自身的形体与礼仪修养等行为语言使乘客感受到“我们是乘客可以信赖的空乘人员，我们可以让你获得愉快的飞行体验”。

在日常人际交往中，建立信任感是个渐进的过程，需要事实的时间积累。然而，客舱服务没有充分的时间积累，在正常飞行的情况下，主要信息基于“瞬间”的表现——语言与举止。因此，空乘人员需要具备良好的语言沟通能力，包括有声语言与行为语言，其中行为语言的恰当运用尤为重要。研究表明，行为语言是人类沟通的方式中很重要的一种，具有表达内心世界更迅速、信息量更大、表达准确性高的特点。同时，在人类文化的长期积累中，不同的民族形成了独特的、共同认可的礼仪规范，体现了不同民族的文化风范。空乘人员，将服务于不同国家、民族的乘客，需要练就规范的礼仪修养，让乘客信任、信赖。

在空中乘务专业人才的培养中，要特别强调礼仪规范的养成与训练，以使空乘人员的言谈举止更恰当地向乘客传达更多的信息，增加乘客的信任感。而相关课程的开设，必须围绕服务这个主题，培养空乘人员自身的内在修养，提高其言行举止的表现力与感染力。

（四）服务角色

提供空中服务、满足乘客的合理需求是空乘人员的天职，这就要求服务者的形象与服务者的角色一致，服务者所表现出来的行为要与对服务者的行为要求的特质保持一致。

这就要求，在教学实践中，要将空乘人员服务角色的定位贯穿始终，使学生牢牢树立服务意识与正确的服务观，培养学生对乘客的感情以及对航空公司的忠诚，淡化个人的表现主义倾向，提倡崇尚服务的美德。

（五）多变角色

服务的最大特点就是不确定性，民航的客舱服务更不例外。人群、环境、事件的多变，使看起来简单的服务变得复杂，甚至不可控。在空乘服务中，每个空乘人员需要：准确地认识乘客群体，并进行管理；在飞行中，面对复杂的客舱状况，对客舱进行整体控制；对不同乘客采取个性化服务；实现空乘人员之间的良好合作等。空乘人员的多种责任也决定其自身的多变角色：有时是客舱的管理者；有时是乘客的服务者；有时又是乘客的亲人、陪护呵护者。而履行不同角色的责任时，需要为不同的角色赋予相应的内涵与特质，通过形象定位的转变去适应职业角色多变性的要求。

灵活性与应变能力是服务过程的灵魂。在服务中，空乘人员扮演的角色转换没有固定的模式可遵循，一名优秀空乘人员必须具备多种优秀品质，才能适时完成随机转换。在空乘人员仪态与礼仪训练中，要挖掘不同角色的内涵与表征，以服务为灵魂，铸就学生对不同角色的适应性，养成不同角色所应具备的行为举止的特质。

（六）美化环境角色

端庄秀丽、仪容得体、举止大方的空乘人员穿梭在客舱中，他们不仅是服务的提供者，也是客舱环境要素之一，他们不仅为乘客送去服务，更为那狭小呆滞的客舱环境增添了生机与活力。

人作为环境要素，重要的是与环境和谐一致。空乘人员作为客舱环境的要素之一，其形象要与客舱的氛围一致：温馨、秀雅、可信。因此，空乘人员的言谈举止要做到：动作要轻，把对乘客的尊敬体现在投足之间；动作要柔，以柔美贯穿始终，把对乘客的关爱体现在艺术性节奏中；神情专注，行为到眼神到，通过眼神传递对乘客的尊敬与关爱之情。有人说，优秀的空乘人员每一个动作都具有艺术性，每一个举止都给人一种享受，空乘人员就是客舱的一道风景线。要使言谈举止、行为规范更具美感，让简单的“倒水”也成为一种艺术享受，就要在教学实践中，注重学生的艺术培养，塑造其高雅、亲和、内敛的气质。

二、首轮效应的启示——第一印象的决定性

心理学告诉我们：人对事物的感知过程可以分为多个阶段，而在不同阶段，所感知事物的特征对感知的深度与感知的结果（走向）产生着不同的影响。人的认识过程，首先来自外部事物对感官的刺激，经过自身对接收信息的解码，形成自己的判断。

受飞机飞行时间的限制，空乘服务中空乘人员与乘客的接触属于“短暂非连续接触型”。在整个飞行过程中，多数情况下乘客与空乘人员只有几次目光“接触”或简单的行为接触的机会，乘客对空乘人员的印象只能是不连续信息的综合，甚至，一两次接触的信息就成为判断的依据。这使得我们需要认真审视空乘人员展现在乘客面前的形象：以什么样的形象展现在乘客的面前才能树立良好的个人与公司形象，有利于服务工作的顺利开展。

空乘人员与乘客的接触特点，决定了空乘服务的有效性与乘客对空乘人员的第一印象的重要性，也指明了作为一名空乘人员树立良好的第一印象是开启顺利服务的金钥匙。这里我们可以从首轮效应理论与末轮效应理论中得到有益的启示。

（一）首轮效应理论

首轮效应理论也称首因效应，指人们初次接触某人、某物、某事时所产生的即刻印象（第一印象），通常会在对该人、该事、该物的后续认知方面发挥明显的甚至是举足轻重的作用。第一印象之所以会产生如此的效应关键在于：在第一次接触之前，人们之间没有对方的信息印痕，或只有模糊的认识，此时第一印象必然先入为主地填补了认知上的空缺，主导人们的感知与认知的发展，也就形成了强烈的心理定式，同时也无形中成为改变印象的制约因素，即所谓“第一印象难改”。

这一心理学的理论引申到空乘服务领域就形成了服务形象塑造理论，它强调：服务者是近距离地接受服务对象的直接“审视”，其第一印象至关重要，往往决定着后续服务开展的情况。空乘人员必须在接触乘客的第一瞬间，给乘客留下美好的印象，向乘客传递出特定的信息：可以信赖、可以亲近！

第一印象的形成过程具有两大特点：第一，初次接触的瞬间即形成印象，即第一印象是瞬间形成的，具有明显的视觉印痕。被感知者初次短时间呈现的信息特征，对观察者的冲击强度最大，无论这些信息是否完整，都会被观察者视为关键信息，而且，这些信息“先入为主”，会对被观察者后续所呈现的其他信息产生限制或扭曲作用。第二，信息的外在性，即第一印象的信息主要是被判断者具有的外露性信息，包括性别、年龄、体态、仪态、仪表、谈吐、面部表情等，这些信息成为判断一个人的内在素养和个性特征的关键信息，并据此形成了难以改变的第一印象。

（二）首轮效应理论的实践意义

1. 空乘人员必须具备良好的形象

首轮效应告诉我们：第一印象是在瞬间形成，是在非理智与经验的基础上形成的，而且不易改变，人们最初获得的第一信息会左右对后来获得的新信息的解释。

空乘服务人员在公众心理上的固有印象就是美丽的化身，而且是集内慧和外秀于一身的美丽。但因个体具有差异性，在乘客面前的印象也就各不相同。作为一名优秀的空乘人员，除了在日常工作中注意自身的形象外，还要努力在迎接每一批乘客的瞬间给乘客留下美好的第一印象。这就要求学生在学习阶段加深对形象内涵的认识，加强职业形象的塑造，特别是发现自身形体的缺陷，纠正不良的体态和仪态习惯，通过各种训练提高形体的延伸性、柔韧性和内在思想的形体表现力，从行为细节入手，注意优良体态、仪态与礼仪的养成，为在乘客心目中建立美好的第一印象做好充分的心理与仪态仪表的准备。

2. 良好的第一印象是服务成功的一半

第一印象对客舱服务进程有很大影响，如果能为乘客留下良好的第一印象，对以后的工作就会起到“事半功倍”的效果；反之，不良的印象可能影响乘客的情绪，无论后续服务工作如何努力，乘客的不快情绪都很难消除。所以，空乘人员需要塑造良好的形象，在第一时间给乘客良好的印象。

空乘人员与乘客的接触与平时人们社交时的接触有着明显的不同，其特点是瞬间性、即兴性和因事而引发的接触。比如，在登机过程中，乘客对迎宾的空乘人员往往都是匆匆一瞥，留下的仅是模糊而笼统的印象，但那一瞬间，他能从空乘人员的体态与眼神中体会出空乘人员是否真诚、可亲。即使在整个航程中，乘客有机会与空乘人员进行更深层次的接触，从空乘人员穿梭的身影和简单的交流中去捕捉空乘人员内心感受的信息，但初期的印象很难磨灭。而且在服务的进程中越发体现出初期印象的积极作用，如果由于各种原因导致了服务失误，甚至出现了冲突，化解矛盾离不开形象的影响力。因此，塑造以整体感染力为基础的、以亲和力为核心的良好形象，也就必然成为培养优秀空乘人员最基本的内容。

3. 良好的形象可以增强空乘人员的感召力

感召力亦称“领袖气质”，在社会学中是指个人具有的一种人格特质，尤指那种神圣的，鼓舞人心的，能预见未来、创造奇迹的天才气质。具有这种气质的人对别人具有吸引力并受到拥护，使人对周围环境有“认同感”，容易创造良好的客舱氛围。在空乘人员的岗位职责中，很重要的责任就是行使对客舱的组织与管理责任，包括对乘客的管理，因此，空乘人员具有感召力，才能让乘客相信你、依赖你，在紧急情况下服从你指挥，使客舱状态处于掌控之中。感召力来源于多个方面，除了性格方面的因素外，个人的气质修养是不可缺少的，举止优美、行为端方、亲和友善的空乘人员才能为乘客所认可。从乘务服务的特点看，乘客对空乘人员的感受是短暂而肤浅的，服务过程中空乘人员需要通过表情、眼神、举止传递一种坚定的信念，形成感召力——“我是你的亲人！相信我：我会为你服务好！”在飞行中的各种因素的影响下，这种力量给人以安全放心的心理暗示，乘客对空乘人员的依赖感、放心感胜过服务本身。因此，服务过程也是空乘人员影响乘客心理的过程。能在第一时间获得良好的评价，取得乘客的信任，乘务服务的顺利开展就有了成功的一半。

4. 主动塑造首轮效应的积极因素

塑造良好的形象是个长期细致的工作，不能一蹴而就。尽管先天条件各不相同，每个人各有优势，但通过后天的培养都可给客人留下良好的第一印象。这就需要端正心态，从基本形体的塑造开始，改造自己身上不良的体态弊端，形成良好的仪态习惯；加强谈吐、举止、修养、礼节等各方面的修养，全面提升内在素质；以内外兼治的礼仪风范培养、文化积累与处事原则的熏陶，逐渐形成良好的仪表风度：端庄秀丽的仪态、举止优雅的行为，以及舒展而充满内涵的礼仪风范。

三、末轮效应的启示——最后的也许是决定性的

末轮效应是相对首轮而言的，是指在人际交往中人们留给交往对象的最后印象。末轮效应强调人际交往的最后环节应当给交往对象留下一个完美的印象，这个最后印象的形成将直接影响下一次交往的心理感受，所以又被称为“近因效应”。末轮效应强调人际交往中要有始有终，保持行为的一贯性才能

赢得他人的尊敬。

末轮效应对人际交往之所以重要在于：在人际交往的最后阶段，人们的注意力相对集中，具有个性的行为表现容易引起人们的注意，而且作为个性表现的最后阶段，没有进一步补救的机会，这时所形成的印象会成为最后的定格，永久留在人们的记忆中。

在人际交往中，末轮效应具有三个方面的作用：

第一，强化首轮效应，亦即形象加深作用，使首轮效应进一步巩固，避免“虎头蛇尾”“有始无终”的行为方式。

第二，改善首轮效应的不足，亦即印象修补，使总体印象更趋于完美。形象修补亦即在交往的最后一时段，通过传递积极的信息，或有意识地传递特定的信息，来改变原有的印象，以形成新的积极的印象。

第三，改变首轮效应的性质，亦即否定作用，使原有印象受到破坏。

空中乘务看起来自在逍遥，其实工作十分辛苦，特别是在每次航班的后期，很容易产生疲劳，反应能力下降，怠慢情绪滋生，而此时往往也是客舱最为忙乱的时候，临时需求接踵而至。一旦空乘人员出现怠慢或服务失误，或忽视个人形象，都会对前期工作的结果产生不良的影响。很多乘客，出于自身利益的考虑，即使空乘人员服务的全程尽心尽力，也会因其最后服务中的点滴失误而全然否定空乘人员的工作。这种以点概面的心理就是末轮效应所产生的效果，“行百里，半九十”正是对空乘工作完整性的写照。

案例

乘客为什么如此苛刻?

在上海至广州的一次航班上，空乘人员小张一直忙着为乘客尽心地服务。从乘客登机开始，她就给人以深刻的印象：温馨的笑容、雅致的举止。坐在15排C座的乘客与邻座的朋友，在点评当班空乘人员的时候，还点名说小张表现最好。飞机就要在广州白云机场降落了，小张对乘客进行降落前的安全检查时，见到14排D座的乘客没有系好安全带，就告知：“请系好安全带！”也许乘客没有听到，或者乘客正处于睡梦中，对小张的告知没有反应。小张便提高了声调情绪激动地说：“请把安全带系好，飞机就要降落了……”乘客突然被惊醒，身体动了下，抬头瞪了小张一眼，大声喊道：“这么大声干什么？

你惊醒我了，这么没有修养呀！”简单的一件小事，却闹得大家都很尴尬。事后，小张百思不解：我这么辛苦为乘客服务，为什么还有人不满意？过了一会儿，之前肯定小张的那位乘客小声对邻座的朋友说：“外秀于表，还是缺乏内在的修养呀！”

评析：从服务而言，保持一致的服务风格才能得到乘客的最后认可，而不能以任何借口来推卸为乘客提供满意服务的责任。小张之心可以理解但不能得到认可，在任何情况下，空乘人员都要去体会乘客的心理；就乘客而言，在被小张喊醒的瞬间，脑海里只有这一瞬间空乘人员的形象，之前对空乘人员的良好印象被眼前的形象所掩盖。作为空乘人员，时刻保持良好的心态，才能真正成为乘客喜欢、信任的人。

四、美丽优雅、坚毅稳重可以提升乘客的安全感

心理分析表明，决定心理安全感的因素有三个方面：第一，硬环境因素，如环境的色调、布局、清洁度等；第二，环境中人的因素，包括人的亲和力、态度、行为举止、能力等；第三，感知者的心理素质与能力。而在这三个因素中，环境中人的因素是决定因素。

有人对患者进行心理安全分析时发现：医生说的话比非医生的话对患者的影响更大；具有一定社会地位的人说的话比平常人的话对患者的影响要大；身边的人贴心、亲切会使其安全感更强，更有利于疾病患者的康复。有人还做过这样的试验：在一个小孩子的身边站着不同着装、不同面孔的人，大家一起欢迎孩子投入其怀抱，90% 的情况，孩子会选择着装整洁、面带微笑的人作为拥抱的对象，而很少会选择面容冷淡的人。童心无邪，孩子感觉笑容可掬、体态端庄的人是安全的对象。

客机在飞行过程中，受到气候等因素的影响，飞行状态会出现多次起伏，而多数乘客缺乏飞行方面的基本常识，其心理很容易受到飞机飞行状态的影响，常有恐惧、担心或焦虑的感觉，觉得无助与孤立，需要从空乘人员那里得到一种无形力量的支撑，受到亲人般的关心与安慰。空乘人员作为乘客心理的安抚者、依靠者，在紧急情况下，具备内柔外刚、坚毅果断的品质，美丽雅致、彬彬有礼，更能对调节乘客心理状态、化解乘客紧张情绪起到积极作用。

因此，对空中乘务专业的仪态与礼仪训练而言，要致力于培养美丽雅致的仪态、仪容和坚毅稳重的气质。特别注意的是，以内心带动肢体，以行为表现内心。对服务的内在感悟是美丽雅致的仪态、仪容的驱动力，内心的修养是坚毅稳重品格的源泉，内在修养的深度决定着一个人的举止。随着内在修养积聚，一个人的自信渐增，肢体与体态的细节中就能散发出刚毅、自信、自尊、亲切，给人以安全、可信任的感觉。

五、丰富的视觉效应打造空乘人员形象

视觉效应是指向受众直观、生动、形象地提供图画，从而使受众简明便捷地产生审美想象的效果的效应。视觉效应通常用在艺术设计领域，用以探讨艺术设计借助各种艺术手法提高作品的艺术效果。在此，我们借用这一术语以艺术视角去观察空乘人员的形象。

在空乘人员整体形象中，对乘客产生视觉影响的主要有两个方面：一是着装等形象设计的要素，即职业形象设计；二是仪态、仪容与礼仪修养等因素。

其中，职业形象设计突出每个航空公司的企业文化元素，都是经过精心的艺术设计的，具有丰富的文化内涵，是构成视觉效应的基础。但规整划一的模式，无法反映空乘人员的个性化特征，构不成视觉效应的核心元素。良好的仪态、仪容与礼仪修养使空乘人员具有“秀外慧中”的个性特征，才是视觉冲击力的核心元素。仪态、仪容与礼仪修养等大多可通过后天学习加以培养，也会在生活的磨炼中升华。所以，一个具有空中乘务基本素质和强烈职业追求的人，应通过积极刻苦的养成训练，使自己拥有良好的形象和得体的言谈举止。

相关研究发现，在影响视觉效应的因素中，体态与仪态缺陷是关键，而且体态与仪态缺陷绝大部分是后天不良的动作、生活习惯、行为举止所致。实践表明，每个人的最佳形体状态与表现力是可以通过修塑形体的训练获得的。所谓形体修塑，主要是通过舒展优美的舞蹈基础练习（以芭蕾为基础），再结合综合性训练，塑造人们优美的体态，培养高雅的气质，纠正生活中不恰当的体态，并通过恰当的体态定型来提高形体的内在表现力。所以，体态训练是空乘学生的必修课，要推行个性化的形体训练计划，使每个学生的形体表现力都能得到质的提升。

模块二 “内慧”于心：展现空乘人员美丽的心灵

一、情感决定空乘服务的魅力

从服务的本质说起，服务是有生命的，是情感的交流。通常所说的情感指一个人在行动、活动过程中出现的由某一事物所引起的主观体验，它反映了该事物与个人的心理倾向（期望的目标、需要及态度意向等）的关系。一个人当前所面临的事物，是影响个人行为的情境，常常与自己已有的心理状态发生关系。情感的本质是一种心理的主观体验所导致的行为倾向，包括道德感、理智感和美感三个层次。服务情感是服务过程引发的、影响服务对象心理状态的服务要素的集合，引发服务情感的主体是服务者。

服务情感有两种基本的表达方式：一是强烈的服务意识；二是温和的语言、得体的行为举止。强烈的服务意识体现在为乘客服务的主动性、预见性、积极性，表现在服务中是“为乘客心想而动”“服务于服务需求之前”，集中体现了“内慧”的积累。一个空乘人员服务意识强烈，只说明具备了从事服务的良好基础，并不能最终决定服务质量，良好的服务质量必须通过服务的形式表现出来，亦即“内慧”要借助恰当的方式表达与抒发。我们要训练空乘人员优美的体态、温和的语言、得体的举止，养成深厚的礼仪修养，为服务情感的充分抒发奠定基础。

服务意识与恰当的服务形式的有机结合，才能实现良好的情感抒发，才能充分展现空乘服务的魅力。这就要求空乘人员，不仅有“外秀”的基础、有良好“内慧”的积累，更能够把两者有机结合，将内心的想法通过恰当的方式体现、表达，将服务的内容通过“美丽别致”的表达方式传达给乘客。在客舱服务的特殊条件下，情感表达也许就是一个微笑、一个体态、一个手势，这些是客舱服务中的基本沟通方式，体现对乘客的关心、爱护与尊敬。

所以，在空乘人员的仪态训练中，需要认真解决三个问题：第一是仪态的纠偏，第二是仪态的美化、艺术化，第三是使仪态的每个细节都充满着生命与情感。其中，第三点是训练的重点，需要强化空乘人员对服务的理解，需要培养空乘人员的职业意识，需要空乘人员对服务工作的感情投入。

案例

一个注目的微笑

曾经听到一位初次乘飞机的游客讲述她的亲身经历。飞机起飞后有些颠簸，坐在后排的她，由于初次坐飞机，本来就有的恐惧之感更加严重。为了减轻恐惧，她把自己的座位从后排移到了前排的空位，虽然内心的恐惧仍未消除，但飞机颠簸的感觉有所减轻。此时，一名空乘人员向她走来，她担心自己私自调换位置会被空乘人员批评，一下子心跳加快。出乎意料的是，空乘人员走到她面前时微笑着点点头便走开了。这一温暖的微笑，使她如释重负，紧张的心情豁然放松，沉浸在被认可与受到尊重的氛围中。当再看到空乘人员的背影的时候，觉得空乘人员越发美丽，似乎也感觉不到飞机的颠簸了。她在结束了对这个简单经历的描述后，情不自禁地说，一辈子都忘不了那位空乘人员的微笑！

二、重视 3A 法则表达对乘客的敬意

众所周知的 3A 法则是提高人际交往效率的基本原则，3A 即接受对方（Accept）、重视对方（Appreciate）和赞美对方（Admirc）。

接受对方，是指接受对方行为的整体，从心理状态看，就是要待人如己，宽以待人。而在表现形式上通常可以用语言或手势、微笑、体态来表达对对方的接受。

重视对方，就是承认对方的存在价值与个性价值。从心态上看，就是要欣赏对方，宽容有涵养，而在表现形式上通常借助眼神、语言来表达。

赞美对方，是指正面的肯定，正面肯定对方，会带给对方一种愉悦感。在行为上则需要以关注的目光、积极的态度和行动来配合。

在服务过程中，接受乘客、重视乘客和赞美乘客是个整体，三个要素完美

结合构成对乘客的敬意。在各国的传统历史中，与人交往敬为先，敬重对方是人际交往的基础，敬重能从内心深处建立沟通的桥梁。在空乘服务中，规范的动作、得体的行为，其本质就是从尊重出发，处处体现对乘客的敬意。

空乘人员要向乘客恰当地表达敬意，需要在不断地强化内在修养的同时，通过仪态与礼仪的训练，增强形体语言的表现力，避免僵硬体态与呆板的表情。

模块三 追求“内慧外秀”的完美结合

一、让美丽深植于服务过程

乘客所希望看到的空中空乘人员，不仅具有以内在素质、修养和服务意识等“内慧”为核心的内在美，而且具有以仪态美、仪容美及深厚的礼仪修养等“外秀”为核心的外在美。失去“内慧”的外在美会显得过于张扬、肤浅；而失去“外秀”表现形式的“隐形”内在美也会使服务表现力、生机与活力。所以，呈现“内慧外秀”相结合的完整的美，是我们对空乘人员培养的基本目标。

（一）美丽与服务相伴

美丽对个人来说是一种“财富”，而对于航空公司来说是一种不可多得的“资源”。对空乘人员美丽的重视，不仅是为了满足乘客的心理需求，也是客舱服务特殊性的要求：空乘人员是在相对狭小的空间里工作，与乘客的接触是近距离的，言行举止无不影响着乘客的情绪；所以，空乘人员要时时刻刻呈现美丽的一面，提供“美丽”服务。当每一位空乘人员都能像美丽的花朵绽放，那客舱服务就会多姿多彩、和谐融洽。在这里，我们还必须强调：塑造心灵之美是美丽的基础，没有职业道德美，缺乏价值观、人生观之美，没有人格之美，美丽本身也就不复存在。所谓客舱服务的高等级、高品位是建立在完整的

“美丽”概念基础上的。

（二）空乘服务要求“严谨”的美

在空乘服务的实践中，对美丽的追求与塑造是自始至终的。但客舱服务的“美丽”不同于日常生活中的“美”。日常生活中的“美”，别具一格、个性突出，甚至过于张扬也不为过；而空乘人员的美，是客舱服务的职业之美，具有严谨性。需要经过严格的礼仪训练，仪容仪表要求端正秀雅，微笑要甜美亲和，举止要文明大方，动作要温柔稳健等。空乘人员上岗之前，要经过初始培训，在上岗期间要进行定期的复训；飞行前要进行周密的个人仪态仪容的准备与检查，在飞行结束后，要进行飞行总结与点评。

（三）以仪态之美带动服务之美

仪态是一个人身体形态与形体表现力的综合状态，仪态美是心灵美的写照，是一种表达内心世界的无声的语言，表现着一个人的情绪、情感与态度，它不仅具有视觉效果，更是乘客与空乘人员联系的纽带。服务理论认为，服务是一种沟通过程，在服务沟通中，行为语言（包括形体状态与表现力）的沟通效能十分重要。空乘人员保持端庄宜人的仪态美，就是在向乘客传递积极的信息，直接影响着乘客的心理状态与内心体验，成为有效服务的有力武器；面对乘客的服务需求，空乘人员的微笑就是对乘客的尊重与鼓励；当空乘人员巡视客舱时，楚楚动人的身影，为乘客带来安慰，乘客也愿意由衷表达内心的服务需求。可见，沟通者的仪态、仪容以及礼仪修养是有效服务沟通的基础，也是空乘人员获得乘客需求信息不可缺少的条件。端庄优雅的仪态仪容起着提高沟通效率的作用。

仪态美是一种养成与固化而成的行为习惯，需要经过长期坚持不懈的训练与培养。

二、塑造优秀空乘人员“内慧外秀”的品质

空乘人员不仅是客舱服务者，也是美丽的化身、展示者，他们为乘客提供的服务不仅是程序化、规范化的服务内容，更应该展现空乘服务多姿多彩、感

人至深的一面。

（一）求知好学，养“内慧”于心

知识是决定气质的主要因素，博学才能知大理，有文化才能淡定自若。要将空乘服务的理念深植内心，需要具有宽阔的胸怀、坚毅的意志品质、坚定的职业追求，需要从知识中获得启迪，从文化中获得养分。

空中乘务的技能不是狭隘的动作与技巧，而是包括人文、美学、心理学、风俗等广泛的知识、文化与人生观、价值观的体现。

（二）勤学苦练，固“外秀”于表

空乘人员的“外秀”，集中体现在体态的表现力，即以身体的柔韧性、延伸性为基础，形体舒展、有力度，动作连贯、和谐，运用形体恰当地表达服务的内在要求。对于大多数没有形体训练基础的人来说，在短时间内学会芭蕾基础与综合舞蹈是困难的，但实践表明：芭蕾等舞蹈的基本功训练是提高形体表现力的有效途径，是必不可少的专业教学环节。

1. 训练强度与持续性的统一

形体训练是改变一个人形体柔韧性和表现力的重要途径。要将某些形体缺陷纠正过来，一是需要强度，即加大训练的力度，使约束延伸性的部位得到锻炼；二是坚持不懈训练，使形体训练成为一种习惯。

2. 专项训练与课下养成的统一

每个人的形体状态各不相同，有些形体问题是韧带方面的，有些是体位方面的，也有些是姿态方面的，需要通过针对性的训练加以解决。应为每名学生制订个性化的形体训练方案，除在课堂上进行专项训练外，还要督促学生养成课下坚持训练的习惯。

（三）以外秀表达“内慧”

服务的本质不是自我欣赏，而是让服务对象得到直观的美好感受，所以，在提升学生内在素质的基础上，强化表现形式显得尤为重要。

1. 强化职业情感

要建立职业感情，培养对乘客的情感，要有志向和追求，有奉献民航服务事业的坚定意志。仪态和礼仪不是简单的比比画画，更不是翩翩而至的身影，需要明确它要表达什么，它能表达什么，怎样才能表达好。要把对服务的理解通过一个眼神、一个动作或一个体态瞬间表现出来。

2. 细微之处提升品位

服务是由细节组成的。在课程训练中，不仅要着力培养空乘人员应该具备的严谨、规范的行为模式，更要对行为细节精雕细刻。一位从事空中乘务多年的前辈曾不无感慨地说："对细节的处理是优秀空乘人员必须具备的品质，其差距也就是服务能力的差距。"要练就"话要说到位，动作要做到位，眼神要跟到位"的行为定式，培养精益求精、追求完美的意志品质，还要在生活中积累经验，增加磨炼。

延伸阅读

超越服务——"心与心"的交融

有调查显示：目前在岗的空乘人员有20%不适合服务工作；学校培养的空中乘务专业的学生30%不具备从事空中乘务工作的基本素质；更有甚者，学校培养三四年的空中乘务专业的毕业学生，竟有50%的人说不清什么是服务。调查还显示：空乘专业学生普遍存在浮躁、自私、孤僻的心理倾向，自律性差、好高骛远、忽视细节等现象也比较普遍。在招生、教学中反馈的信息也值得深思：有的考生因得知入学后的学习要有一定强度的形体训练而放弃；也有学生家长，给老师打电话，为自己的孩子"求情"，意在别让自己的孩子在舞蹈训练中"受罪"。凡此种种，比较客观地反映出我国空乘服务队伍以及空乘专业培养的现状。

如果比照国外的情况，我们的空中乘务人员似乎也可以不需要专业培养，而在受过教育的全体人员中选拔。但我国教育的现实缺憾又迫使我们不得不继续走专业培养之路，寄希望于通过专业教育来全面提升我国民航服务水平。那么通过专业培养应该培养什么样的人才，就值得教育者和被教育者共同反思。一方面需要全面提高对空中乘务专业的认知水平：要为民航培养"超越服务"的人才，而不是定位在简单的职业教育；另一方面，要在培养与训练环节的细节中融入现代服务理念，强调以素质、意识、知识为核心的"内慧"塑造，同时，通过塑形，练就"外秀"特质。"内慧"与"外秀"有机结合，才能让我国空乘服务人员的素质和服务能力发生飞跃。

当我们都能以乘客之心去理解乘客建立扎实的服务理念、以奉献之心理解服务内涵奉献完美的服务形象、以内心的服务激情满足乘客需求时，我们才能承担“超越服务”的使命。

单元小结

态度决定想法，想法决定行为，行为决定结果。在空中乘务职业被热捧之时，我们必须保持清醒的头脑，从深层次去思考怎样才能成为一名优秀的空乘人员，怎样突破传统模式，避免表面化，真正在学习过程中实现仪态、礼仪的养成。本单元对空乘服务中人的角色认知的介绍会给你一定的启示。

1. 形象是“内慧”“外秀”的综合体现，跨越不同的服务领域。空中乘务的高档次、高品位的服务属性，使得形象要素更加活跃。仪态训练与礼仪修养的培养就是要塑造能够恰当体现空乘服务职业要求的形象，使形象要素的每个细节尽善尽美。

2. 空乘服务中美的概念在被赋予了职业属性后才具有实际意义。美更是一种精神面貌、感染力，是空乘人员内心世界的外露、情感世界的写照，所以，仪态训练与礼仪修养首先解决的是内在修养的提升，以内养外，以外示内，把热爱空中乘务之心通过肢体语言表现出来，让乘客感觉到航空公司和空乘人员对其的尊重与爱戴。

3. 首轮效应为我们更好地从事空乘服务提供了一个思路：通过自身形象与表现力的塑造，提高乘客的认可度，拉近与乘客的心理距离，创造良好的服务氛围。这也恰恰证明我们塑造空乘人员良好的仪态仪表和礼仪修养的重要性。

4. 通常所说的行为语言是建立在形体的展示能力基础上的，而服务中的行为语言更强调整体性，相关的训练与养成既要注重各个要素，更要关注整体形象。

5. 学会调动乘客的情感，核心在于认识“服务在于服务之外”的道理。乘客既有主动要求服务的权利（主动角色），也有接受服务的义务（被动角色），要感染乘客、让乘客感知航空公司的关怀与重视，就需要空乘人员有丰富得体的体态、仪态与仪表。

6.“内慧外秀”是赢得服务的核心。要增加内在修养，内慧于心，丰富自己的精神世界；练就过硬的仪态、仪表，外秀于表，增加表现力、感染力，受到乘客的尊重与爱戴。

思考与练习

1. 问答题

（1）为什么不同人的同样行为举止所体现的含义不同？如何在仪态礼仪训练中更好地反映空乘服务的高端性质？

（2）“内慧外秀”给我们什么启示？如何让“外秀”体现出“内慧”的品质？

2. 简述题

（1）请分析自身美的要素与缺陷，并给出具体训练养成方案。

（2）怎样通过你的面部表情更好表达你对乘客的尊敬与爱戴？

（3）找出你身边五个人的形象特征，并给出优秀空乘人员良好的形象的基本要素。

（4）找出十种能准确表达内心想法的行为语言。

第二单元
空乘人员仪态美的训练与养成

课前导读

一个人的仪态决定着一个人的风度与气质。有些人身上总能散发出吸引人的气质，他们走到哪里都是受欢迎的一类人。影响人的仪态美的原因有外在的也有内在的，而遗传、姿态习惯不佳以及后天的教育与修养都将对一个人的仪态美产生影响。空乘人员的仪态美是空乘服务中所必备的素养，通过有针对性的专业训练，全方位地培养良好仪态习惯，才能塑造出仪态万方的空乘人员的仪态美。

学习目标

【知识目标】了解仪态美的概念和构成要素；了解空乘人员常见的仪态美的认识误区；懂得仪态缺陷的纠正方法。

【能力目标】能够根据空乘人员岗位需求，懂得自我仪态修正的方法，掌握在各种场合的仪态动作要领。

【素质目标】仪态美是一种养成与固化而成的行为习惯。美的塑造离不开人的生活，体会生活中的美学对现实人生的改造与升华，从而提升职业服务中的仪态美。

模块一　仪态美的认知

一个女人只有通过一种方式才能是美丽的，但是她可以用千万种方式使自己变得可爱。

——孟德斯鸠

随着社会的发展，现代审美标准正在发生着巨大的变化，对一个人的美丽的评价，已不再单单是外表。

我们经常会发现，一个有魅力的人，其实并不一定漂亮，但给人感觉却很美；一个长相漂亮、穿着时尚的女子却给人以丑陋的感觉；而具有高雅言谈举止的人，越来越受到人们的认可，更能散发出永久的魅力。席勒说："美的最高理想要在内容与形式尽量完美的结合与平衡里才能找到。"苏联教育家苏霍姆林斯基（1918—1970）道出了人的美的真正内涵，他说："人的完满的美，表现在外表的典雅与内心的高尚，仪表的质朴与心灵的优美一致上。"

一、什么是仪态美

《现代汉语词典》关于仪态的解释是：仪是指人的外表，态是指人的状态。我国古代诗人张衡在《同声歌》中用"素女为我师，仪态盈万方"来赞美女子的美丽多姿。这里的仪态指的是人的容貌、姿态和风度等。因此用"仪态"一词来形容一个人的外表与姿态形象更为贴切。

通过大量的文献研究发现，仪态美是一个人在社会活动与交往中所表现出来的、被人所认可的、具有积极意义的整体印象，是人的内在要素与外在要素在不同环境下综合体现出的美的姿势、优雅的气质和风度，是内在气质的外化。它是人类把自身作为审美对象进行自我观照的结果，是人类按照美的规律实现自身外在改造的结果。仪态美既建立在一个人的内在美（即心灵美）的基础上，又要通过恰当的方式将其表现出来。没有心灵美，便难有真正的仪态美；而离开了仪态美，心灵美同样也难以得到展现。没有心灵美的仪态美与离开了仪态美的心灵美，都是不完美的。

仪态美是一个人气质的外在表现形态，也就是我们看到一个人的全部信息在大脑中形成的综合印象，它既有静态和动态的信息，也有神态的信息。因此，从某种程度上来讲，单从容貌、身材或衣着等来评价一个人美不美，一定是不全面的。

仪态小故事

曾任美国总统的老布什，能够坐上总统的宝座，成为美国“第一公民”，与他的仪态表现是分不开的。在1988年的总统选举中，布什的对手杜卡基斯，猛烈抨击布什是里根的影子，没有独立的政见。而当时布什在选民中的形象也的确不佳，在民意测验中曾一度落后于杜卡基斯十多个百分点。不料两个月后，布什以光彩照人的形象扭转了劣势，反而领先十多个百分点，创造了奇迹。原来布什有个毛病，他的演讲不太好，嗓音又尖又细、手势及手臂动作总显得很死板、身体动作不美。后来布什接受了专家的指导，纠正了尖细的嗓音、生硬的手势和不够灵活的手臂动作，并且在以后的竞选中，竭力表现出强烈的自我意识，改变了原来人们对他的评价。为了吸引选民，经化妆设计，布什还经常穿浅颜色的西装，配以卡其布蓝条厚衬衣，以显示“平民化”，终于获得了最后的胜利。

二、仪态美的示例

示例 1

当你看到一个人的时候，通常首先注意到的是什么呢？

你多半会说是容貌吧（见图 2-1-1）？确实是，人第一眼看到一个人的时候往往首先关注的就是脸部，包括五官、肤色、脸形等，这是我们最容易注意到的部位。脸部特征一般与遗传有关，最初的状态是很难改变的。

其次，我们可能会关注到一个人的形体（见图 2-1-2）。形体特征包括身高、胖瘦、身材比例等。这些方面受遗传因素影响较大，例如父母辈的遗传，往往不容改变；但形体有些方面后天是可以进行改善的，比如可以通过身体塑形手段来达到形体美的塑造。

最后我们可能还会关注到这个人是否有做修饰（见图 2-1-3）。容貌不够好看，可以通过化妆或改变发型来做修饰；体型不好看、比例不协调，也可以通过服装来修饰形体上的缺陷。

图 2-1-1　容貌要素

图 2-1-2　形体要素

图 2-1-3　修饰要素

以上所说三个方面，即容貌、形体和修饰，组成了人体的仪表美。

那么通过以上三个方面就能全面评价一个人的美了吗？你一定会说不能。

示例 2

请观察下面的几组对比图，当同一个人的姿态、体态和举止发生变化时，给你的感觉是否有所不同？

（1）当姿态发生变化时（见图 2-1-4）；

（2）当体态发生变化时（见图 2-1-5）；

（3）当举止发生变化时（见图 2-1-6）。

你一定会说每一组第一幅和第二幅图有变化了，仪态变得更美了。

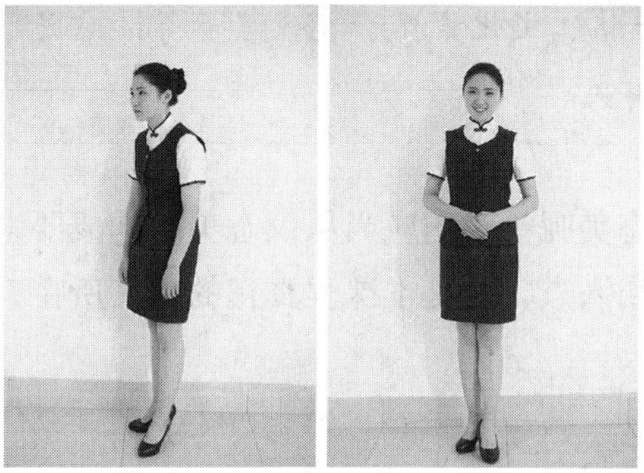

图 2-1-4　姿态发生变化

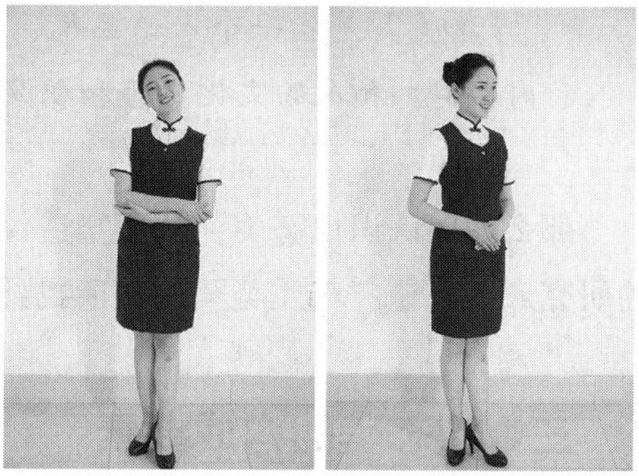

图 2-1-5　体态发生变化

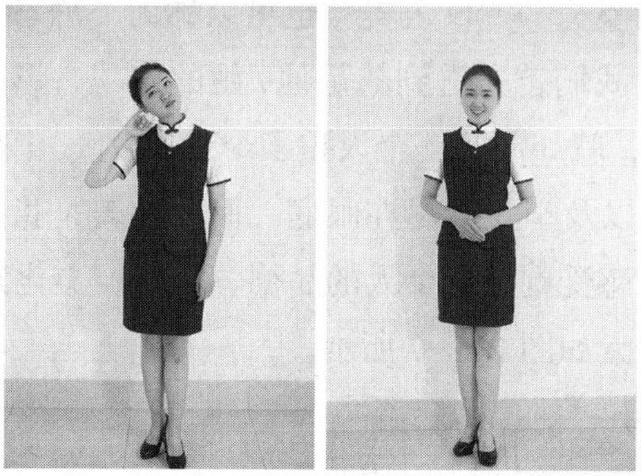

图 2-1-6　举止发生变化

这说明，除了容貌、形体和修饰外，影响人的仪态美的因素还是客观存在的。

示例 3

年轻时一定会比年老时美吗？

你一定会说未必！

杨澜，你有没有感觉她比年轻时更有气质和韵味？

秦怡，即使是在近百岁时，她的风采、她的那种年轮之美，是不是也让我们年轻人自叹不如？

我们常用“宠辱不惊”“淡定自如”等美好的词语去赞美一个有气质的人。这种美我们可以称为“修养美”。

"修养美"是指一个人的品德、性格、文化素养和礼仪素养等。它是人的内在美，和人的文化底蕴和积淀有关。

那么如何认识仪态美，从而塑造仪态美呢？我们应当从仪态美的构成要素的研究入手，让"气质美"的塑造找到切入点，这是本课程真正的意义所在。

三、仪态美的构成要素

通过研究笔者认为，仪态美应包括人的外在美和内在美。外在美，包括了"仪表美"和"仪姿美"："仪表美"也可以称为"静态美"，就好像给一个人拍了一张全身照，我们首先看到的是他 / 她的容貌、形体和修饰；"仪姿美"也可称为"动态美"，就如同给一个人拍了个录像片，当他 / 她动起来的时候，他 / 她的姿态、体态以及举止都尽在眼底。而内在美是指人的"修养美"，即通过与一个人交往所感受到的这个人的品德、性格、文化素养和礼仪素养等。

仪态美的构成要素如图 2-1-7 所示。

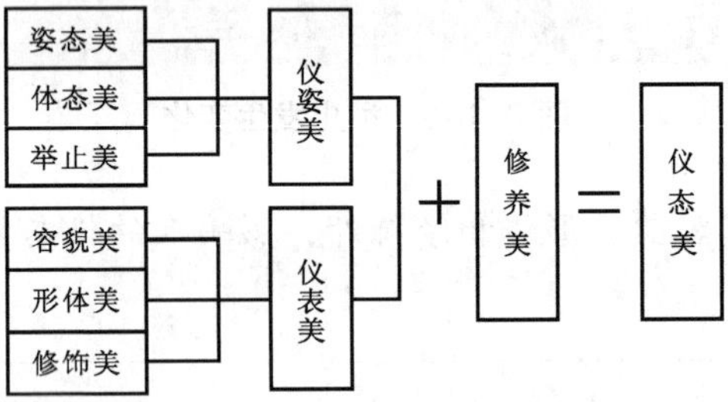

图 2-1-7　仪态美的构成要素

相貌美高于色泽的美，而优雅合适的动作之美又高于相貌之美。

——培根

（一）仪表美

人的仪表美包括容貌美、形体美和在这二者基础上通过装束打扮而获得的修饰美。容貌美是人的面容、肤色和五官长相的美，它是仪表美中最显露的部分，因而占有重要地位；形体美是人最能表现出整体形态的美，是仪表美的基础；然而修饰美对于强化容貌美和形体美具有不容忽视的作用，因而是仪表美的重要组成部分。

仪表美如同一个人的全身彩色照片，对在短时间内形成人的第一印象起着至关重要的作用。

（二）仪姿美

仪姿美是指人的身体各部分在空间活动变化而呈现出的外部形态的美。人的仪姿美包括姿态美、体态美和举止美。如果说人的仪表美是人体的静态美的话，那么仪姿美则是人体的动态美。一个人即使有出众的容貌和身材，如果没有良好的姿态，举止不端、体态不雅，就不可能有完美的仪态美。仪姿美是可以通过后天习得的。

1. 姿态美

> 优美就在于：每一个举动与姿势都是最轻便、最适度、最自然地做成的……
>
> ——叔本华（德国唯心主义哲学家）

姿态是身体呈现的样子。姿态美是指站、坐、行、卧的姿势轻便适度，灵活庄重。即灵活而不轻浮，庄重而不呆滞。俄国哲学家车尔尼雪夫斯基说："动作敏捷、从容，这在人的身上是令人陶醉的，因为这只有在生得好而且端正的条件下才有可能；生得不好的人既不可能有良好的步伐，也不可能有优美的动作，因此动作的敏捷与优美，是人体端正和均匀发展的标志，他们无论在什么地方，都会令人喜爱的。"好的姿态与坏的姿态相比，更容易被别人所接受。因此笔者认为，改变不对称的身体姿态，可以创造人体和谐之美感。它可以通过训练而习得，形成好的姿态习惯，从而迁移到日常生活当中。

请观察图 2-1-8 中同一人物的姿态差异，自行体会或与同伴讨论这两种姿态给你的印象和感觉有何不同。

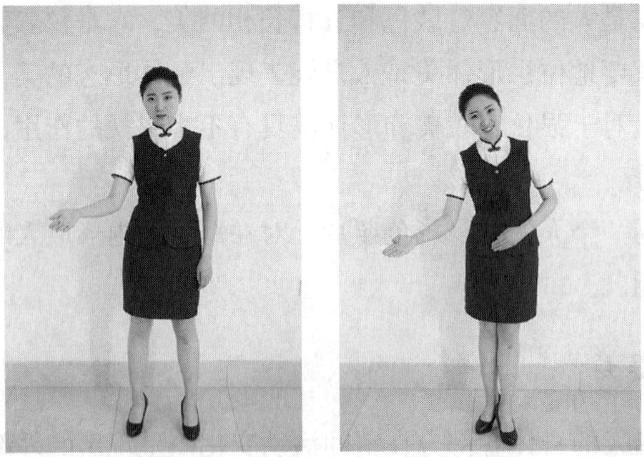

图 2-1-8　姿态差异带来的变化

2. 体态美

体态语言是一种表达和交换信息的可视化符号系统，它由人的面部表情、身体姿势、肢体动作和体位变化等构成。它能反映一个人的心理状态，是人心理状态无意识的外露，是一种无声的语言。

美国艾伯特·梅拉比安（Albert Meharabian）博士通过研究发现：人们传达的信息的影响力中，语言因素只占 7%，说话语气占 38%，而面部表情、手势、身体姿势等各种非语言因素则占 55%。[①] 也就是说，通过一个人的常态的体态，可以了解一个人的内在情感，而这种了解，往往比通过语言所进行的了解更加值得信赖。从另外一个角度来讲，体态美是对仪态美塑造的一种升华。如果我们对体态语言有所了解并加以注意，就一定能在仪态美塑造的过程中产生事半功倍的效果。

请观察图 2-1-9 中同一人物的体态差异，自行体会或与同伴讨论这两种体态给你的印象和感觉有何不同。

① 〔美〕卡罗尔·金赛·高曼. 身体语言密码2.0：工作中的身体语言优势. 北京：化学工业出版社，2010：6.

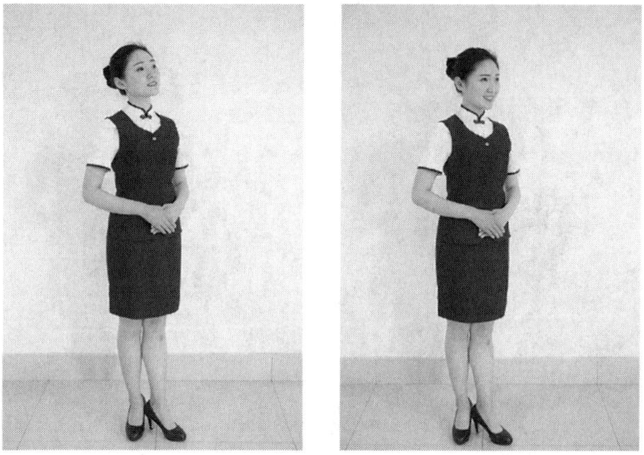

图 2-1-9　体态差异带来的变化

3. 举止美

动作、举止使容貌具有某种确定性，一个人的容貌按常规是与举止相一致的。它能够把心灵的某些令人愉快的品质和肉体的品质结合起来。

——柏克

英国哲学家培根说："行为举止是心灵的外衣。"一个人的举止好似一面镜子，不仅能反映一个人的外表，也可反映一个人的文化内涵和道德修养。笔者认为，举止美是指一个人在不同的场合和环境下所表现出来的，对他人表示真诚、尊重的个性化的动作行为。举止美以姿态美和体态美为基础，以个性化为特征，是内在修养的外在体现。举止美是更高一级的动态美。在生活中，无论男女都应注重礼仪和道德素养的积淀，才能在不同的场合和环境中体现出具有个人特色的举止美。例如：每个人都应尽量体现文明、尊重、适度、温和、谦恭、庄重之美。另外，举止美会因性别、角色、环境、场合的不同而表现得大有不同。

请观察图 2-1-10 中同一人物的举止差异，自行体会或与同伴讨论这两种举止给你的印象和感觉有何不同。

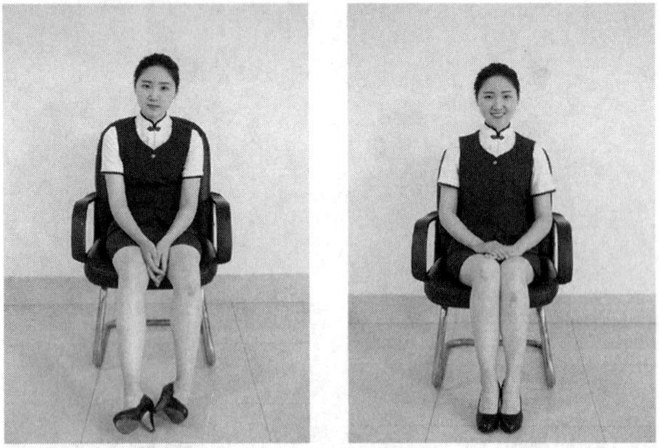

图 2-1-10　举止差异带来的变化

（三）修养美

> 美是道德纯洁、精神丰富和体魄健全的强大源泉。
>
> ——［苏］霍姆林斯基

古人云：“源静则流清，本固则丰茂；内修则外理，形端则影直。”修养是个人魅力的基础，其他一切吸引人的长处均来源于此。修养是指一个人在理论、知识、艺术和思想等方面的水平，通常也是一个人综合能力与素质的体现。良好的修养最能体现一个人的品位与价值，一个有很高个人修养的人，才最具有个性和人格魅力。人的仪态美是外在美和内在美的综合体现。如果说一个人外在美的形成和培养需要靠多方面的努力才能实现的话，那么一个人修养的提高则要靠自己的努力与积淀。

我们追求仪态美，一是要注意按照美的规律来进行塑造；二是要注意自身的内在修养，因为人的外在仪态美在很大程度上是人的内在心灵美的自然流露。所以，相比较而言，后者比前者更为重要。

四、对仪态美常见的认知误区

人们对仪态美认知的误区归纳起来大概可分为四类：审美观错位的仪态表

象、脱离个性的仪态表象、脱离环境的仪态表象和重外轻内的仪态表象。

（一）审美观错位的仪态表象

美是人类社会实践的产物，是人类积极生活的显现，是客观事物在人们心目中引起的愉悦的情感。审美观是世界观的组成部分，是在人类的社会实践中形成的，和政治、道德等其他意识形态有密切的关系。不同的时代、不同的文化和不同社会阶层的人具有不同的审美观。如果一个人的审美观脱离了所处时代、文化和企业的背景，那么他的美是不会被社会所接受的。因此，每个人都应当注重自身文化修养的积累，提高自身的审美素养，从而适应社会的需求。

实例

1. 不同时代的修饰和审美不同

例如：绿军装是20世纪70年代年轻人最时尚的服装，而镂空牛仔是当代年轻人的时尚服饰。如若穿在不同的时期，不知会引起什么样的社会效应。

2. 不同社会角色的修饰和举止不同

例如：艺术家角色的另类修饰和潇洒的举止，与空乘人员角色的简洁修饰和端庄举止是完全不同的。如若互换，不确定能否被人所接受。

3. 不同文化的仪态表象不同

例如：球迷文化中热情奔放的仪态表象，与职场文化中端庄文雅的仪态表象，都是可以接受的。但若互换，可能就不太能被接受了。

（二）脱离个性的仪态表象

在日常生活中，我们经常会发现一些人对于审美是随波逐流的，他们认为大多数人的审美观即是自己的审美观。其实一个人的个性就是一个人的整体精神面貌，是一个人区别于他人、在不同环境中显现出来的，相对稳定的、影响人的外显和内隐性行为模式的心理特征的总和。因此，每个人的美应当是有个性的、适合自己的，只有适合自己的才是最好的。

实例

1. 盲目地塑身减肥

例如：一些女孩看到别人减肥，认为越瘦越时尚，因此盲目减肥，影响了健康和年轻人的朝气。殊不知健美的体型才是最美的，同样的身高和体重的人，因体脂含量的不同，不一定都需要减肥。

2. 追赶流行的服饰等

例如：有的人看到明星穿什么服装自己就穿什么服装，没弄明白明星穿着美而穿在自己身上就不美了的原因，那是因为每个人的个性和身型特点不同，只有选择适合自己的才是最美的。

（三）脱离环境的仪态表象

美是相对的，在不同的环境和场合下的审美是不同的。例如：在舞台上的表演行为举止应当是唯美而夸张的，而生活中的举止行为则应当是平和而自然的；在图书馆一个人应当是安静而全神贯注的，而在球场上则可以是热情而奔放的；一个人在某些职场场合要端庄亲和，而作为法官在法庭上则应严肃而不徇私情。如果这些行为脱离了应有的环境和场合，就会给人以不适宜的感觉。

实例

1. 环境错位的仪态表象

例如：一位刚看完球赛的大学生，在安静的图书馆里兴奋地谈论球赛。

2. 场合错位的仪态表象

例如：法官在某刑事案件审判席上表现出谦卑和亲和的表情。

（四）重外轻内的仪态表象

美丽的外表对于塑造一个人的仪态美固然重要，因为外在美是仪态美的基础，但我们经常会发现许多妙龄的时髦女郎虽然很漂亮，但并不被人们所接受，其原因在于她们只注重外在美的修饰而不注重内在修养的积累，这种美只是暂时的，随着年龄的增长这种美可能就不复存在了。

实例

1. 穿着不当

例如：一位年轻女士在职场穿着暴露的服装。

2. 举止不雅

例如：一个时髦女郎在公众场合叼个烟卷。

3. 动作轻浮

例如：在公共场合与异性搂搂抱抱。

仪态美的塑造，从某种意义上来说也是美育教育的内容之一。人们生活中有对美的渴望，也有对“美丑不分”的无奈。美育教育的核心首先是解决思想上的问题，需要重塑人们对美的需求和认知。美的塑造离不开生活，作为一个生命个体，体会生活美学对现实人生的改造与提升是仪态美塑造的重要途径。

模块二　常见的仪态要素缺陷分析与纠正

仪态美的塑造是一个复杂的过程，因为每个人的基础不同、个性不同，其个性化的美也将不同。因此，我们如果从打造美的角度去谈仪态美的塑造，可能会感到无从下手。但如果换一种思路，从修正的角度去思考仪态美的塑造，问题可能将迎刃而解。循着此思路，我们先来了解下造成仪态缺陷的因素有哪些。

通过观察分析我们发现，造成仪态缺陷的因素有外在的也有内在的。由于遗传、姿态习惯、心理，以及后天的教育与修养等条件的不同，每个人的仪态表象都会不同。我们将通过对个体的仪态缺陷进行总结，力求从中寻求共性特点。通过总结我们将常见的仪态缺陷分为形体固化缺陷、姿态固化缺陷、体态固化缺陷、举止固化缺陷、心理固化缺陷以及修养固化缺陷几类。

汉语词典中的“固化”一词，一是指一种化学现象，使（液体等）凝固；二是指“使固定；变固定”，多用于抽象事物，如关系、观念、行为举止习惯等。

本书中提到的“固化”，一是指练习者表现出的不良仪态方式，久而久之在“形体、体态”上形成无意识习惯性的行为举止的过程；二是指人因在“行为、修养”方面的认知偏差而表现出不良的仪态表象的过程。

一、形体固化缺陷

形体美是塑造仪态美的基础。因遗传因素或长期不良的身体姿势而引起的形体缺陷，是影响仪态美的主要因素之一。我们可以通过改变不良的姿势习惯，以及对缺陷部位进行有针对性的柔韧性与力量性的训练，对形体缺陷进行矫正和预防。

（一）驼背

形成原因：由于长期身体姿态不正确，经常含胸、背部松弛，造成背部肌肉力量薄弱、肩胛内收肌群相对紧张，致使形成驼背。如图 2-2-1 所示。

给人印象：形体缺乏美感，给人不自信之感。

纠正方法：

（1）扩展和牵拉肩胛内收肌群，使此肌肉得以放松；

（2）加强背部肌肉力量训练。

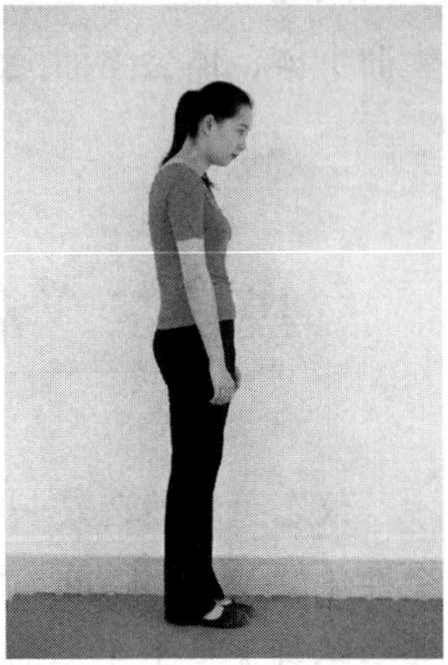

图 2-2-1 驼背

（二）“O”形腿

形成原因：由于遗传或长时间用腿习惯不佳，如站立时习惯双腿外侧用力，造成膝关节外翻。主要表现为双脚并拢时，两膝关节间留有缝隙，双腿呈“O”形。如图 2-2-2 所示。

给人印象：形体缺乏美感。

纠正方法：

（1）运用膝内扣压膝法改善膝关节状况；

（2）加强大腿内收肌群力量的训练；

（3）学会正确的用腿方式。

（三）“X”形腿

形成原因：由于遗传或用腿习惯不佳造成股骨内收内旋和胫骨外展外旋。如图 2-2-3 所示。

给人印象：形体缺乏美感。

纠正方法：

（1）运用外展膝压膝法改善膝关节状况；

（2）学会正确的用腿方式。

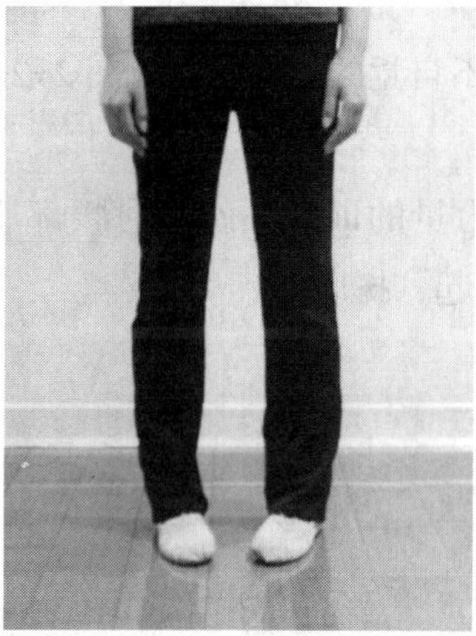

图 2-2-2 “O”形腿

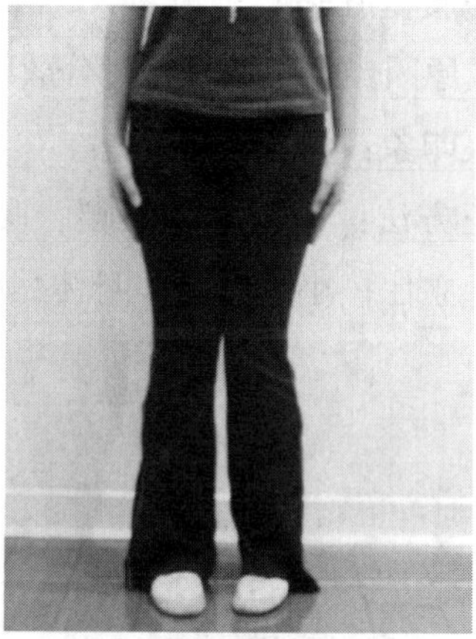

图 2-2-3 “X”形腿

二、姿态固化缺陷

姿态是身体姿势所呈现的样子。姿态美即指站、坐、行、蹲等身体姿势轻便适度、灵活庄重。良好的姿态能让身体呈现出优雅的仪态美，而不良的姿态习惯则是我们日常生活中最常见的影响仪态美的因素。

（一）站姿缺陷

在公众场合挺拔的身体姿态更能体现一个人端庄的仪态。站立时过于随便，塌腰、背部弯曲、耸肩、颈部前伸、不停颤抖、双臂交叉或双手叉腰都会给人留下不良印象，继而可能影响人际交往。因此，要保持良好的仪态美的人，一定要关注身体姿态的每个细节。

1. 双腿松弛

形成原因：

（1）大腿内收肌群松弛，造成双膝内收不够，留有缝隙；

（2）膝关节僵硬，使得膝关节不能充分地伸展。如图 2-2-4 所示。

给人印象：动作懒散之感。

纠正方法：加强大腿内收肌群的力量训练和膝关节柔韧性的训练。

2. 塌腰挺肚子

形成原因：腰腹部肌肉过分放松，造成不自觉的髋前倾。如图 2-2-5 所示。

给人印象：动作懒散之感。

纠正方法：平时要加强腰、腹部核心力量的训练；站立时腰部肌肉要保持紧张、立住，小腹收紧，身体尽量向上拔起，挺胸。

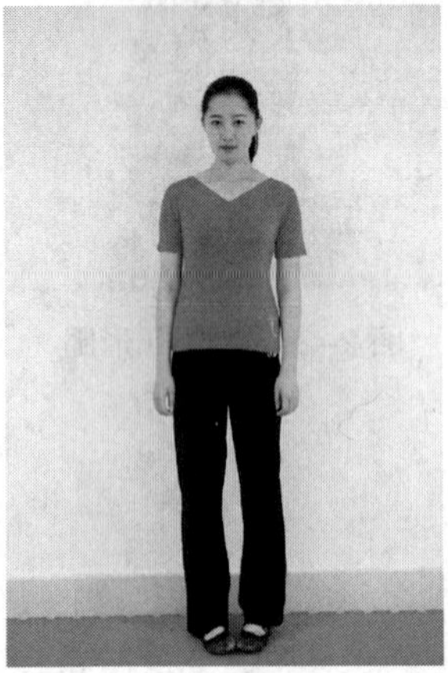

图 2-2-4　双腿松弛

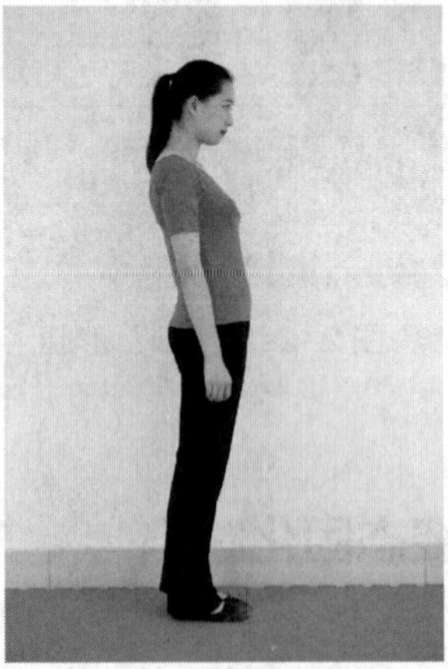

图 2-2-5　塌腰挺肚子

3. 背部弯曲

形成原因：经常伏案姿势不正确，背部肌肉收缩无力，胸小肌发达。如

图 2-2-6 所示。

给人印象：唯唯诺诺，不自信之感。

纠正方法：加强背部肌肉力量训练。双肩同时向后用力，双手在腰后十指相握、抬起，向后展开双肩，同时挺胸。

4. 耸肩

形成原因：斜方肌肌肉紧张不松弛，肩的柔韧性不够，使得肩习惯性向上抬起，缩颈部。如图 2-2-7 所示。

给人印象：拘谨之感。

纠正方法：身体保持直立，双手持重物，双肩同时用力下沉，牵拉肩上提肌群。注意双肩要同时下沉，切勿一肩高一肩低。

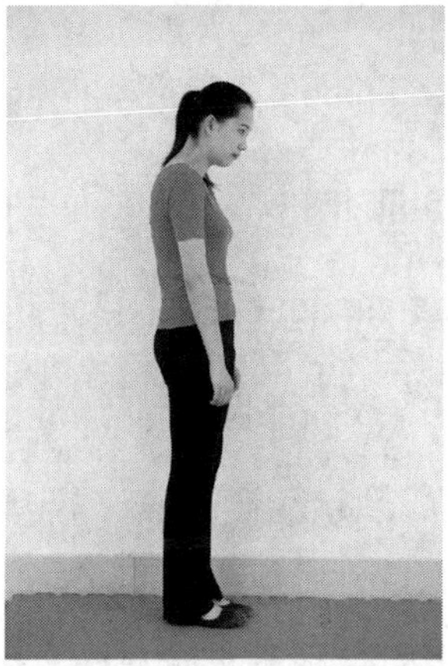

图 2-2-6　背部弯曲

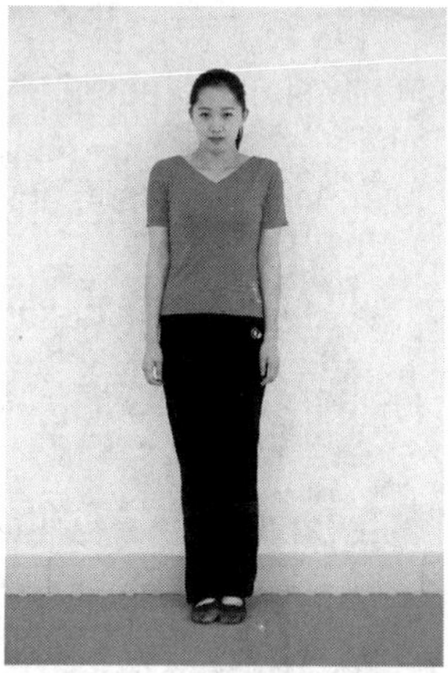

图 2-2-7　耸肩

5. 颈部前伸

形成原因：颈后部肌群松弛无力，使得颈椎习惯性前伸。头、颈、下颚习惯性向前使劲，俗称“探头”。如图 2-2-8 所示。

给人印象：不自信之感。

纠正方法：

（1）懂得运用正确的身体姿态方式；

（2）加强颈后部肌群力量，躯干保持立直状态，有意识地努力使颈椎、胸椎、腰椎、骶椎和尾椎在一条直线上。

（二）坐姿缺陷

坐是人们日常生活中常见的姿态，坐姿是否得体也体现着一个人的修养。如果不注意坐姿，堆腰、双腿分开过大、跷二郎腿或脚上下颤动，都会给人一种无教养、不拘小节之感。

堆腰（身体不挺直）

形成原因：腰腹部肌肉放松，骨盆后倾，使得脊椎前屈。如图 2-2-9 所示。

给人印象：没有精气神。

纠正方法：加强腰背部力量，始终保持立腰状态，使颈椎、胸椎、腰椎、骶椎在一条直线上。

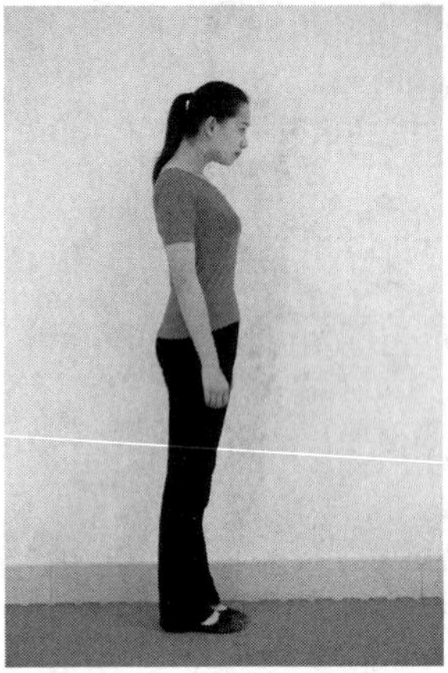

图 2-2-8　颈部前伸

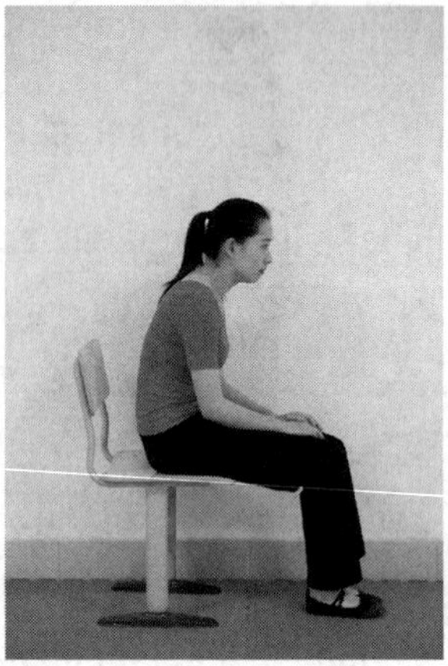

图 2-2-9　堆腰

（三）走姿缺陷

走姿缺陷

1. 内八字

形成原因：行走时步位不正，大腿内收肌群松弛，膝关节向内翻，造成脚落地时脚尖内扣。如图 2-2-10 所示。

给人印象：拘谨之感。

纠正方法：加强大腿内收肌群力量训练，牵拉膝关节内侧副韧带，放松膝关节外侧副韧带，使膝关节保持在脚中趾的正上方。行走时注意大腿内收肌群用力，通过做双腿外旋动作使“内八字”的脚稍外展，踝关节有所控制，始终保持膝盖朝前、脚跟内收、脚尖朝前的状态。

2. 外八字

形成原因：行走时步位不正，膝关节向外翻，双脚脚尖落地时向外分开或者腿形为 X 形腿。如图 2-2-11 所示。

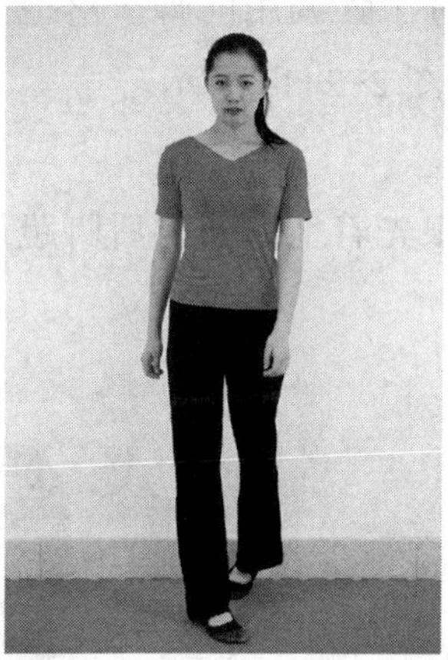

图 2-2-10　内八字

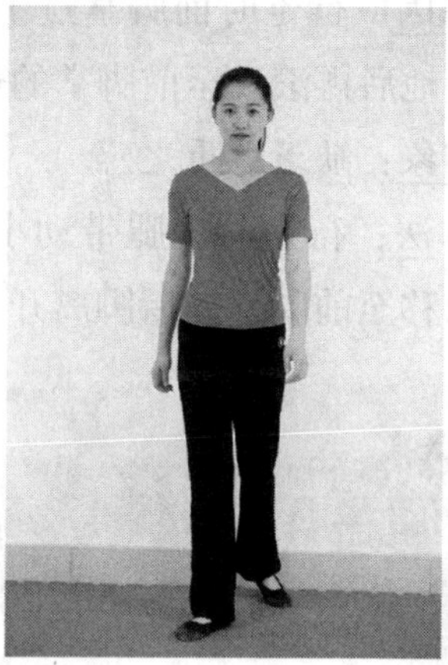

图 2-2-11　外八字

给人印象：大大咧咧、毫不在乎之感。

纠正方法：加强大腿外展肌群的力量训练，牵拉膝关节外侧副韧带，放松膝关节内侧副韧带，使膝关节保持在脚中趾的正上方。行走时注意控制双腿的外旋动作及踝关节的方向，通过做双腿内旋动作使得“外八字”的脚略内扣，从而保持膝盖朝前、脚尖朝前，使双脚落在正确的步位上。

3. 拖步走

形成原因：行走时骨盆前倾，肩膀向下低垂，肢体发力顺序错误，不抬大腿，脚离开地动作不明显，重心移动不明显。如图 2-2-12 所示。

给人印象：懒洋洋之感。

纠正方法：注意肢体的发力顺序，行走时应大腿带动小腿，小臂带动大臂，脚跟先着地，同时后脚蹬地，将身体重心迅速前移至前脚掌，后脚离开地面。

4. 坐着走

形成原因：行走时骨盆后倾，臀部下沉，膝关节始终处于弯曲状态，重心前移不够或前移不及时，导致重心落于两腿之间。如图 2-2-13 所示。

给人印象：小心谨慎之感。

纠正方法：行走时上身保持直立，双腿交替落地时膝关节伸展，小腿向后使劲，臀部肌肉紧张，身体保持向上，重心及时前移。

5. 踮脚尖走

形成原因：行走时前脚掌过于用力，过于强调用前脚掌落地走路，而忽略了脚跟落地后再滚动至前脚掌的过程。如图 2-2-14 所示。

给人印象：缺乏稳重之感。

纠正方法：行走时大腿带动小腿，脚跟先着地，同时后脚蹬地，将身体重心迅速前移至前脚掌，后脚离开地面。

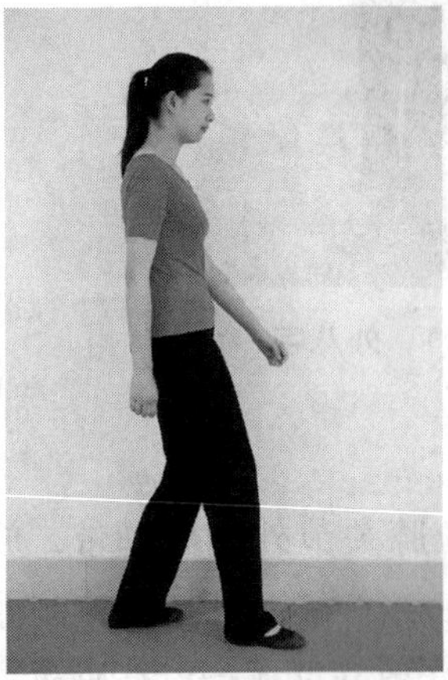

图 2-2-12　拖步走

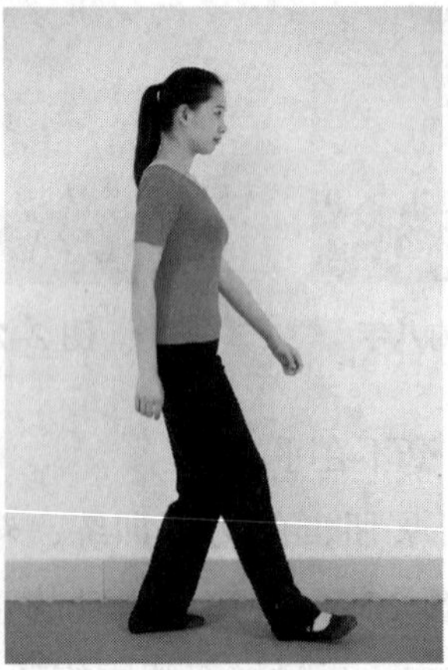

图 2-2-13　坐着走

图 2-2-14　踮脚尖走

（四）蹲姿缺陷

含胸体前倾

形成原因：下蹲时上半身的躯干姿态松弛，含胸、腰部没有直立。如图 2-2-15 所示。

给人印象：没有精气神。

纠正方法：加强腰背部力量。下蹲的过程中，始终保持上身直立的状态，脊背保持挺直，同时挺胸抬头。

图 2-2-15　含胸体前倾

三、体态固化缺陷

人们常说，魔鬼藏于细节。同理，一些小毛病常伴我们左右，甚至成了习惯、成了不易察觉的小动作。无声的非语言信号，往往揭示出人们内心深处的动机和情感，即便是最为微小的手势或举动，都在表达一个人的信心、自我价值，还有可信度。一些不起眼的小毛病、小动作可能会在某个重要时刻影响到我们，让我们错失机会。正所谓："成也细节，败也细节。"因此，我们要了解错误体态语言的不良影响，懂得运用正确的体态方式，尤其要注意日常生活中的小动作，以时刻保持良好的自身形象。

（一）无意识的身体动作

无意识的身体动作

1. 身体摇晃

形成原因：身体产生无控制的前后左右的晃动，表现出自控能力较差，看上去不够专一。如图 2-2-16 所示。

给人印象：不自信、散漫、不拘小节之感。

2. 身体颤抖

形成原因：遇到事情时因心情过分紧张、害怕时腿部产生不自觉的上下颤抖，或对自己的身体行为不加以控制所致。如图 2-2-17 所示。

给人印象：不自信，不拘小节、散漫，轻浮和不尊重他人的感觉。

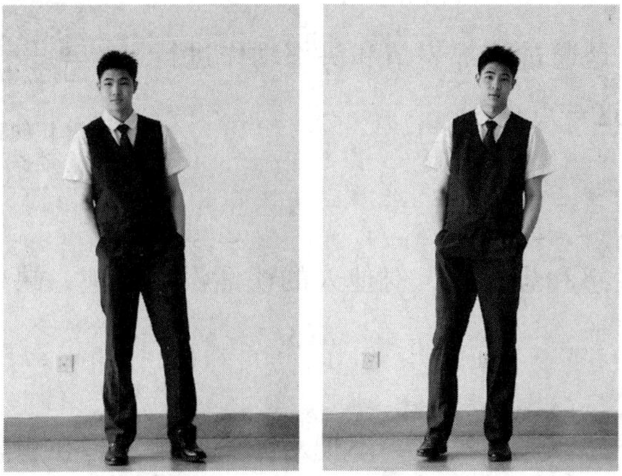

图 2-2-16　身体摇晃

图 2-2-17　身体颤抖

3. 昂头挺胸

形成原因：在不适当的场合过分地展示自我，或者身体重心过于靠后。如图 2-2-18 所示。

给人印象：过于高傲、自高自大、无所不知的感觉。

4. 低头含胸

形成原因：不愿意展示自我，或不良的身体姿态所造成。如图 2-2-19 所示。

给人印象：没有精神，不自信的感觉。

图 2-2-18　昂头挺胸

图 2-2-19　低头含胸

（二）无意识的表情动作

无意识的表情动作

很多时候，人与人的交流是通过面部表情和头部动作进行的，只是很多人都没有意识到这一点。

1. 避免眼神交流

（1）眼睛向下看

给人印象：对他人有陌生感和恐惧感，对他人的谈话没有兴趣，缺乏诚心。如图 2-2-20 所示。

（2）眼睛向上看

给人印象：对对方讲话不感兴趣，高傲，不把对方看在眼里，在想象某种情节。如图 2-2-21 所示。

图 2-2-20　眼睛向下看

图 2-2-21　眼睛向上看

（3）眼睛左右看

给人印象：对对方的话不感兴趣，注意力分散，不尊重他人。如图 2-2-22 所示。

（4）中断眼神交流

在与人交谈过程中中断与对方的目光交流，或转而注意周围的人或物品，或看手表，或面无表情地往远处看。如图 2-2-23 所示。

给人印象：对对方谈话的内容失去了兴趣，心不在焉。

纠正方法：

①了解错误体态语言的影响；

②懂得运用正确的体态方式。

图 2-2-22　眼睛左右看

图 2-2-23　中断眼神交流

2. 眼睛多动

形成原因：内心在思考问题，或由不良的体态习惯造成。

（1）不停地眨眼睛

给人印象：紧张，像在说谎，可能是由于某种原因内心焦虑等。如图 2-2-24 所示。

（2）眼珠转动

给人印象：回味对方所说的话，根本不相信对方，或在动什么心思。如图 2-2-25 所示。

（3）挤眼睛

给人印象：不稳重、精神紧张、着急，或是向对方暗示某种意思。如图 2-2-26 所示。

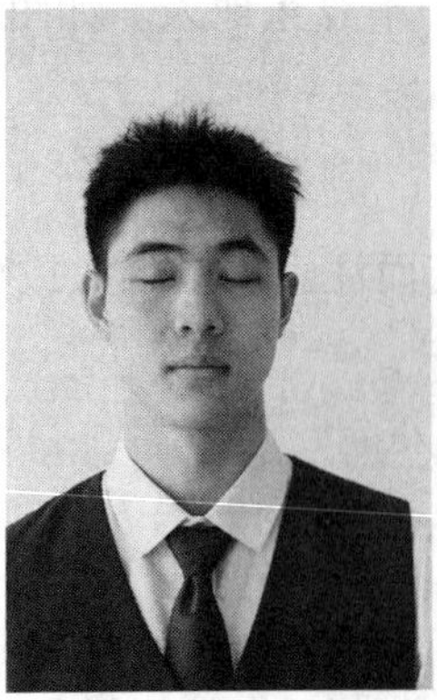

图 2-2-24　眨眼睛

图 2-2-25　眼珠转动

图 2-2-26　挤眼睛

3. 表情木讷

形成原因：反感、不接受对方，或对对方的谈话不感兴趣。

给人印象：对与对方交谈不感兴趣，冷漠。如图 2-2-27 所示。

4. 笑无控制

形成原因：不顾及场合，随心所欲地笑。

（1）大笑

给人印象：自我，不注重别人的感受，无所顾忌。如图 2-2-28 所示。

（2）忍不住地笑

给人印象：不拘小节，不尊重他人，让他人感觉尴尬。如图 2-2-29 所示。

图 2-2-27　表情木讷

图 2-2-28　大笑

图 2-2-29　忍不住地笑

四、举止固化缺陷

举止是指人的举动，它体现了人的姿态和风度。人们经常用举止大方来形容一位有风度的人。我们在生活中经常会有因不良的举止习惯而影响自身仪态美的例子，要有意识地进行纠正规范。

（一）站姿举止缺陷

1. 斜靠在门边或墙站立

给人印象：心理不接受对方，或对对方的谈话不感兴趣。如图 2-2-30 所示。

纠正方法：任何场合都应回避这种站姿。应采用开放式姿态，即两脚分开，两腿成立正姿态或一前一后开立姿态，身体直立，抬头挺胸，眼睛看着对方，给人以坦率、自信的感觉或印象。

2. 双手叉腰站立

给人印象：自视清高之感，有时还有侵犯性意味。如图 2-2-31 所示。

3. 双手插裤兜站立

给人印象：无所谓、悠闲自在之感。如图 2-2-32 所示。

纠正方法：实在有必要时，可左手或右手插于左或右前裤袋，但时间不宜过长。

图 2-2-30　倚墙站立

图 2-2-31　双手叉腰站立

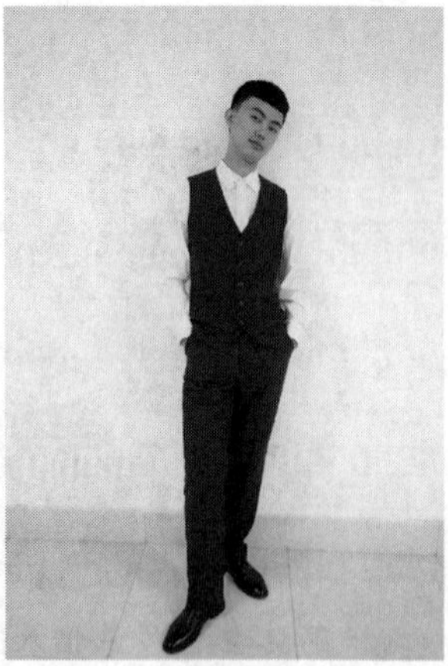

图 2-2-32　双手插裤兜站立

4. 女士双腿“分裂”式站立

给人印象：懒散之感。如图 2-2-33 所示。

纠正方法：无论处于哪一种场合，女士的双膝都应当有意识地并拢，而不能分裂站立。要确保双腿自上而下地收紧并拢，并使髋部自然上提。

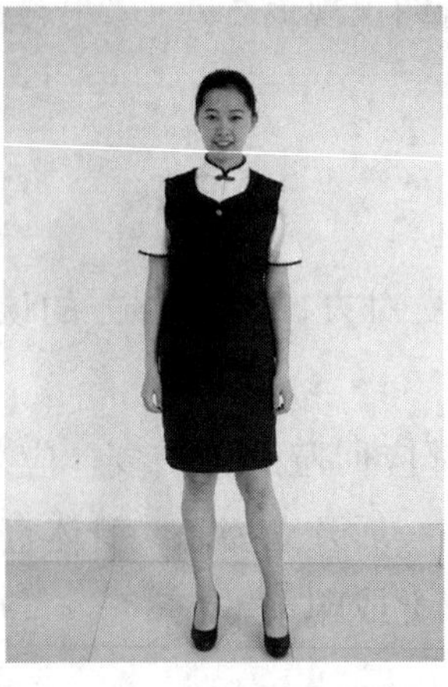

图 2-2-33　女士双腿“分裂”式站立

（二）行姿举止缺陷

双手背手行走

给人印象：老态龙钟之感。如图 2-2-34 所示。

图 2-2-34　双手背手行走

（三）坐姿举止缺陷

1. 双腿叉开无控制

形成原因：双腿放松不加控制，不自觉分开，是随心所欲的姿态。如图 2-2-35 所示。

给人印象：动作不雅、不拘小节之感。

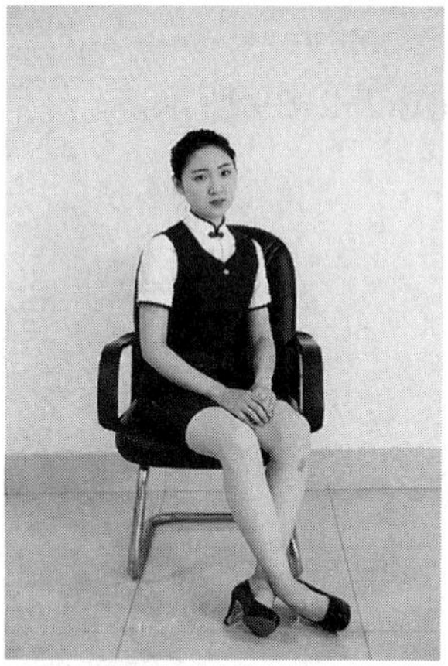

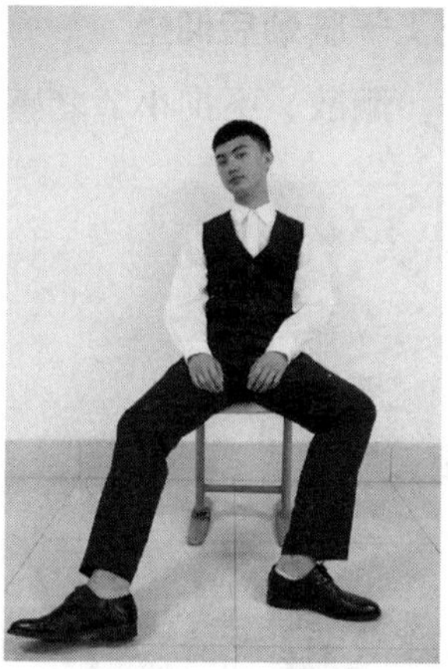

图 2-2-35　双腿叉开

2. "4"字形腿

形成原因：双腿放松不加控制，怎样舒服就怎样坐，是随心所欲的姿态。

如图 2-2-36 所示。

给人印象：动作不雅、不拘小节、目中无人、自大之感。

3. 翘“二郎腿”，脚尖对着他人频繁地抖动

给人印象：对他人不尊重、不拘小节之感。如图 2-2-37 所示。

图 2-2-36 “4”字形腿

图 2-2-37 翘“二郎腿”

4. 双手抱膝

给人印象：懒散、不拘小节之感。如图 2-2-38 所示。

5. 双手交叉于脑颈后仰坐

给人印象：懒散、不拘小节之感。如图 2-2-39 所示。

图 2-2-38 双手抱膝

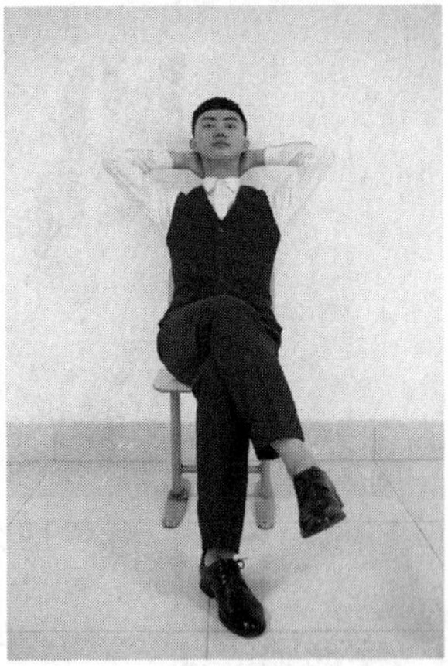

图 2-2-39 双手交叉于脑颈后仰坐

（四）蹲姿举止缺陷

1. 双腿分开下蹲

形成原因：举止的不良习惯所致。没有掌握正确的姿态要领，蹲下时膝盖没有并拢，大腿没有夹紧，下半身的姿态松散，造成双腿分开。如图 2-2-40 所示。

纠正方法：规范举止行为。下蹲的过程中，让双腿、膝盖始终保持并拢的状态，蹲下去之后一条腿的膝盖内侧靠于另一条腿的小腿内侧，形成高低的姿势。

2. 下蹲臀朝后

形成原因：举止的不良习惯所致。在下蹲过程中，先强调了低头、弯腰翘臀的动作，蹲下后出现重心前移的情况。如图 2-2-41 所示。

纠正方法：规范举止行为。在下蹲的过程中保持臀部向下的姿态，应当做到缓慢下蹲。下蹲后两腿合力支撑身体，身体垂直于地面。

图 2-2-40　双腿分开下蹲

图 2-2-41　下蹲臀朝后

五、心理固化缺陷

人际交往中的心理缺陷是指无法保持正常人所具备的心理调节和适应等平衡能力，心理特点明显偏离心理健康标准，但尚未达到心理疾病的程度。心理缺陷的后果是社会适应不良。在现实生活和心理卫生实际工作中最常见的心理缺陷是性格缺陷和情感缺陷。而这些小小的心理缺陷会成为影响一个人进行自我展示的最强大的干扰。

（一）自负

这种人只关心个人的需要，在人际交往中表现得目中无人。高兴时海阔天空，不高兴时则不分场合乱发脾气，全然不考虑别人的情绪。另外，与别人初识时往往过于亲密，讲一些不该讲的话，反而会使人出于心理防卫与之疏远。

表现方式：心不在焉，对他人的讲话不感兴趣，对人不够尊重。

体态表现：仰视，不正眼看人；身体颤动，不拘小节。

（二）腼腆

腼腆是由于生性内向、沉静；过于自爱，过于重视自己的言行；或在生活中曾遭受某种挫折，而变得消极被动。

体态表现：俯视、不敢正视他人。不自觉地摆弄手、脚或衣角等。

如何克服：通过加强性格锻炼，以及改变观念，树立生活的信心，培养交际技巧。

（三）自卑

自卑的人并不一定表现为能力差，相反是自己期望过高，不切实际，因此必然容易导致失败。自卑是一种因过多的自我否定而产生的自惭形秽的情绪体验。自卑感人人都有，但只有当自卑达到一定程度，影响到学习和工作的正常进行时，才归之为心理疾病。在人际交往中，主要表现为对自己的能力、品质等自身因素评价过低；心理承受力低，脆弱；经不起较强的刺激，谨小慎微、多愁善感，常产生疑忌心理；行为畏缩、瞻前顾后等。

体态表现：不敢正视他人；浑身颤抖；没有表情。

给人印象：缺乏自信心，意志不坚定。

小贴士

心理缺陷的运动疗法

体育心理学研究证明，有针对性地进行运动锻炼，是纠正心理缺陷、培养健全人格的有效心理训练方法。

1. 孤僻

应选择足球、篮球、排球以及跑步、拔河等集体项目。

2. 胆怯

应多参加游泳、溜冰、滑雪、拳击、摔跤、单双杠、跳马（箱）、平衡木等项目。

3. 优柔寡断

应多参加乒乓球、网球、羽毛球、拳击、摩托车、跨栏、跳高、击剑、角力等体育活动。

4. 急躁

应多参加下棋、打太极拳、慢跑、长距离的步行及游泳和骑自行车、射击等缓慢、持久的项目。

5. 不自信

应选择一些简单、易做的如跳绳、俯卧撑、广播操、跑步等体育项目。

6. 紧张

应多参加竞争激烈的体育比赛，特别是足球、篮球、排球等项目。

7. 自负

可选择一些难度较大、动作较复杂的技巧性活动，如跳水、体操、马拉松、艺术体操等体育项目。

体育运动作为心理纠正训练内容，不是一般运动训练和娱乐游戏活动，要想达到心理转化目的，必须有一定的强度、质量和时间要求。每次锻炼时间在30分钟左右，运动量从小到大，循序渐进，三个月为一个周期，可进行两个周期左右。

六、修养固化缺陷

“修养”一词原意包括修身养性、反省自身、陶冶品行和涵养道德。马克思主义赋予“修养”新的含义，就是要进行自我教育、自我改造。这种教育和改造离不开群众的社会实践，离不开在实践中个人的主观努力。“修养”这个词，从广义看是指人们在政治、道德、学术以及技艺等方面进行的勤奋学习和涵养锻炼的功夫，以及经过长期努力达到的一种能力或思想品质。

在这里我们所指的修养是指个人艺术方面的修养，通俗地说是指一个人的品位与修养，而这种品位与修养是在长期的学习、生活、工作中逐渐形成的。每个人的品位与个人的文化艺术的素养、审美的眼光、鉴赏文化艺术的水平是分不开的。在不同的文化艺术背景中，每个人所汲取的养分不同，所体现的品位也就不同，这种品位直接影响一个人的外在形象。如果忽略了内在修养的塑造，一个人的美也就不能由内及外了。

小贴士

有修养的人的特征

*做事、应约守时：无论是开会、赴约，还是做客，从不迟到；万一迟到，悄悄地力求不影响别人。

*谈吐优雅有节：把“请”和“谢谢”挂在嘴边；不高声讲话，不随便打断别人的谈话，先听完对方的发言，然后再去反驳或者补充对方的看法和意见。

*待人彬彬有礼：尊重他人，必要时关心、照顾他人。

*语气中肯，不高声喧哗：在待人接物上，心平气和，以理服人，往往能取得更好的效果。

*注意交谈技巧：尊重他人的观点和看法，即使自己不能接受或明确同意，也不当着他人的面指责对方。

*不傲慢无礼、粗鲁庸俗，举止稳重：在与人交往相处时，从不强调个人特殊的一面，也不有意表现自己的优越感。

*信守诺言：即使遇到某种困难也不轻易食言。

*大度：与人相处胸襟开阔，不会为一点小事情而和朋友、同事闹意见，甚至断绝来往。

*富有同情心：在他人遇到某种不幸时，绝不袖手旁观，尽量给予同情和支持。

测试

你是否是一个有修养的人

问题：

1. 你对待店里的售货员或饭店的服务员是不是和对待朋友一样很有礼貌呢？
2. 你是不是很容易就生气？
3. 如果有人赞美你，你是不是会向他/她说“谢谢”呢？
4. 有人尴尬不堪时，你会作何反应？你会觉得有趣吗？
5. 你是不是很容易展露出笑容，即使是在陌生人的面前？
6. 你是不是会关心别人的幸福和舒适？
7. 在你的谈话和或书面信件中，是不是会时常提到自己？
8. 你是不是认为礼貌对一个男子汉无足轻重？
9. 跟别人谈话时，你是不是一直很注意对方？

答案解析：

1. 是。一个富有修养的人，无论是对什么样身份的人，始终都彬彬有礼。
2. 不是。动不动就生气的人修养不会很好。
3. 是。善于接受他人赞美是一种做人的艺术。
4. 不是。幸灾乐祸会暴露你的修养问题。
5. 是。微笑始终是让自己或其他人通往快乐的最好的入场券。
6. 是。关心体贴别人是一个人成熟和有魅力的第一个条件。
7. 不是。那些经常大谈他自己的人很少会受到别人的欢迎。
8. 不是。良好的风度和礼貌，是一个人应该有的自然反应。
9. 是。尊重别人的意见才能使别人尊重你。

知识窗

修己敬人

《论语·季氏篇第十六》曰“不学礼，无以立”，意即人不学礼就无法立身处世。《荀子·修身》曰“人无礼则不生，事无礼则不成，国家无礼则不宁”，更是将礼仪与个人生死和国家稳定相提并论。中华礼仪要求在待人接物方面要恭敬、谦和，在行为举止方面要端庄、文明，在仪容仪表方面要得体、高雅，在言谈表达方面要适度、文雅。这些行为规范是人们内在的善良、宽容、诚信、自律等道德品质的外化。另外，中华礼仪要求个人节制自律，注重自我修为，即所谓“克己复礼”“修己敬人”“敬人者人恒敬之”，提倡个人首先要有良好的品德操守、严谨的生活作风、健康的生活情趣。从这个角度来讲，礼仪教育应该成为当下德行教育中不可或缺的一环。

模块三　空乘人员仪态基础训练

一、亲和力训练

亲和力能让大事化小，小事化了。

——卡耐基

（一）亲和力的解析

1. 什么是亲和力

亲和力是人际关系能力的一种综合体现。它一方面表现为主动控制人际交往，另一方面表现为被人所认可。亲和力使人类产生巨大的凝聚力，在现实社会生活中发挥着不可估量的作用。如图 2-3-1 所示。

图 2-3-1　具有亲和力的仪态

那么什么叫亲和力呢？

亲和力是指人们在交际应酬里，往往会因为彼此之间存在着某些共同之处或近似之处，萌生亲切感，并且更加相互接近，相互体谅。交往对象由接近而亲密、由亲密而进一步接近的相互作用，被人们称为亲和力，[①] 也被称为亲和效应理论。

亲和效应理论，是服务礼仪的基础理论之一。对于广大服务人员而言，学习和掌握这一理论，主要是把握以下三个要点。

（1）近似性

亲和效应是以交往对象之间存在着某些共同之处或近似之处为基础的。离开了这个基础，交往对象便往往难以因感觉亲近而互相认同。从理论上来讲，人和人之间一定的相近之处，会给双方交际关系的建立提供极大的方便，并且会给双方之间的正常交往带来积极的促进作用。一般情况下，人们大多喜欢与那些和自己情趣、志向等相近的人相处。主要的原因是，在自己信任的人或是自己产生好感的人面前，人们往往更容易放松自己，并且与对方主动接近，甚至进行更深的交往或合作。

（2）间隔性

亲和效应是在人际交往的过程中逐渐形成的，而不是产生在人际交往的起始阶段。所以，有专家指出：亲和效应实际上是在首轮效应产生后，人们对于交往对象所形成的一种更加深入的印象。换句话说人们在与他人初次交往时，在双方见面之初，是不太有可能发现、感觉到彼此双方之间的共同之处或近似之处的。发现、感觉到彼此双方之间的共同之处或近似之处，是需要一段时间的。亲和效应的这一特征，被称为间隔性。

（3）亲和力

亲和效应在人际交往的过程里逐渐形成后，往往会在交往对象之间产生一

① 金正昆．服务礼仪教程．北京：中国人民大学出版社，2005：57.

种无形的凝聚力和向心力。这种交往对象因亲和效应而产生的凝聚力和向心力，通常具有重大的作用。它既可以促使交往对象之间进一步实现相互理解、相互接受，也可以促使交往对象之间相互支持、相互帮助，并且还有可能同甘共苦、风雨同舟。这种重大的作用，就是人们平常所提及的亲和力。

2. 亲和力在空乘服务中的作用

在民航服务业中，空乘服务是窗口，空乘服务人员与乘客，尤其是经常来往的乘客形成亲和力，无疑是非常重要的。它可以使空乘人员的服务过程更加顺畅。因此，空乘人员应当打造良好的亲和力，以适应我国民航业的需求。

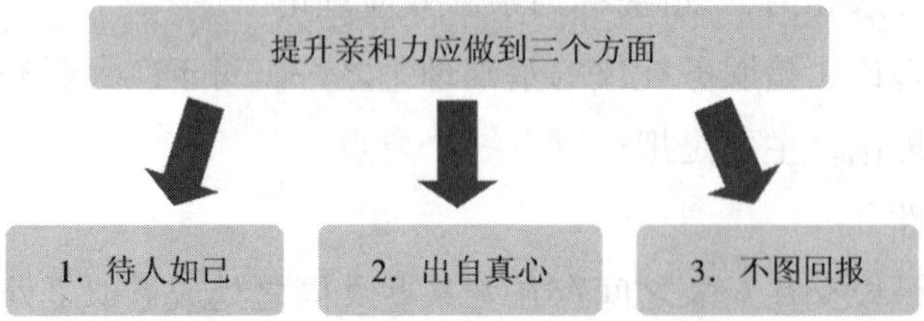

图 2-3-2　提升亲和力的途径

（二）如何打造亲和力

一般而言，有亲和力的人在他人眼中有两个特点：有益，无害。有益是指能给人带来实际的利益或者心理上的舒适感；无害是指攻击性不强。这样的人有一些优点，但并不是完美无缺的，因为完美无缺的人会让人产生距离感，减少亲和力。心理学家研究发现，最为人欣赏者是精明中带有缺点的人。一个人之所以表现出很强的亲和力，是因为他对自己、对别人具有很强的理解能力。“知人者智，自知者明”，知人固然不易，然而知己更难。一个亲和力很强的人对人对己都有很强的理解力和洞察力。

1. 让吸引力为亲和力铺路

（1）外貌吸引

马克思说：“人是按照美的规律来塑造物体的。”爱美之心，人皆有之。美是人的本质力量的表现，爱美，是人的天性。美丽的外貌、优雅的举止，能给人一种精神的享受。在人际交往中，人们首先获得的就是对方的表情、姿态、身材、仪表、年龄、衣着等方面的印象。这些方面的印象的好坏，会给交往者的心情以及交往的结果以不同的影响。为了适应人际交往中外貌吸引的心理需要，我们应当注重自己的仪表和风度。

（2）能力吸引

一个聪明能干、才华出众的人，往往能引起人们的喜爱、钦佩、尊重、敬慕的感情，在人际交往中具有吸引力。因为能力强的人可以给自己或自己所在的群体带来好处，一个人希望自己对他人具有吸引力，就需要在某一方面使自己成为一个非常突出的人。

（3）空间吸引

交往的空间距离近，能为交往接触创造方便条件，造成相互熟悉的可能，从而使双方之间产生吸引力。空间距离的远近，在很大程度上是由客观条件所决定的，在空间上较远的情况，也可以通过反复交往，互相熟识，从而在心理上逐渐接近。这是增进吸引力的有效途径。

2. 微笑对提升亲和力的重要性

微笑因幸福而发，幸福伴喜悦而生，即“情动于中而形于外”。笑容对于生活中的每一个人都很重要。微笑不但会改变别人的心情，而且会改变自己的心情。

（1）微笑是以柔克刚的“妙招”

法国作家阿诺葛拉索说：“笑是没有副作用的镇静剂。”面对别人的胡搅蛮缠、粗暴无礼，你可以用微笑缓解对方的刺激，以微笑化解对方的攻势，从而以静制动，以柔克刚，摆脱困境。

（2）微笑是融洽气氛的“润滑剂”

当乘客走入一个陌生的环境，由于陌生或羞涩，往往会端坐不语或拘谨不安。此时若微笑能使紧张的神经松弛，消除彼此间的戒备心理和陌生感，相互产生亲近感。记住：要使他人微笑，自己得先微笑。

（3）微笑是巧妙回绝的“借口”

微笑，既能缓和紧张的情绪免使对方难堪，又能免去言语不周而导致的麻烦，取得“此地无声胜有声”的效果。微笑还能为你赢得思考的时间，借以找到巧妙处理的方法。

（4）让微笑传递歉意

微笑不是奴颜婢膝，而是一个人有涵养的表现，是对他人的一种和蔼友善的表示。它能反映出你控制和表现自己情绪的能力，也能显示你主动热情、坦率大方的个性。

（5）微笑是吸引他人的“磁石”

一个优秀的空乘人员、电视节目主持人、公关小姐、售货员或政工干部，他们深受人们喜欢的奥秘，就是他们具有动人的微笑。微笑传达出的友善、亲切、对他人具有很大的吸引力。

（6）微笑是深化感情的“催化剂”

有人说，微笑是爱情的“催化剂”，是家庭的“向心力”，是人际交往的“润滑剂”；微笑能给人以美好的享受，微笑是向他人发射宽容、理解和友爱的信号，面对这样的表示，又有谁会拒绝呢？

（三）打造有亲和力的笑容

有时候，喜悦是笑容之源，但有时候，笑容则可成为喜悦之源。

——一行禅师（宗教活动家、诗人）

1. 改变不良的情绪

（1）培养自己的幸福感

人的表情来源于心，而喜悦是笑容之源。打造一个人的亲和力首先要从培养一个人快乐的心情开始。俗话说知足者常乐，一个懂得满足的人才会感到幸福，而幸福感是好的表情的根源所在。美国人际关系学家戴尔·卡耐基说：“生活的快乐与否，完全决定于个人对人、事、物的看法如何；因此，生活是由思想造成的。”拿破仑和海伦·凯勒，是最好的例子，拿破仑拥有一般人所追求的一切——荣耀、权力、财富，可是他却对圣海莲娜说：“我这一生从来没有过一天快乐的日子。”而海伦·凯勒——又盲又聋，却表示：“我发现生命是这样的美好。”一个人幸福与否并不取决于其所拥有的金钱与财富的多少，拥有好的心态、以积极向上的精神状态面对生活中的一切才有可能拥有快乐的人生。

信息卡

海伦·亚当斯·凯勒（1880—1968），美国残障教育家。她幼年因意外疾病而引致失明及失聪。在这黑暗而又寂寞的世界里，她自强不息，用顽强的毅力克服生理缺陷所造成的精神痛苦。她热爱生活并从中得到许多知识，学会了读书和说话，并开始和其他人沟通。她以优异的成绩毕业于美国拉德克利夫学院，成为一个学识渊博，掌握英、法、德、拉丁、希腊五种文字的著名作家和教育家。她走遍美国和世界各地，为盲人学校募集资金，把自己的一生献给了盲人福利和教育事业。她获得了世界各国人民的赞扬，并得到许多国家政府的嘉奖。

（2）让自己做快乐的事

生活当中每个人都难免会遇到这样或那样的困惑与麻烦，一些人往往会因为一些不如意而感到不开心，殊不知这种“想不开”往往会影响自己的工作和生活。所以每个人应当学会排解忧愁，解除困扰，这才是改变不良情绪的好办法。

法国伟大的哲学家蒙坦说：“一个人因为发生的事情所受到的伤害，不及因他对发生事情所拥有的意见来得深。”意大利研究人员研究证明，人类大脑中有一种神经叫“镜神经”。这种神经系统能使人的大脑完成包括学习和模仿在内的一些高级行为。除此之外，人脑还能对感觉和感情产生类似的反应。一个人看见别人的表情、手势和姿势的时候，会不自觉地把自己置身于他的“思想角度”中，然后感其所感，从而在自己心中产生相同的情绪。① 人类的这一特性说明，一个人的情感是完全可以通过感知别人的情感而改变的。

实用心理学家威廉·詹姆斯曾经发表过这样的理论：“行动似乎是随着感觉来的，可是实际上，感觉和行动是同时发生的。也就是说当一个人被各种烦恼困扰，整个人的精神感到紧张不堪的时候，是可以凭自己的意志力来改变自己的心境的。如果我们使我们意志力控制下的行动规律化，也能够间接地使不在意志力控制下的感觉规律化。”换句话说，威廉·詹姆斯告诉我们，我们不可能只凭“下定决心”就改变我们的情感，可是当我们改变我们的行动的时候，就会自然而然地改变了我们的感觉。于是他解释说，“如果你感到不快乐，那么唯一能找到快乐的方法，就是振奋精神，使行动和言辞好像已经感觉到快

① ［美］卡罗尔·金赛·高曼. 身体语言密码2.0——工作中的身体语言优势. 北京：化学工业出版社，2010：13.

乐的样子”。所以让自己快乐起来，改变不良的情绪就要从做开心的事情开始，逐渐去感受快乐、体味快乐、最后才能享受快乐。记住：有了快乐的思想和行为，你就能感到快乐。

下面是已故的西贝儿·派屈吉写的“只为今天”，有人称之为“快乐计划”。如果我们能够照着做，我们就能消除大部分的忧愁，而大量地增加“生活上的快乐”。

延伸阅读

只为今天①

只为今天，我要快乐。

假如林肯所说的“大部分的人只要下决心都能快乐”这句话是对的，那么快乐是来自内心，而不是存在于外在。

只为今天，我要让自己适应一切，而不是让一切来适应我的欲望。

用这种态度接受家庭、事业和运气。

只为今天，我要爱护我的身体。

要多参加体育运动，善自照顾，善自珍惜；不损伤它、不忽视它；使它能成为我争取成功的好基础。

只为今天，我要加强我的思想。

要学一些有用的东西，不做一个胡思乱想的人。要看一些需要思考、需要集中精神才能看的书。

只为今天，我要用三件事情来锻炼我的灵魂。

要为别人做一件好事，但不要让人家知道；要做两件我并不想做的事。

只为今天，我要做个讨人喜欢的人。

外表要尽量修饰，衣着要尽量得体，说话低声，行动优雅，丝毫不在乎别人的毁誉。对任何事情都不挑毛病，也不干涉或教训别人。

只为今天，我要试着只考虑怎样度过今天。

不把一生的问题都一次解决。因为，虽然一个人可以连续十二个钟头做一件事情，但若要一辈子都这样做下去的话，就会吓坏自己的。

---

① [美] 戴尔·卡耐基. 美好的人生，快乐的人生. 北京：中国文联出版公司，1989：199.

只为今天，我要制订下一个计划。

要写下每个钟点该做什么事情；也许不会完全照着做，但还要制订这个计划；这样至少可以免除两个缺点——过分仓促和犹豫不决。

只为今天，我要为我自己留下安静的半个小时，轻松一番。

在这半小时里，使我的生命中更充满希望。

只为今天，我要心毫无惧怕。

尤其是不要怕快乐，我要去欣赏美的一切，去爱，去相信我爱的那些人会爱我。

小贴士

学会培养快乐的心情

★思想决定生活

积极的思想及其运用，可以把地狱变成天堂，也能把天堂变成地狱。

★施恩勿望报

想要快乐被人所爱，就不要去苛求，不要希望得到回报，只需默默地奉献。

★寻找自我，保持本色

要保持自己的本色，无论你犯过多少错，能力多有限，你也不能变成别人。

★不要用别人的错误来惩罚自己

永远不要用别人的错误惩罚自己。不要因为你的敌人而燃起一把怒火，最终却灼伤了你自己。

★保持稳定的情绪

要冷静，要理解别人。善于对别人表达你的感激之情，他会感觉到高兴，你的自我感觉也会更好。

★给心灵留下空白

能够把心中的烦闷向别人倾诉的人，往往就是能够把握快乐的人。想要获得充满平和的心，有一个重要的方法，那就是让心灵留下一片空白。

★防止烦闷的心理

我们的疲劳通常不是因工作而起，而是由烦恼、挫折和不满等引起的。

心理测试

你是一个有亲和力的人吗？

针对下列十项问题，请从ABC中挑出最接近自己想法的答案。

（1）彼此能够认真讨论，坦率地批评对方。

A. 是的　　B. 没有意见　　C. 不

（2）恐怕破坏了相处（交往）的气氛，尽量避开深刻（严重）的话题。

A. 是的　　B. 没有意见　　C. 不

（3）通常都是插科打诨，讲些逗趣的话或笑话，很少交谈彼此的心事。

A. 是的　　B. 没有意见　　C. 不

（4）刻意淡化严肃正经的话题，尽量谈些轻松、愉快的话题。

A. 是的　　B. 没有意见　　C. 不

（5）只要有个念头（心念一生），彼此都无顾忌，随时可以交谈。

A. 是的　　B. 没有意见　　C. 不

（6）彼此都不深入接触对方的世界（问题），保持泛泛的交往。

A. 是的　　B. 没有意见　　C. 不

（7）为了避免自己受到伤害或伤害对方，刻意保持距离。

A. 是的　　B. 没有意见　　C. 不

（8）一般人认为绝对不可暴露的秘密（或自己颓唐的一面），你能坦然自若地说出口。

A. 是的　　B. 没有意见　　C. 不

（9）极力避免认真的交往所带来的个人空间的减少。

A. 是的　　B. 没有意见　　C. 不

（10）你期待的是——相处之际进行彼此心事的交谈。

A. 是的　　B. 没有意见　　C. 不

请累计各题得分：

<table>
<tr><th>题序</th><th>A</th><th>B</th><th>C</th><th rowspan="11">结论：
得分为 13~20：属于热情型的人。这种类型的人，在与亲密朋友的交往中，总是尽可能缩小心理上的差距，有什么心事，则毫无隐瞒，有话直说。他们会直率地批评对方，也希望对方在自己做错的时候能提出批评的意见。他们有时会显得很严肃，纵使时有碰撞（发生冲突），还是期待彼此深入的交往。
得分为 8~12：一般型。属于普通的交友方式，给人一种不冷不热的印象。
得分为 0~7：冷淡型。这种类型的人，与最亲的人之间，也要划清界限，除非必要，绝不靠近或越界。不太干涉或关心对方的事，也不希望他人过多地去关注自己，对于彼此的私生活或私事，非常重视。他们以洒脱而愉快的交往为目标，有不愉快的话题出现时，就讲些笑话，轻描淡写地带过。</th></tr>
<tr><td>（1）</td><td>2</td><td>1</td><td>0</td></tr>
<tr><td>（2）</td><td>0</td><td>1</td><td>2</td></tr>
<tr><td>（3）</td><td>0</td><td>1</td><td>2</td></tr>
<tr><td>（4）</td><td>0</td><td>1</td><td>2</td></tr>
<tr><td>（5）</td><td>2</td><td>1</td><td>0</td></tr>
<tr><td>（6）</td><td>0</td><td>1</td><td>2</td></tr>
<tr><td>（7）</td><td>0</td><td>1</td><td>2</td></tr>
<tr><td>（8）</td><td>2</td><td>1</td><td>0</td></tr>
<tr><td>（9）</td><td>0</td><td>1</td><td>2</td></tr>
<tr><td>（10）</td><td>0</td><td>1</td><td>2</td></tr>
</table>

2. 改变不良的表情

表情是无声的语言。人际交往中，表情真实可信地反映着人们的思想、情感、反应，以及其他各方面的心理活动。传播学认为，在人们所接受的来自他人的信息之中，只有 45% 左右来自有声的语言，而 55% 左右来自无声的语言。在后者中，又有 70% 以上来自表情。不管这个观点正确与否，表情对人们的交流与沟通的影响无疑是巨大的。好的表情来源于心，但有时不良的表情习惯也会影响人的表情。改变一个人的性格不是一件轻松的事，需要花很长的时间，而表情的改变却相对容易得多，它同样能够使人抓住机遇，改变人的一生。美国学者在神经科学领域不久前的一项研究，解释了环境改变身体语言的方式。他们通过研究认为："通过教孩子学会模仿别人，有助于增强这些孩子镜像神经元系统的活性，强化与更高领悟力相关的神经连接。""大脑在人的一生中会不断发展和改变。增加社会经历的次数和种类可以强化神经系统的关联，使我们充分开发这种联系天赋"。[①] 这进一步说明外界施加因素对身体语言能力会有积极的影响。因此，对不良的表情的修正性的训练具有可行性。

① ［美］托尼亚·瑞曼 . 身体语言的力量 . 天津：天津社会科学出版社，2008：21~22.

不受欢迎的人的标志

1. 给人难以开口交谈的印象；
2. 不知道他在想什么；
3. 看起来性格不开朗的人；
4. 看起来冷漠无情的人；
5. 看起来傲慢的人；
6. 敌视别人的人。

信息卡

美国林肯总统的一位朋友曾向他推荐某位人士为内阁成员，林肯却没有用这个人。他的朋友很不理解，因为那个人的资历、经历、水平都很优秀。林肯说："我不喜欢他的那副长相。"林肯认为："一个人过了40岁就该对自己的脸孔负责。"

林肯的话说明了一个真理：人的容貌是天生的，但人的面部表情和他的身体语言一样，是可以熏陶和改变的，是由人的内在变化、文化修养、气质特征所决定的。

3. 训练好的表情

交流中最重要的是要听得到对方没有说出的话。

——彼得·德鲁克

空乘服务人员需要注意的是，自己在工作之中的表情神态如何，在乘客看来往往与对待对方的态度直接相关，因此好的表情的训练对于空乘人员来说是非常重要的。

（1）表情训练的原则

表现谦恭：服务于人，待人谦恭与否，从表情神态方面可以很直观地看出来，备受服务对象的重视。因此，空乘人员在工作中务必使自己的表情神态看起来谦和。

表现友好：在空乘服务中，对待乘客，皆应友好相待。这一态度，自然应当在表情神态上表现出来。所谓“笑迎八方来客，广交四海朋友”，其实就是要求空乘人员在服务中要以友好的表情神态先行一步。

表现适时：从大的方面来看，人的表情神态可以庄重、宽和，也可以活泼、俏皮。有时，还可以表达不满、气愤或悲伤。无论采用何种表情神态，服务人员都要切记使之与现场的气氛与实际需要相符合。这就是所谓表情神态要适时。比如当乘客极不开心之时，对其笑脸相迎，就肯定会得到对方的良好反馈。

表现真诚：空乘人员在服务于人时，既要使本人的表情神态谦恭、友好、适时，更要使之出自真心，发乎诚意。这样做才能给人以表里如一、名副其实之感。千万不要在表情神态方面弄虚作假。

（2）面部表情的训练

严格地说，人的表情神态通常有赖于其身体各部分之间的协调运动。因此，除面部以外，人体的其他部位亦可表现出人的表情神态。不过，不可否认的一个事实是：观察一个人的表情神态时，人们往往以其面部为主要的着眼点，并且尤为关注其眼神与笑容的变化。为了符合人们的习惯，空乘人员在学习、训练自己的表情神态时，应当以面部具体形态的变化为要点，其中眼神与笑容的变化，更是需要重视。下面介绍一下学习、训练自己的表情神态时应当注意的一些问题。

A. 眼神的训练

> 没有思想支配的眼睛，是盲目。
>
> ——佐治·伯里曼

眼神，是对眼睛总体活动的一种统称。眼睛是人类的心灵之窗。对自己而言，眼神能够最自然、最准确地展示自身的心理活动；对他人而言，与人交往所得信息的 87% 来自视觉。眼神交流，是人类的一种本能，是人类早期进化过程中生存的需要，也因此而能量巨大。儿童喜欢吸引别人的目光，与别人保持眼神交流，为的是引起更多的注意，获得食物和关爱。成年人也不例外，与其他身体部位相比，我们从眼睛里面得到和传送的信息是最多的。一个眼神，可以传达敌视、愤怒、倾慕、欢迎、可亲、幽默、内向、怀疑、尴尬和腻烦。

案例

眼睛是心灵的窗户

雪平是某外企的人事部经理，一次，他被邀请参加一个世界著名公司的人际关系培训班结业典礼。雪平打算在了解该公司讲师的素质水平后，再决定自己是否参加下一轮培训。他坐在前排右边，看着那些结业的人用被强化训练出来的积极热情的语言，精神振奋地表达着自己的体会。那位主讲老师的脸上始终挂着一个定格的笑容，但是雪平总感到有什么使他困惑，他无法捉摸那笑容的背后，到底是真诚还是客套，他无法相信那张脸的诚意，更无法被那标准的肌肉造型的笑容感染。典礼结束时，雪平走向那位讲师，主动做自我介绍。在他们握手的一刹那间，雪平与他的眼睛直视，雪平这才明白：原来困扰我的是他那双眼睛。

雪平形容那双眼睛："看起来阴冷、高深莫测、虚实不定。那双眼睛对我并没有兴趣，他只是漠然地在我身上扫了一遍。这双眼睛与他的笑脸是那么的不和谐，这双眼睛里没有一丝笑意和温暖。我的困惑终于解除了，原来他的笑是强化培训出来的。他的心中没有笑容，这些都是通过眼睛表现出来的。眼睛是心灵的窗户，一个只有脸上微笑、心灵却没有微笑的人能是一个优秀的人际关系讲师吗？他不能告诉我他自己都不懂得的事情。"雪平最终没有参加这个公司的培训班。

(A) 眼神训练的要素

人们在日常生活之中借助于眼神所传递出的信息，可被称为"眼语"。在人类的五种感觉器官眼、耳、鼻、舌、身中，眼睛最为敏感，它通常占人类总体感觉的70%左右。

眼语的构成，一般涉及时间、角度、部位、方式、变化五个方面。空乘人员的眼神训练也应当从这五个方面着手。

①时间：空乘服务中空乘人员在与乘客交流时，注视对方时间的长短，往往十分重要。一般注视对方的时间占彼此交谈时间的1/3长短为宜。

小贴士

★表示友好：若对对方表示友好，则注视对方的时间应占全部相处时间的 1/3 左右。

★表示重视：若对对方表示关注，则注视对方的时间应占全部相处时间的 2/3 左右。

★表示轻视：若注视对方的时间不到相处全部时间的 1/3，往往意味着瞧不起对方，或对其没有兴趣。

★表示敌意：若注视对方的时间超过了全部相处时间的 2/3，往往表示可能对对方抱有敌意，或是想寻衅滋事。

②角度：在注视他人时，目光的角度，即其发出的方向，是事关与交往对象亲疏远近的一大问题。空乘服务中一般采用正视的角度对待每一位乘客，表现出双方地位的平等和本人的不卑不亢。

小贴士

★平视：视线呈水平状态，也叫正视。一般适用于在普通场合与身份、地位平等之人进行交往。

★侧视：它是平视的一种特殊情况，即位居交往对象一侧，面向对方，平视着对方。它的关键在于面向对方，否则即为斜视对方，那是很失礼的。

★仰视：主动居于低处，抬眼向上注视他人。表示尊重、敬畏之意，适用于面对尊长之时。

★俯视：眼睛向下注视他人，一般用于身居高处之时。一般表示对晚辈的宽容、怜爱，也可对他人表示轻慢、歧视。

③部位：在人际交往中目光所及之处，就是注视的部位。注视他人的部位不同，不仅说明自己的态度不同，也说明双方关系有所不同。空乘人员在与乘客交流时应经常保持双方目光的接触，长时间回避对方目光或是左顾右盼，是“心里有鬼”或是不感兴趣的表现。在交谈中，听的一方通常应多注视说的一方。运用目光的时候，要做到把目光柔和地放在客户的脸上，不时地将目光移

开，而不是单单注视眼睛，这样让对方会感觉比较自然。如果一直直勾勾地盯着对方，是非常失礼的，甚至会让客户认为你对他的兴趣已经超过服务本身了。如图 2-3-3 所示。

图 2-3-3　目光注视部位

小贴士

★双眼：注视对方双眼，表示自己聚精会神，一心一意，重视对方。但时间不宜过久。

★额头：注视对方额头，表示严肃、认真、公事公办。它叫作公务型注视，适用于公务活动中。

★眼部至唇部：注视这一区域，是社交场合面对交往对象时所用的常规方法，因此也叫社交型注视。

★眼部至胸部：注视这一区域，表示亲近、友善，多用于关系密切的男女之间，故称亲密型注视。

★眼部至裆部：它适用于注视相距较远的熟人，亦表示亲近、友善，故称为亲密型注视，但不适用于关系普通的异性。

★任意部位：对他人身上的某一部位随意一瞥，可表示注意，也可表示敌意。可叫作随意型注视，多用于在公共场所注视陌生之人。

作为空乘人员要进行目光注视时应注意：在一般情况下，与他人相处时，不宜注视其头顶、大腿、脚部与手部。对异性而言，通常不应注视其肩部以下，尤其是不应注视其胸部、裆部、腿部。

④方式：空乘人员一般采用正视、直视的方式对待乘客，以表示认真、尊重和坦诚。但不能一直直勾勾地盯着对方。

小贴士

★直视：直接地注视交往对象，它表示认真、尊重，适用于各种情况。若直视他人双眼，即对视，表明自己大方、坦诚，或是关注对方。

★凝视：它是直视的一种特殊情况，即全神贯注地进行注视。多用以表示专注、恭敬。

★盯视：目不转睛，长时间地凝视某人的某一部位。它表示出神或挑衅，故不宜多用。

★虚视：它是相对于凝视而言的一种直视。其特点是目光不聚焦于某处，眼神不集中。它多表示胆怯、疑虑、走神、疲乏，或是失意、无聊。

★扫视：视线移来移去，注视时上下左右反复打量。它表示好奇、吃惊。亦不可多用，对异性尤其应禁用。

★睥视：斜着眼睛注视。它多表示怀疑、轻视，一般应忌用。与初识之人交往时，尤其应当忌用。

★环视：有节奏地注视不同的人员或事物。它表示认真、重视。适用于同时与多人打交道，表示自己“一视同仁”。

⑤变化：在人际交往中，目光、视线、眼神都是时刻变化的，它主要表现为：

眼皮眨动一般每分钟 5~8 次，如果过快表示思维活跃或在思索，过慢就表示轻蔑、厌恶等，有时候眨眼也可以表示调皮或不解。如果眨眼时间长，眼皮闭上 1 秒钟以上，那就说明对对方产生厌倦感，对谈论的话题完全失去兴趣，或者高高在上，不把对方放在眼里。

如果对方眼球反复转动，往往表示在动心思。如果“挤眉弄眼”就是表示在向人暗示。所以不但要观察别人的眼神，更要把握好自己的眼神。

人类很多身体上的反应会引起瞳孔的扩张放大。人眼除了遇见光的刺激外，如果看见令人高兴、兴奋或者精神振奋的事情，瞳孔通常也会无意识地放大，视线范围扩大，看到的东西会更多。

(B) 眼神的训练方法

眼神的亲和力训练

自我训练法

这是练习者面对镜子独自进行眼神训练的一种训练方法。如图 2-3-4 所示。

图 2-3-4
眼神自我训练法

练习步骤：

①练习者正对镜子，处于距离镜子 1 米远的位置。

②用一张纸，将脸的下半部分遮住，只露出双眼。

③假设镜子中的自己是交谈的对象。

④在心里假设身处各种社交场合，创造心理环境。

⑤对镜子中自己的眼神进行自我评价，及时调整，以达到预期效果。

问题环境训练法

设立问题环境，让练习者按照问题中的要求，做出相应的眼神神态的一种训练方法。

练习步骤：

①练习者用一张纸，将脸的下半部分遮住，只露出双眼。

②另一人处于 2 米以外作为交流的对象。

③练习者按照问题环境中的要求，做出相应的表情。

④对方对其表情进行评价，及时调整，以达到预期效果。

目光交流法

做个小练习，训练一下增加目光交流。注意一下你遇到的所有人的眼睛的颜色。不需要记住，只需要留心注意一下。通过这个练习，你能极大地提高社交能力，使你和他人关系和谐融洽。

(C) 眼神的训练应注意的问题

表情中眼神尤其重要，眼神的训练不可忽视，需要注意以下几点：

①在注视别人的时候，能正视对方的眼睛。

②接受对方眼光的承受力，被注视时，也能坦诚地回视对方。

③不要向上翻眼珠，也不要斜眼看人，否则会给人以傲慢无礼的印象。

④认真地注视，不管是什么人，认真集中精神是美德，眼神认真，表情自

然也就认真了。

⑤常活动眼睛，是充满好奇心、喜欢观察事物、对任何东西都感兴趣的表现。而不是那种“不稳重的眼神”。

小贴士

眼球操

第一步：自然站立，头部正直、下颌微收。练习中头部位置保持不变；

第二步：眼睑抬起，瞪大眼睛，正视前方的某一物体，努力将其看清；

第三步：眼睑渐渐放松，眼球回缩，虚视前方；

第四步：眼睑抬起，目光自左向右缓慢扫视，直至看到最侧面的东西，目光所到之处，努力看清视线里的物象；

第五步：目光由右至左扫视，方法同上；

第六步：目光由下向上缓慢扫视，眼睑尽量向上抬起，直至看到最上方，目光所过之处，努力看清视线内的物象。

B. 微笑的训练方法

笑容，指的是人含笑的面容，亦指人含笑的神情。中国的古人曾经留下这样的经验：“非笑莫开店。”很多百货商场的人事主管表示：宁愿招聘一个拥有可爱笑容的学生也不要一个冷若冰霜的博士。可想而知，微笑对于商业的重要性。是否会笑，已经成为服务行业招聘的标准了。

对于空乘人员来讲，在工作岗位上面带微笑地服务于乘客，是一种基本的岗位规范。微笑的核心在于笑。所谓笑，即人的面部呈现出愉悦，欢乐的神情。由此可见，笑以愉快、欢乐为首要特征。空乘人员在岗位上以微笑示人，意在为乘客创造一种轻松的氛围，使其在享受服务的过程中，感到愉快、欢乐和喜悦。那么空乘人员怎样才能够正确地运用好微笑呢？

(A) 正确微笑的要素

①必须掌握微笑的要领

微笑的主要特征是：面含笑意，但笑容不甚显著。一般情况下在微笑之时，是不闻其笑声，不见其牙齿的。

它的基本方法是：先放松自己的面部肌肉，然后使自己的嘴角微微上翘，让嘴唇略呈弧形。在不牵动鼻子、不发出笑声，不露出牙齿，尤其是不露出牙龈的前提下轻轻一笑。

②必须注意整体配合

微笑虽说仅仅是一种十分简单的表情，但要使之真正成功，除了要注意口型之外，还需注意面部其他各部位的相互配合。不夸张地说，微笑其实也是人的面部各部位的综合运动；若忽视其整体配合，微笑便往往不成其为微笑。

通常，一个人在微笑之时，应当目光柔和发亮，双眼略微睁大；眉头自然舒展，眉毛微微向上扬起。这就是人们通常所说的“眉开眼笑”。除此之外，还应避免耸动自己的鼻子与耳朵，并应将下巴向内自然收起。

③必须力求表里如一

提起微笑，尽管人们通常用“面含微笑”这个词，实际上它并非仅挂在脸上，而是需要发自内心，做到表里如一的。

真正的微笑应当体现出一个人内心深处的真、善、美。表现自己心灵之美的微笑，才会有助于服务双方的彼此沟通与心理距离的缩短。

真正的微笑，还应该是一种内心活动的自然流露。也就是说，它应当首先是一种心“笑”，应当来自人的内心深处。

④必须兼顾服务对象

必须说明的是，微笑服务是对空乘人员的总体要求。在具体运用时，还应当同时注意自己的服务对象的具体情况。

理想的笑脸如图 2-3-5 所示。

理想的笑脸：放松自己的面部肌肉，嘴角微微向上翘，让嘴唇略呈弧形；双眼略为睁大，目光柔和发亮，眉头自然舒展，眉毛微微上扬；下巴向内自然收起。

图 2–3–5　理想的笑脸

（B）微笑的训练方法

微笑的时候，先要放松面部肌肉，然后使嘴角微微向上翘起，让嘴唇呈弧形。

嘴巴的表情训练

①对镜子摆好姿势，像婴儿咿呀学语时那样，说“E”“G”“钱”，让嘴的两端朝后缩，微张双唇。轻轻浅笑，减弱发音的程度，这时可感觉到颧骨被拉向斜后方。相同的动作反复几次，直到感觉自然为止。

②先把手举到脸前，手从嘴角向外做“拉”的动作，一面想象笑的形象，想象愉快的事情，一面照镜子。这样的微笑就自然多了，微笑也就不一样了。如图 2-3-6 所示。

③手张开举在眼前，手掌向上提，并且两手展开，随着手掌上提，打开，眼睛一下子睁大，仿佛眼前豁然开朗，笑意盎然。如图 2-3-7 所示。

图 2-3-6　微笑的嘴巴表情训练（1）

（1）　（2）

图 2-3-7　微笑的嘴巴表情训练（2）

眼神的表情训练

①将嘴巴部分遮起来，照镜子，看眼睛能反映出什么表情。多练习几次你会发现，内心的想法会影响眼神。

②回头瞬间表情的训练。练习有人从后面叫你，你一面回答，一面以笑脸回头，从镜子里观察自己回头的瞬间的表情。如图 2-3-8 所示。

图 2-3-8　微笑的眼神训练

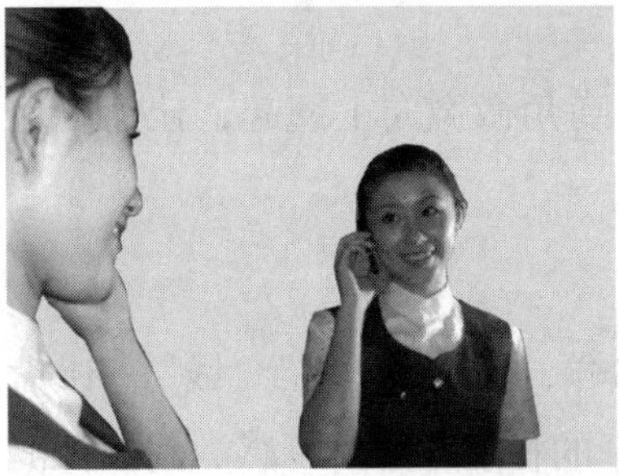

图 2-3-9　打电话时表情的训练

打电话时表情的训练

一边打电话，一边照镜子，将自己在镜中的影像当成是打电话者，注意自己的表情。如图 2-3-9 所示。

诱导法表情训练

一边照镜子，一边听娱乐节目，或听朋友讲笑话，保持愉悦的心情，体验“笑由心生”的感觉。如图 2-3-10 所示。

情绪回忆表情训练

一边照镜子，一边回忆一些快乐的事情，列出所有你自己认为有趣的人、事、宠物、情景、笑话、电影、歌曲，让这些真实的情感激发真实的笑容。如图 2-3-11 所示。

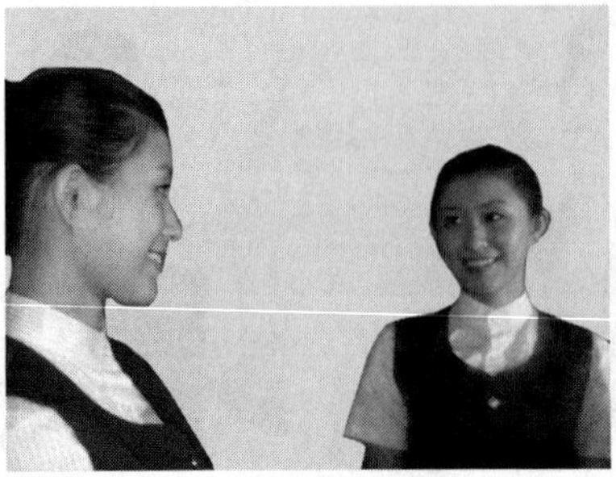

图 2-3-10　诱导法表情训练

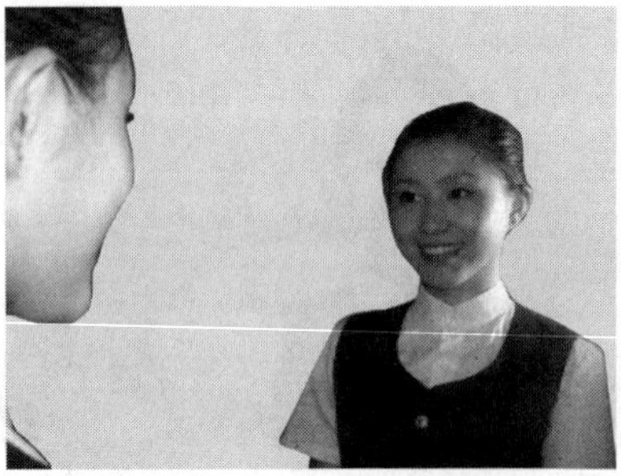

图 2-3-11　情绪回忆表情训练

小幽默

甲：“服务人员胸前为什么佩戴照片呢？”

乙：“谁不知道呀，这是开展微笑服务啊！”

甲：“这和佩戴照片有什么关系？”

乙：“你没看那照片上的人都是微笑的吗？”

(C) 正确微笑的原则

①主动微笑的原则

在社交场合，当与客人的目光接触时，应主动向对方微笑，给人以彬彬有礼、热情的印象。

②自然大方微笑的原则

微笑时要神态自然，热情适度，最好表现为目光有神、眉开眼笑，这样会令人感到亲切、真诚、温暖、大方。切忌表演色彩过浓、故作姿态和生硬应付。

③眼中含笑的原则

一个人是不是开心地笑，是不是真诚地笑，从其眼睛中就能找到答案。例如：有些模特、演员在镜头面前瞬间的微笑，虽然很美，但常常不动人，不让人感到亲切。为何？因为如果把他们的嘴巴部分遮盖起来，可能会发现他们笑脸上的眼睛是冷漠的。

④真诚微笑的原则

微笑应当发自内心。应当是真诚的。真实地展示自己，才能让他人和自己都得到快乐。

⑤健康微笑的原则

微笑是健康的、爽朗的，好的身体和形象会给人带来愉悦的心情。

⑥最佳时机和维持原则

在与他人目光接触的瞬间，就要目视对方启动微笑。目光应平视、坦然、自信，不可斜视，不可左顾右盼、交头接耳，也不要有羞涩之感。微笑的最佳时间以不超过 3 秒钟为宜，时间过长给人假笑或不礼貌的感觉。注意微笑的启动和收拢动作要自然，切忌突然用力启动和突然收拢。

⑦一视同仁原则

乘客千差万别，各色各态，切忌以貌取人，不能凭外表的差别、凭主观的好恶，而区别对待。

⑧天天微笑的原则

微笑应当是自然、习惯的表情，每个人都应以饱满的精神风貌迎接一天的生活与工作。微笑会带给自己和他人幸福和快乐。

二、身体姿态训练

（一）躯干姿态的训练

优美而典雅的躯干姿态，是发展人的不同质感动态美的起点和基础。良好的躯干姿态应该是身体直立，头端，肩平，挺胸，收腹，梗颈。这样的姿态能使人看起来精神振奋、线条优美。同时躯干也被舞蹈界认为是“情感区域”，背部挺拔的躯干的姿态在文化意味中暗示着高贵与理性，随着躯干姿态的变化，往往不自觉地体现出一个人的情感。因此，躯干的训练是培养良好的仪态的基础。

1. 动作要领

（1）头正、上顶，向上牵引颈椎；

（2）颈椎牵引胸椎，腰椎、骶椎成一直线；

（3）肩外展，自然下垂；

（4）腰腹收紧；

（5）小八字步臀腿内收；

（6）气沉于丹田。如图 2-3-12 所示。

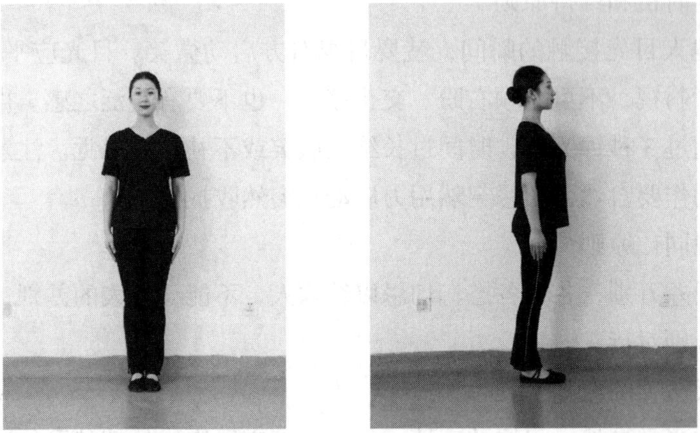

图 2-3-12　躯干姿态训练

2. 练习方法

（1）肩部和胸部的柔韧训练

肩部和胸部的柔韧训练

A. 压肩胸

方法①

练习方法：双脚分开同肩宽，身体前屈，双臂前伸，手腕搭于把杆上。臀部向后，双臂尽量前伸使肩关节充分打开，同时胸部向下用力压，保持几秒钟，使压力置于肩部伸肌上，重复 10~20 次。如图 2–3–13（1）所示。

练习目的：通过此练习可以改善练习者肩、胸部的柔韧性，使肩、胸部更加舒展，对纠正“驼背”，有良好的训练效果。

方法②

练习方法：距离墙 50~60 厘米，面对墙站立，双脚分开同肩宽，双臂上举，手扶墙面，腰部下塌，头向后仰起，将胸部贴到墙面上，保持 15 秒为一组，共做 3 组。如图 2–3–13（2）所示。

练习目的：通过此练习可以改善练习者颈部、肩部及胸部的柔韧性，提高躯干的伸展性，对纠正“颈部前伸”“驼背”等具有良好的效果。

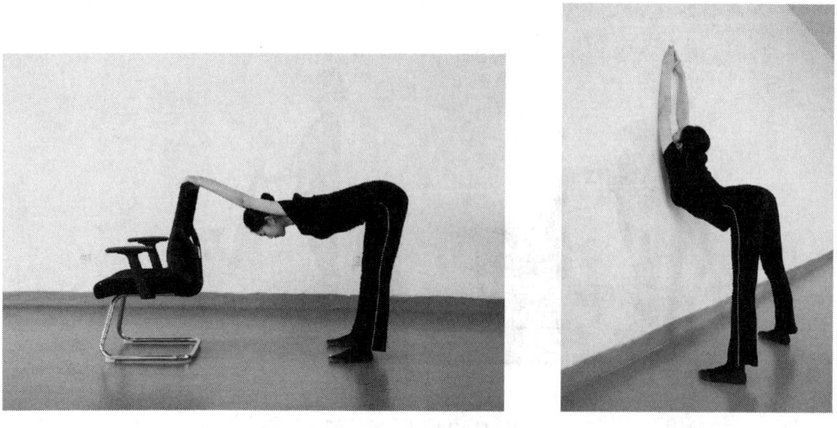

（1）　　（2）

图 2–3–13　压肩胸

B. 含展胸

练习方法：头正，颈直，肩平，挺胸，收腹，双手轻扶椅背，双腿并拢伸直站立。

1~2 拍：低头，含胸，弓背；

3~4 拍：抬头，挺胸，还原到准备姿势；

5~6 拍：仰头，展胸，展腰；

7~8 拍：还原到准备姿势。

反复练习。如图 2-3-14 所示。

练习目的：通过此动作的练习，使练习者的颈椎、胸椎和腰椎得以充分的舒展，对改善脊椎的柔韧性，形成优美的身体曲线有着促进作用。对纠正“颈部前伸”和“驼背”也有着明显的训练效果。

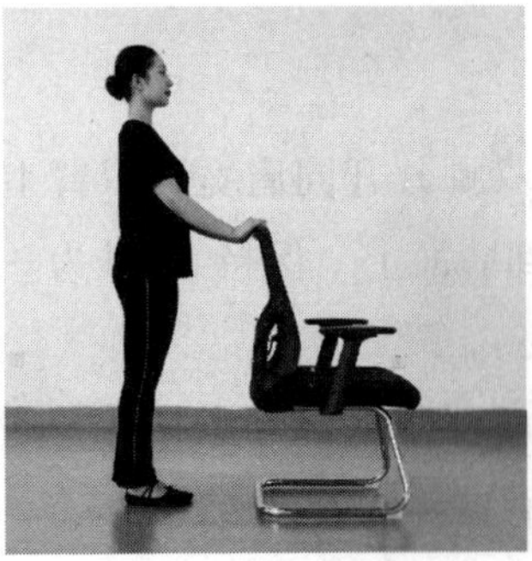

准备姿势

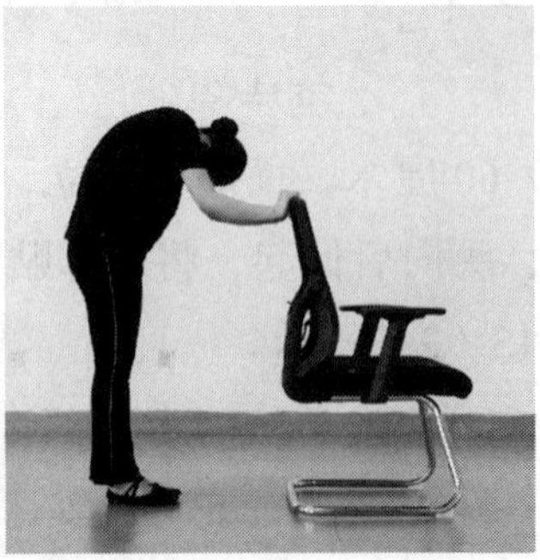

1~2 拍

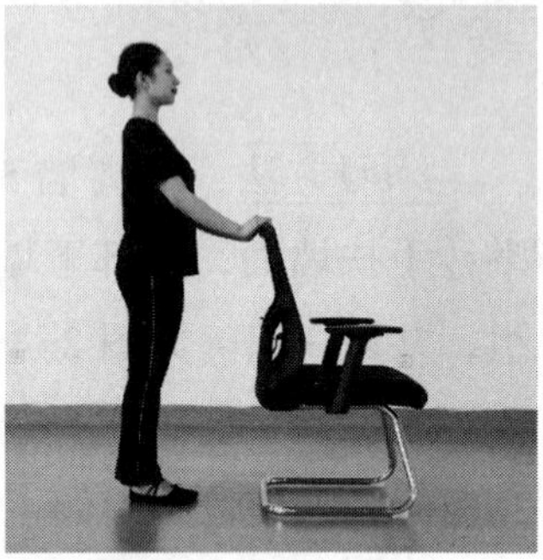

3~4 拍

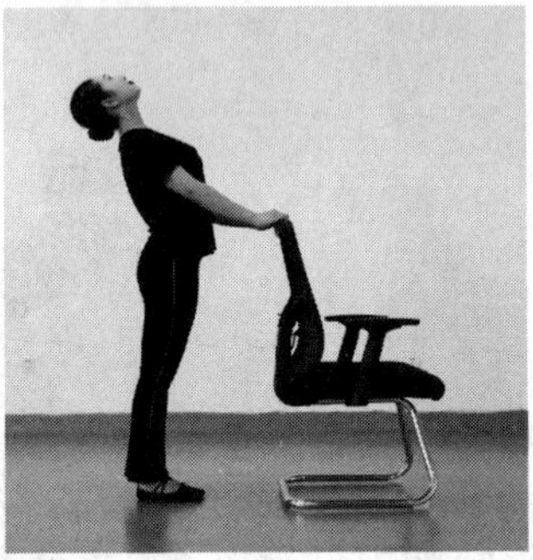

5~6 拍

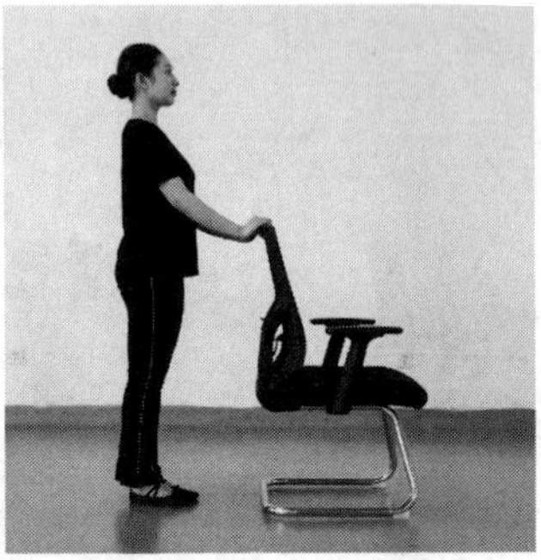

7~8 拍

图 2-3-14　含展胸

C. 身体波浪

练习方法：双膝跪地，双手撑地，保持背部平直。①先将背部向上弓起并收腹、含胸低头，同时使骨盆向后倾，保持两个八拍；②然后背部向下沉，使胸部向地面靠去，同时抬头并让骨盆向前倾。注意练习时头部和脊椎骨保持在一条直线上，同时注意呼吸的协调配合。反复练习。如图 2–3–15 所示。

练习目的：练习此动作可以使脊椎充分伸展，同时可以放松腰背部肌肉，改善腰部的曲线。对由于骨盆前倾造成的“塌腰”也有着较好的训练效果。

图 2–3–15　身体波浪

（2）腰腹部力量训练

A. 腹部力量练习

练习方法：全身平躺在垫上，双臂伸直放在头的两侧。

1~2 拍：上身与下身同时抬起，收紧腹部，保持姿势；

3~4 拍：上身与下身同时落下，回到准备姿势；

5~8 拍：动作同 1~4 拍。

反复练习。如图 2–3–16 所示。

腰腹部力量训练

图 2–3–16　腹部力量练习

练习目的：通过练习可以加强练习者的腹部力量，使腹部线条更加健美，同时使练习者的核心部位（腰腹部）强壮收紧，增强身体的稳定性。对改善骨盆前倾造成的“塌腰”有着较好的训练效果。

B. 腰背部力量练习

练习方法：俯卧，两手放于体侧，手心向下。

双手在臀后十指交叉，伸直肘部。吸气，两肩后收，夹紧背部，手用力向腿的方向伸展，头、颈部、胸全部离开地面，大腿前侧紧紧贴住地面，并自然呼气数秒。呼气，分开十指，将头、颈部、胸及双臂轻轻地放落到地面。重复3~5次。如图2-3-17所示。

练习目的：做此动作可以使腹肌及腰背部肌肉得到很好的锻炼，使练习者的核心部位（腰腹部）强壮收紧，增强身体的稳定性，对纠正“驼背”也有帮助。

图2-3-17　腰背部力量练习

C. 身体稳固性练习

练习方法：双臂肘撑、跪立，然后双腿向后伸出双脚脚尖着地，身体挺直成一条直线，保持此姿态控制10秒，自然呼吸。注意：做此动作时要有控制，呼吸自然，不要屏气。在完成时若有困难，可用膝关节支撑地面，膝关节尽量远离手。如图2-3-18所示。

图2-3-18　身体稳固性练习

练习目的：通过此动作的练习可以增强练习者的腰腹部的力量，有利于骨盆与脊柱处于中立位置，可以提高人体核心部位的稳定性，对形成人体的正确姿态有着很好的促进作用。

（3）脊椎牵拉训练

A. 地面伸展

练习方法：仰卧，双臂平举放于头两侧，手心向上，双腿并拢绷脚。练习时头正上顶，收腹挺腰，双腿夹紧远伸。如图 2-3-19 所示。

练习目的：体会脊椎中立的感觉，掌握正确的身体姿态技巧。

B. 靠墙站立

练习方法：背对墙，贴墙站立。头正颈直，双肩下沉，收腹立腰，双腿夹紧，双脚跟并拢双脚外开 60°，双手自然垂于体侧。如图 2-3-20 所示。

练习目的：体会脊椎中立的感觉，掌握正确的身体姿态技巧。

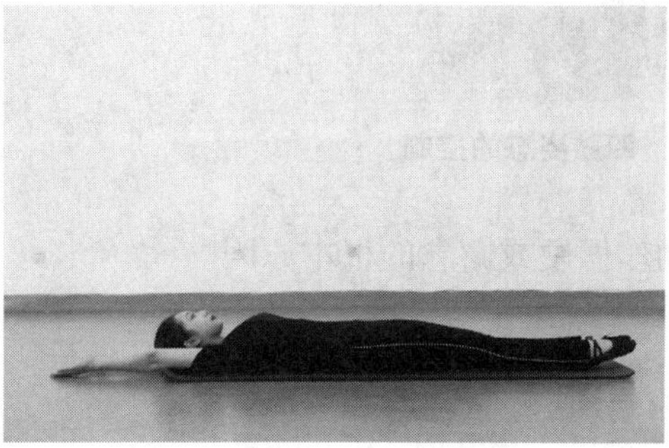

图 2-3-19　地面伸展

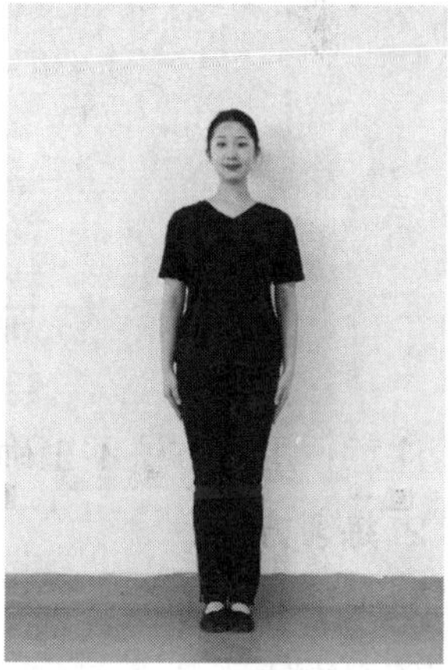

图 2-3-20　靠墙站立

（二）四肢姿态的训练

优美的四肢姿态是人体曲线的重要组成部分。要想让四肢姿态拥有美感，就要讲究动作的发力点。身体就像大树一样，发力时应由根部开始慢慢传递到树枝的末梢。做动作时身体既不能一直紧张，也不能完全松懈，应该有紧有松、有张有弛，有所控制，这样才能获得更好的效果。

四肢姿态的训练

1. 动作要领

（1）不该参与动作的肌肉不参与；

（2）参与动作的肌肉应按照一定的顺序进行收缩；

（3）肌肉应达到保持正确姿势所必需的紧张程度，这种紧张是克服重力并保持正确姿势所必需的；

（4）在动态中要求相对于协同肌的对抗肌保持适度的紧张，有控制地用力。如图 2-3-21 所示。

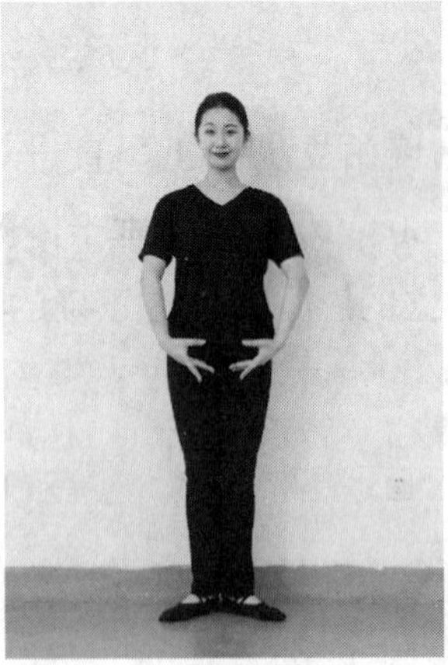

图 2-3-21　四肢姿态的控制

注意：用力方法不正确是导致动作僵硬或懈怠的根本原因。

2. 练习方法

（1）手臂训练

练习方法：

准备姿势：头正，颈直，肩平，挺胸，收腹，双手芭蕾一位手，双脚小八字站立。

1~2 拍：右大臂发力带动小臂，抬起至胸前，左臂保持一位不动；

3~4 拍：右大臂发力带动小臂，轻轻落下回到准备姿势；

5~6 拍：右大臂发力带动小臂，向旁抬起至肩高，左臂保持一位不动；

7~8 拍：右大臂发力带动小臂，轻轻落下回到准备姿势。

左臂动作同 1~8 拍，方向相反。如图 2-3-22 所示。

练习目的：体会上肢发力的动作感觉。

易犯错误与纠正：容易出现的错误是肩部或前臂先发力。应注意动作的发力点在大臂，应由上臂带动前臂，手臂呈圆弧形，指尖要有感觉。

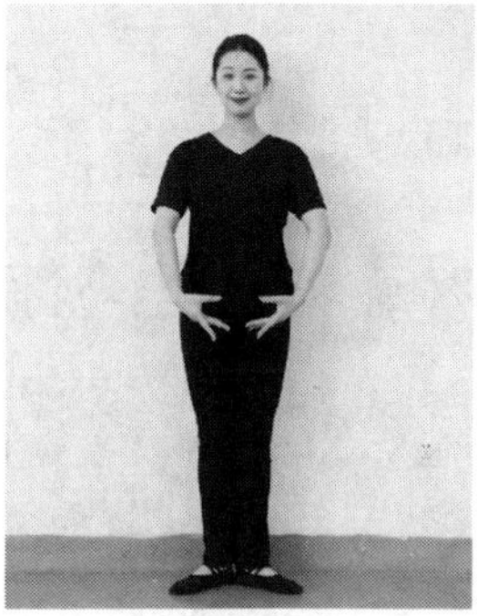
准备姿势

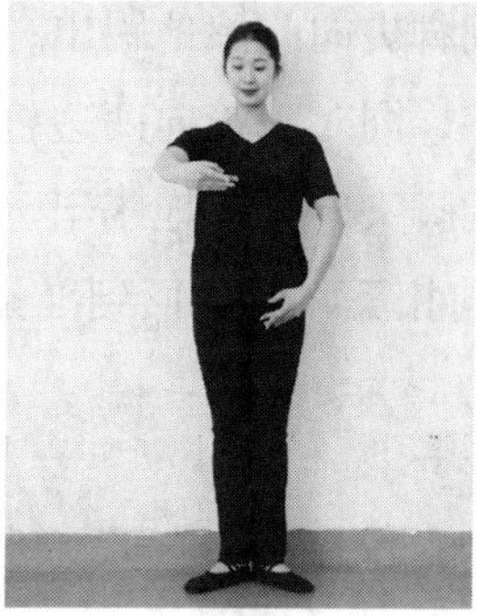
（1）1~2 拍

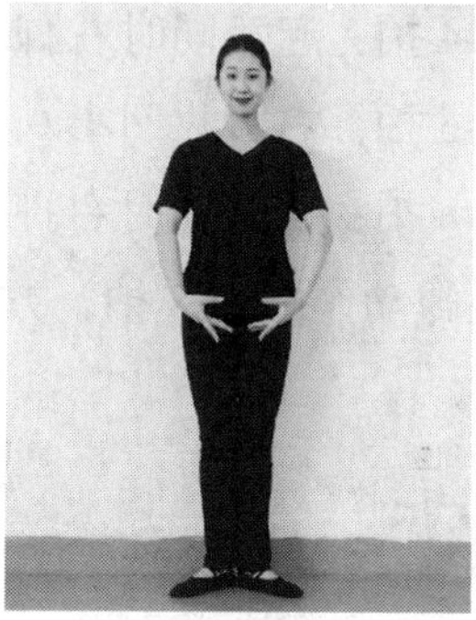
3~4 拍

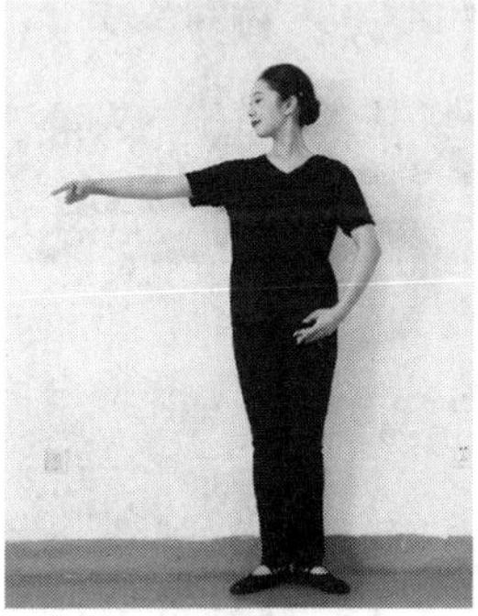
5~6 拍

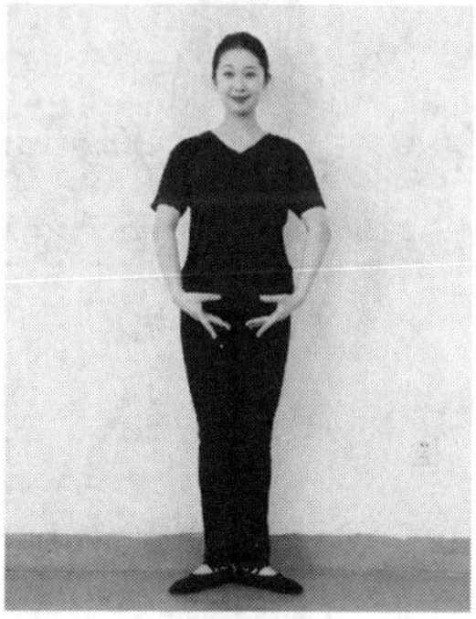
7~8 拍

（2）1~2 拍

3~4 拍

5~6 拍

7~8 拍

图 2–3–22　手臂训练

（2）腿部训练

<u>练习方法</u>：

准备姿势：头正，颈直，肩平，挺胸，收腹，双手叉腰，双脚小八字站立。

1~2 拍：上身姿态保持不变，下身膝盖向两边打开，下蹲；

3~4 拍：起身同时右脚绷脚尖向前擦地踢出；

5~6 拍：右脚收回小八字，同时膝盖向两边打开，下蹲；

7~8 拍：起身同时右脚绷脚尖向旁擦地踢出。

左腿动作同 1~8 拍，方向相反，然后回到准备姿势。如图 2-3-23 所示。

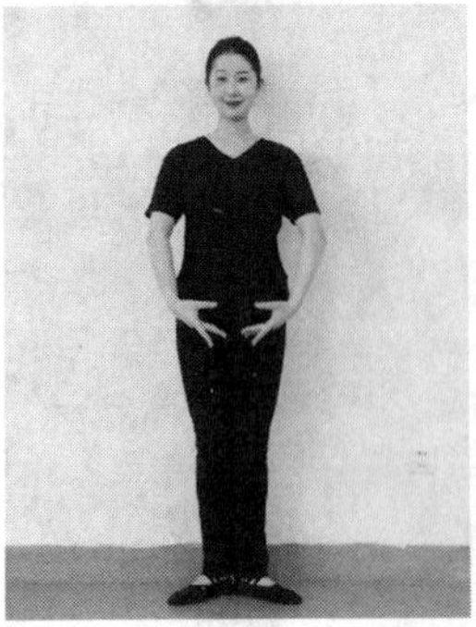

准备姿势

（1）1~2 拍

3~4 拍

5~6 拍

7~8 拍

（2）1~2 拍

3~4 拍

5~6 拍

7~8 拍

图 2-3-23　腿部训练

练习目的：体会下肢的发力特点。

易犯错误与纠正：易犯错误是腿部肌肉无控制，下蹲时应注意对协同肌与对抗肌肉的控制，重心保持不变，擦地时收腹提胯，腿外旋，膝盖伸直绷脚尖。

（三）身体综合姿态训练

身体综合姿态应当是静态姿态与动态姿态的有机结合，如果说静态的姿态反映一个人的理性与仪态的话，那么动态的姿态则体现人的精神风貌与风度。而维持身体的平衡，则是保持人体综合姿态的最基本的需要。要达到身体的平衡，首先要消除不对称的身体姿态，创造和谐的美感。其次是运动过程中各种力达到相互抵消，即使用两个大小相等、方向相反的力作用于身体，以产生平衡状态。最后由对称与平衡的身体动作创造协调的空间形象，达到人们知觉的平衡，从而获得美好愉快的感受。

身体综合姿态训练

1. 站姿

（1）动作要领

A. 标准站姿

头正：两眼平视前方，嘴微闭，收颌梗颈，表情自然，稍带微笑。

肩平：两肩平正，微微放松，稍向后下沉。

臂垂：两肩平整，两臂自然下垂，中指对准裤缝。

躯挺：胸部挺起、腹部往里收，腰部正直，臀部向内向上收紧。

腿并：两腿立直、贴紧，肌肉略有收缩感，脚跟靠拢，两脚尖向前。如图 2-3-24 所示。

B. 叉手站姿

右手在上，双手虎口相对，交叉于腹前。这种站姿，男子可以两脚分开，距离不超过 20 厘米；女子可以用小丁字步，即一脚稍微向前，脚跟靠在另一脚内侧足弓处。如图 2-3-25 所示。

C. 背手站姿

双手在身后交叉，右手贴在左手外面，贴在两臀中间。两脚可分可并。分开时，不超过肩宽，脚尖展开，两脚夹角成 60 度。挺胸立腰，收颌收腹，双目平视。如图 2-3-26 所示。

图 2-3-24　标准站姿

图 2-3-25　叉手站姿

图 2-3-26　背手站姿

（2）训练方法

A. 扶把练习

<u>练习方法</u>：双手扶把杆，双脚并拢，双膝夹紧，双脚立踵上提。为增加夹紧的程度，两膝间可夹一物体，保持所夹物体不掉落，物体的厚度可逐渐减薄。停留 10 秒钟。重复练习 10 次为 1 组，共练 5 组。如图 2-3-27 所示。

<u>练习目的</u>：让练习者体会正确站立时腿部收紧的感觉，形成良好的腿部用力方式。

此练习的方法对纠正“O”形腿的错误动作具有明显的效果。

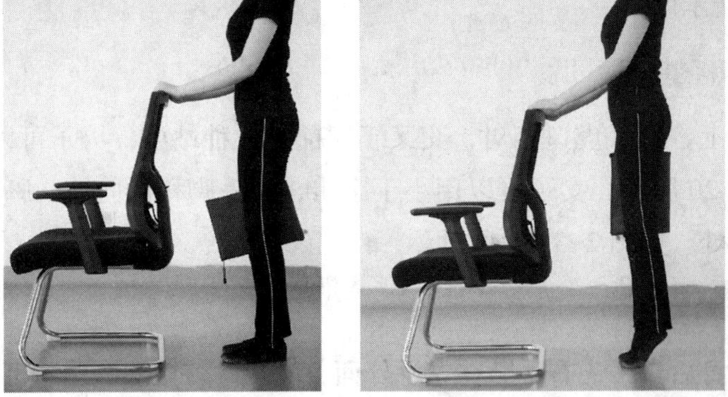

（1）　（2）

图 2-3-27　扶把练习

B. 平衡练习

练习方法：让练习者按正确的站立姿态站立，头上顶一本书，双膝关节间可夹一薄厚适中的物品，停留 5~10 分钟。如图 2-3-28 所示。

练习目的：通过此练习让练习者充分体会正确身体姿态的身体感觉，锻炼身体的平衡与控制能力，从而形成优雅的站姿。

（1）

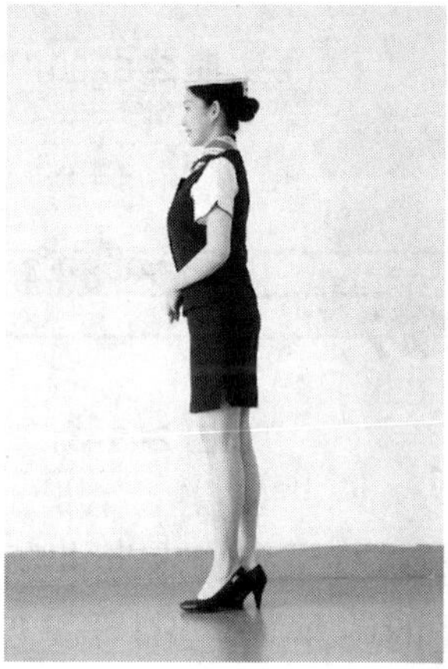

（2）

图 2-3-28　平衡练习

2. 行姿

动作要领要求如下：

头正：双目平视，收颌，表情自然平和。

肩平：两肩平稳，防止上下前后摇摆。双臂以大臂带动小臂前后自然摆动，向前摆幅在 30°，后摆不超过臀部的后缘，两手自然弯曲，在摆动中与双腿的距离不超过一拳。

躯挺：上身挺直，收腹立腰，重心及时前移。如图 2-3-29 所示。

图 2-3-29　标准行姿

步位直：男子行走时的步位一般要求两脚跟先着地，两脚尖略外展；两脚跟交替落在两条平行线上（如图 2-3-30 所示）；女子行走时的步位要求脚跟先着地，两脚尖略外展，两脚跟内侧交替落在一条直线上（如图 2-3-31 所示）。若女子的步位走在两条平行线，臀部会失去摆动，腰部会显得僵硬，失去步态的优美。

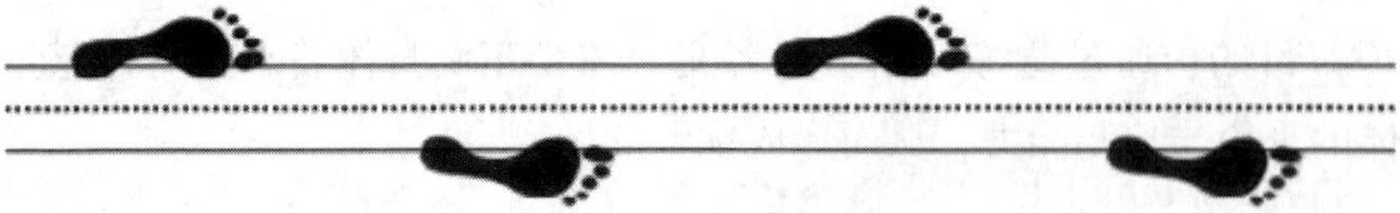

图 2-3-30　男子行走步位示意图

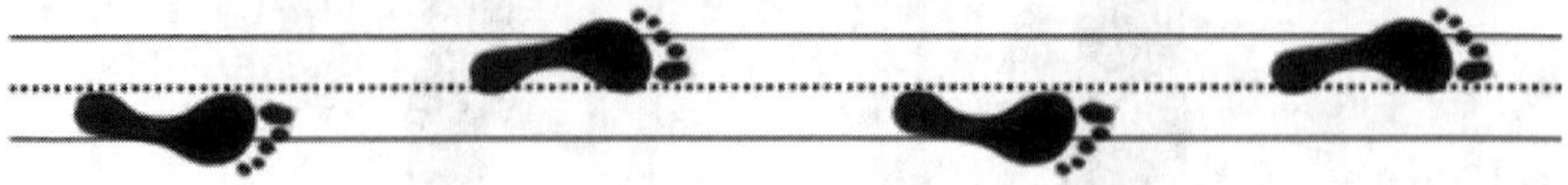

图 2-3-31　女子行走步位示意图

步速平稳：对于每个人来讲在不同的场合与环境中，步速可以有变化。但在某种特定的场合中应当使步速保持相对均匀与平稳，不要忽快忽慢。在正常情况下，步速要自然舒缓，显得成熟、自信。

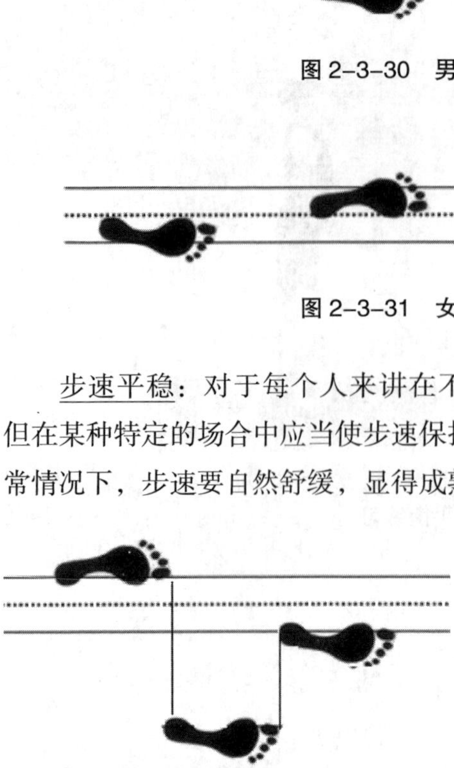

图 2-3-32　最佳步幅

步幅适度：步幅，又叫步度。它所指的，是人们每走一步时，两脚之间的正常距离。步幅的大小往往因人而异，但对空乘人员来讲，行进时最佳的步幅应为本人一脚的长度。如图 2-3-32 所示。即男子每步约 40 厘米，女士每步约 36 厘米。行进中步子的大小应当大体保持一致。

3. 坐姿

A. 入座

入座时，轻盈地走到座位前，转身背对椅子，双脚成小八字步，一只脚稍后侧，使脚触及椅子以感知到椅子的存在，身体尽量垂直向下落座。如图 2-3-33 所示。如果穿的是裙装，在落座时要用双手由臀后从上至下整理裙装，以防坐出皱褶或因裙子被打折坐住而使腿部裸露过多。

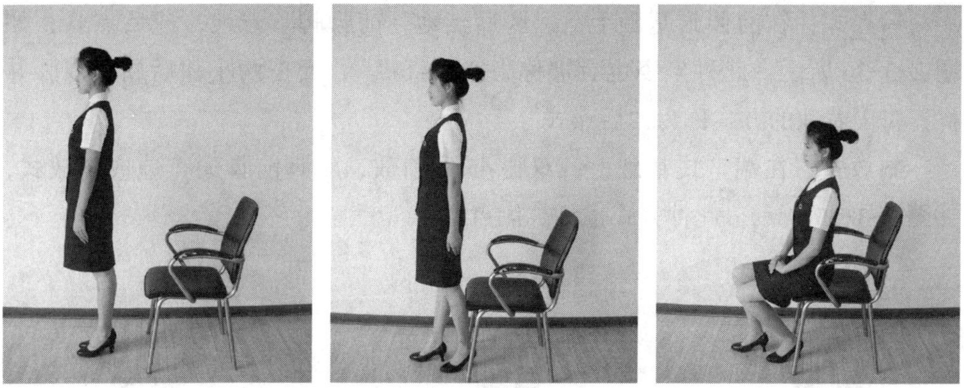

图 2-3-33　入座

B. 坐姿

坐姿可分为端坐式、前伸式、后点式、斜放式、侧挂式和竖叠式。其中，前伸式、后点式、斜放式和侧挂式多用于女性。

端坐式：上体直立坐，头正目平，嘴微闭，面带微笑；胸微挺，腰伸直，腰部微靠（或只坐椅子 2/3 处）；两腿自然弯曲，小腿与地面基本垂直，两脚平落地面，女士双膝并拢，男士双膝分开同肩宽；女士双手叠放，男士半握拳置于大腿上。如图 2-3-34 所示。

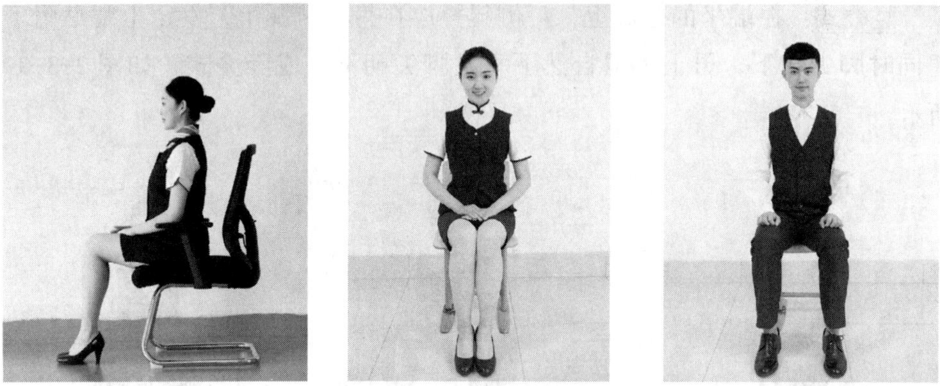

图 2-3-34　端坐式坐姿

前伸式：在端坐式基础上，两脚并拢前伸，双脚平落地面成前伸式，如图 2-3-35 所示。

后点式：在前伸式基础上，一脚后点地，前脚脚掌着地，成后点式，如图 2-3-36 所示。此种坐姿也有被称为“屈直式”，而把两小腿后屈、双膝并拢、脚尖着地的方式称为“后点式”。

斜放式：在端坐式基础上，双腿 45 度斜放，双脚前脚尖点地成斜放式，如图 2-3-37 所示。此种方式也称“侧点式”。

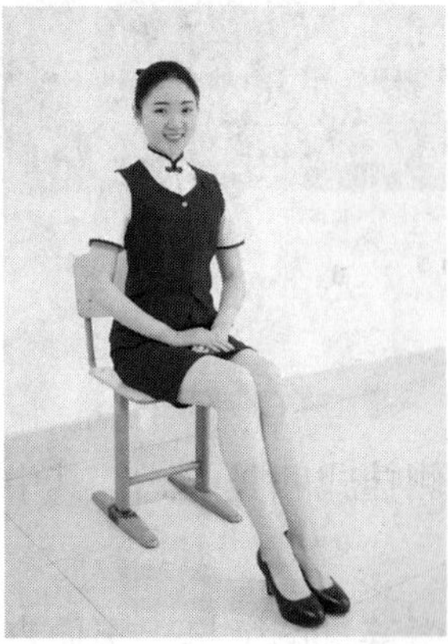
图 2-3-35　前伸式坐姿

图 2-3-36　后点式坐姿

图 2-3-37　斜放式坐姿

侧挂式：在斜放式基础上，将下面一侧的腿叠放于上面一侧腿上，双腿贴附，成侧挂式，如图 2-3-38 所示。

竖叠式：在端坐的基础上，一侧腿叠放在另一侧腿上，女士上腿贴附下腿同时脚尖朝下，男士上腿自然下垂且脚尖朝下，成竖叠式，如图 2-3-39 所示。

图 2-3-38　侧挂式坐姿

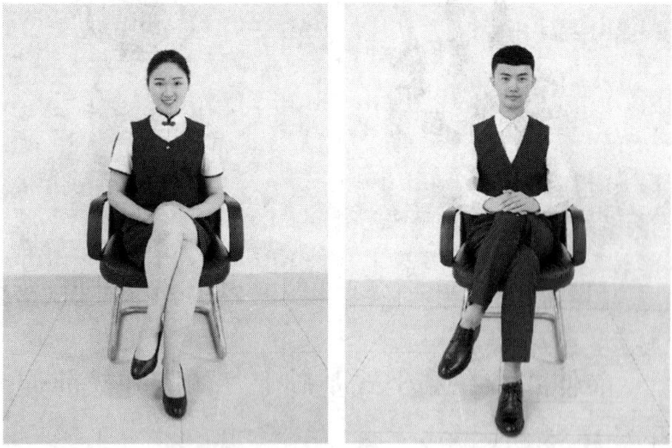
图 2-3-39　竖叠式坐姿

C. 起立

起立时，一脚先向后收半步，然后站起；离开时，再向前走一步，然后自然轻身离开座位。如图 2-3-40 所示。

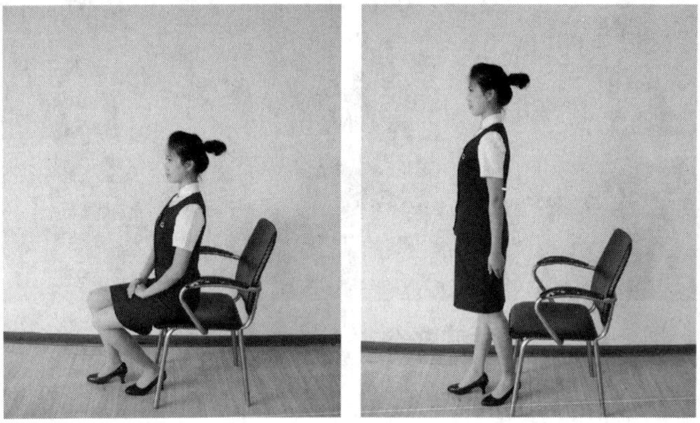

图 2-3-40　起立

4. 蹲姿

蹲姿是人们经常采用的动作姿态。当一个人需要拿取低处物品，或拾起落在地面上的物品时，一定要采取降低重心的方式才能完成。如果一个人在使用蹲和屈膝动作来拾取时弯腰曲背、低头翘臀，则会给人不庄重的感觉。因此，每个人做蹲姿都应当注意身体姿态的控制，只有这样才能体现一个人的文雅与礼貌。

无论是哪种蹲姿都应当遵循以下的要领：

- 上体保持直立，下蹲时臀朝下；
- 女士双腿要保持并拢，男士双腿可适度分开；
- 重心放于后脚上；
- 注意主动肌与对抗肌及协同肌的力量的控制，以保持身体的轻盈与平衡。

A. 高低式蹲姿

高低式蹲姿是空乘人员平时服务中最常用的一种蹲姿。它的基本特征是：下蹲时身体直立，左脚在前，右脚稍后，两腿有控制地下蹲；左脚全脚着地，左小腿垂直于地面，右脚脚跟提起，脚掌着地。右膝低于左膝，女士右膝内侧靠于左小腿内侧，男士两腿可适度分开，形成左膝高右膝低的姿态。臀部向下，基本上以右腿支撑身体。如图 2-3-41 所示。

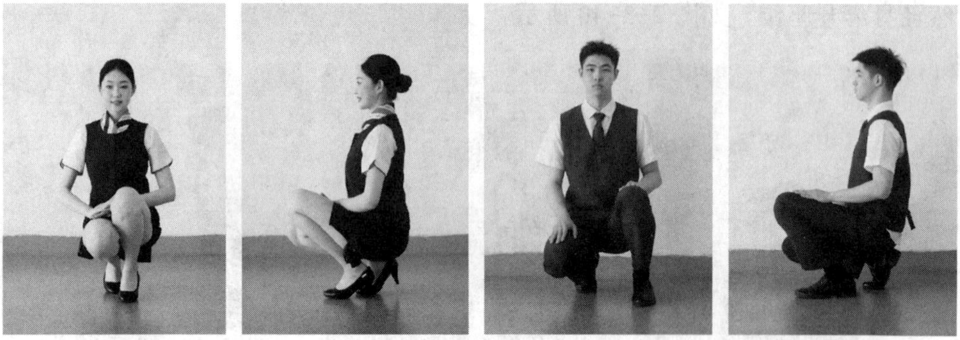

图 2-3-41　高低式蹲姿

B. 交叉式蹲姿

交叉式蹲姿，通常适用于女性空乘人员，尤其是身穿短裙的女性空乘人员采用。它主要的优点是造型优美典雅。它的基本特征是：下蹲时右脚在前，左脚在后，右小腿垂直于地面，全脚着地。左腿在后与右腿交叉重叠，左膝由后面伸向右侧，左脚跟抬起脚掌着地。两腿前后靠紧，合力支撑身体。臀部向下，上身直立稍前倾。女士必须将腿靠紧，臀部向下。如图 2-3-42 所示。

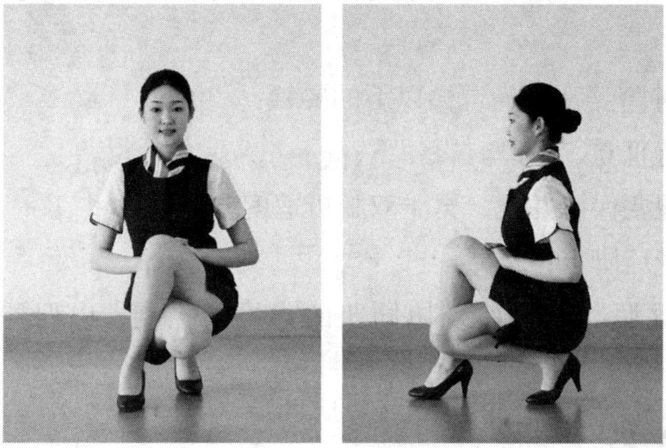

图 2-3-42　交叉式蹲姿

图 2-3-43　半蹲式蹲姿

C. 半蹲式蹲姿

半蹲式蹲姿，多见于行进之中临时采用，它的正式程度不及前两种，但在应急时亦可采用。它的基本特征是，身体半立半蹲。其主要要求是：在下蹲时，上身直立稍前倾，但不宜过大；臀部务必保持向下的方向，不能翘起；双膝略弯曲，其角度根据需要可大可小，但一般不小于 90 度；身体重心应移至一条腿上，两腿之间不宜分开。如图 2-3-43 所示。

5. 鞠躬

（1）动作要领

面对客人，脚跟并拢、双脚尖处微微分开，身体直立，目视对方。男性双手放在身体两侧，女性双手相握放于体前。行礼时以髋关节为轴上身前倾，视线落于自己脚前 1.5 米处（15 度礼）、脚前 1 米处（30 度礼）或脚前 0.5 米处（45 度礼）成鞠躬姿势。前倾的速度应适中，之后抬头，身体和视线还原为开始姿势，动作可稍慢。如图 2-3-44 所示。

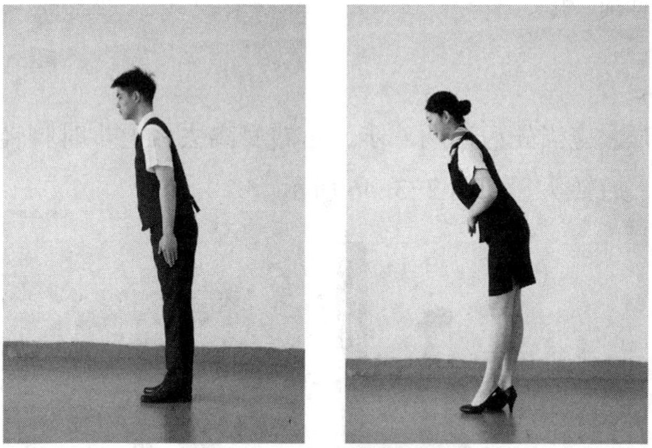

图 2-3-44　鞠躬

（2）易出现的错误与纠正方法

①鞠躬时伸弓腰，向前伸脖子。如图 2-3-45（1）所示。

②鞠躬时目光应向下看，表示一种谦恭的态度，不要一面鞠躬，一面试图

翻起眼睛看对方。如图 2-3-45（2）所示。

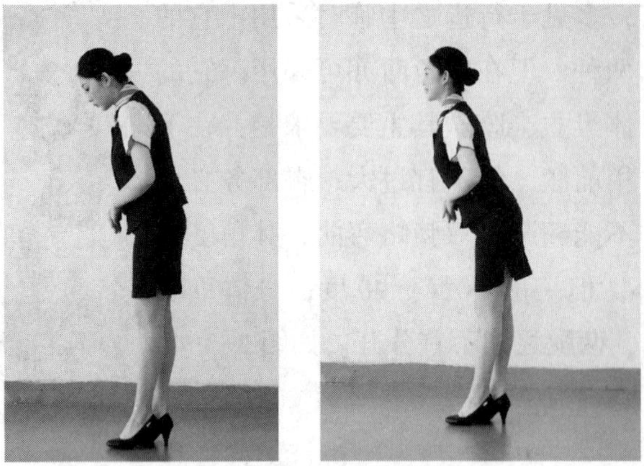

（1）　　　　　　　　　　（2）

图 2-3-45　错误的鞠躬姿势

6. 姿态转换

姿态转换是指人们在行走中，需转身改变方向，或进行两个动作之间的转换时，采用合理的方法，来体现规范和优美的姿态。这种姿态是不可忽视的细节，是良好仪态不可缺少的部分。

（1）动作要领

A. 后退步

与人告别时，应当先后退两三步，再转身离去。退步时脚轻擦地面，步幅要小，先转身、后转头。如图 2-3-46 所示。

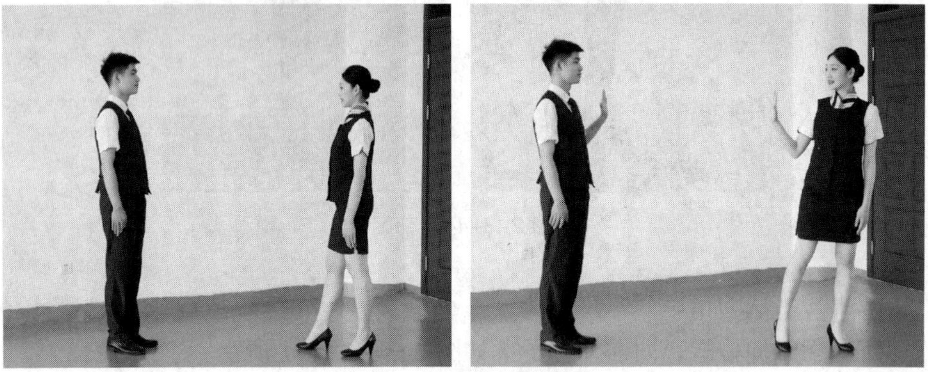

图 2-3-46　后退步

B. 引导步

引导步是走在前边给旅客带路时的步态。引导时要尽可能走在旅客左侧前方，整个身体半转向旅客方向，保持两步的距离，遇到上下楼梯、拐弯、进门时，要伸出左手示意，并提示请客人上楼、进门等。如图2-3-47所示。

图 2-3-47 引导步

C. 前行转身步

前行中要拐弯时，要在所转方向外侧的一只脚落地后，立即以该脚掌为轴，转过全身，然后迈出另一脚。即向左拐，要左脚在前时转身；向右拐，要右脚在前时转身。如图 2-3-48 所示。

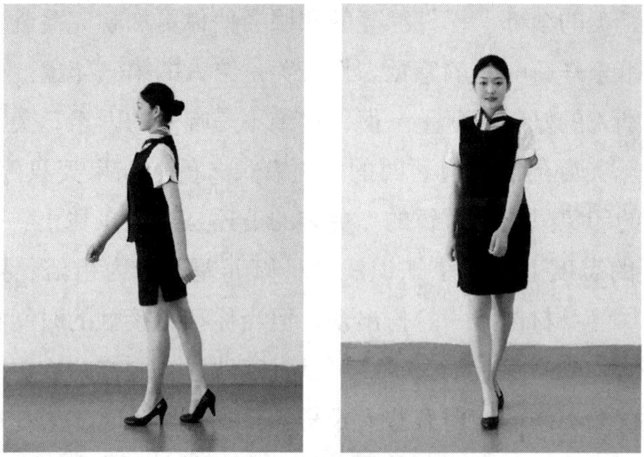

图 2-3-48 前行转身步

（2）易出现的错误与纠正方法

①与人告辞或退出上司的办公室时，不宜立即扭头便走，给人以后背。为表示对在场其他人的敬意，在离去时，应采用后退法。其标准做法是：目视他人，双脚轻擦地面，向后小步幅地退三四步，然后先转身，后扭头，轻轻地离去。

②在楼道、走廊等道路狭窄之处需要为他人让行时，应采用侧行步。即面

向对方，双肩一前一后，侧身慢行。这样做，是为了表示对人“礼让三分”，也是避免与人争抢道路、发生身体碰撞或将自己的背部对着对方。

③在公共场合，即使遇上急事，也不要轻易表演“百米冲刺”，稍微快走几步是允许的，尤其是穿着高跟鞋的女士，行走时更要注意这一点。

模块四　空乘人员仪态综合训练

一、仪态表现力的重要性

爱美是女人的天性。有些女性，把美等同于穿着打扮、浓妆艳抹。是的，这是美，但不是美的全部。一件漂亮的衣服会使你更加朝气蓬勃，一个新颖的发型也会给人带来耳目一新的感觉。仪表美是给人的第一印象。一个人可以通过仪表美获得别人的好感和尊重。但，这绝不是唯一的因素，美是一个具有丰富内涵的概念。美好的印象有暂时的，更有长久的。如果美只停留在表面上，那么留给人们的印象只能是短暂的。更多的美还是表现在举止、言谈以及你对身边的人和事的态度上，一个知识浅薄、修养差、行为粗俗、拖拖沓沓、郁郁寡欢的人，尽管身材苗条、打扮出众，但当你和她接触的时间稍长，她的弱点就会尽显无遗，光彩也就消失了。可以肯定地说，同样的衣服穿在不同的人身上，效果是截然不同的。但有些人长得漂亮、打扮入时，为什么却不讨人喜欢，不能给人留下美好的印象？其要害就是，在别人面前太多考虑自己，或者高高在上、我行我素，或者怕这怕那，这样一来，她就显得不自然、不豁达、太做作、难亲近。相反，一个襟怀坦荡的人无论在什么场合下都会大方、自然、可亲、行为举止得体，给人留下美好深刻的印象。这种美，是以文化素质、文明程度、思想品质为基础的，我们可以将其视为一种良好的“仪态表现力”。

（一）仪态表现力是学生适应现代信息社会与加强人际交往能力的需要

现代信息社会飞速发展的传播沟通技术和手段，日益改变着人们传统的交往观念和交往行为，尤其是人的交往范围已逐步从人际沟通扩展为公众沟通，从面对面的近距离沟通发展到远程沟通，从慢节奏、低频率的沟通变为快节奏、高频率的沟通。这种现代信息社会的人际沟通变化，对人类社会交往的内容和方式提出了更高要求。一个知书不达礼、知识水准和道德水准严重不协调的学生，不可能成为优秀人才。

（二）仪态表现力是学生求职面试的需要

进入 21 世纪以后，中国正经历着一场巨大的经济变革。这种变革不仅为人们奠定了坚实的物质基础，也为人们实现自我价值、施展个人才华提供了良好的契机。现代社会中，个人事业的开端或发展大多起步于求职。求职一半是为了生存，另一半则是责任。在生存与责任之间，人们努力找到自己的位置，实现自己的人生价值。

求职是一个过程。求职者的求职过程，就是一个“推销”自己的过程。戴尔·卡尔耐基说：“推销自己是一种才华，是一种艺术。有了这种才能，你就能安身立命，使自己处于不败之地。”它要求求职者在求职前广泛收集职业需求信息。在求职的整个过程中，不仅应聘技巧影响求职效果，而且求职者在求职的过程中在语言、文字、仪态、行为、举止、穿着打扮等方面的表现，也将影响求职的最终结果。

（三）仪态表现力是表情达意的需要

日常生活中，我们的一举一动，往往是心迹的显露、感情的外化。“回眸一笑百媚生”，这种非交际性的“人体语言”，常常可以补充有声语言的未尽之意，帮助人们正确、完整地表达自己的思想，理解别人的心意。人体语言分为有形的人体语言和无形的人体语言。有形的人体语言即头语、脸语、眼语、手语等；无形的人体语言是指静态的，即仪表、风度。察言观色，可以看到一个人的内心世界；举手投足，也能反映出一个人的性格特征。据心理学家研究发现，体态语言表达出内心世界的效果是语言的5倍之多，因为体态语言往往是在无意识下或半无意识下显示出来的，虚假的成分极少。点头、眨眼、皱眉、微笑、坐等看似随意、偶然的动作实际上像语言一样传递着信息，并且有一定的规律性。在某种情况下，这种表达方式比使用语言更为有效。

我们在日常生活中，通过仪态礼仪的训练可以培养自己的气质、风度、学识和应对进退的涵养，使自己的一言一行、一颦一笑、一举一动，均能中规中矩、彬彬有礼，给人留下好的印象。

二、仪态综合训练的原则

1. 综合性原则

在训练的过程中要整合仪态训练要素，把所学知识综合运用于实践之中，体现出仪态训练的完整统一性。

2. 实用性原则

内容选择注重空乘服务的实际应用，在平时的训练过程中逐渐养成良好的习惯，以便将来更好、更直接地运用于工作中。

3. 流畅性原则

针对学生在单项训练时，不能只注重动作的规范性，而忽视动作与动作之间衔接的问题，需注重对各动作训练要素的自如运用，强调动作的流畅性。

4. 简约性原则

在综合训练时要使学生的动作避免表演的痕迹，看起来舒服、轻松。改正学生过分做作的动作，要简约、恰到好处。

三、仪态综合训练（Ⅰ）——体态要素合成训练

1. 训练目的

对学生进行强化训练，纠正姿态，使学生在不知不觉中养成良好的习惯，在各个动作衔接的过程中要具有流畅性。

体态要素合成训练

2. 训练内容

（1）每组同学分成男女两路纵队，男生在右女生在左站在

场地的两旁，用标准行姿绕场地相向行走一周，行至相向呈一路纵队后转向前方成标准站姿（4×8 拍），如图 2-4-1 和图 2-4-2 所示。

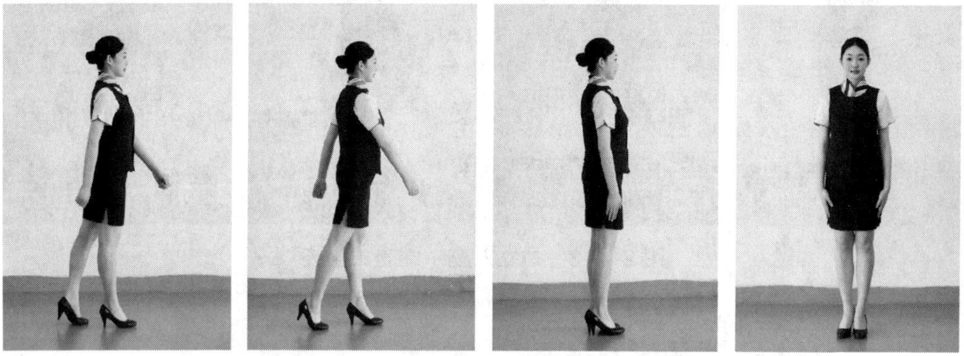

图 2-4-1　标准行姿 + 转身 + 标准站姿

（1）

（2）

（3）

（4）

图 2-4-2　队列：标准行姿 + 转身 + 标准站姿

（2）入座成端坐式（1×8 拍），如图 2-4-3 和图 2-4-4 所示。

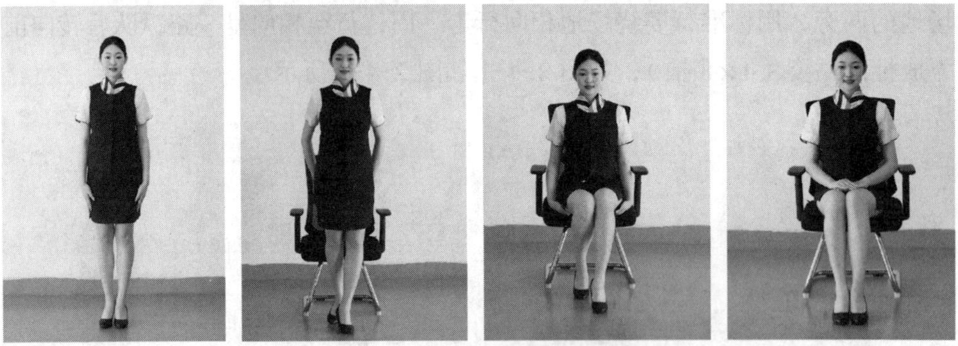

图 2-4-3　站立入座 + 端坐式坐姿

图 2-4-4　队列：站立入座 + 端坐式坐姿

（3）女生由端坐式做向左斜放式再还原至端坐式（1×8 拍），做向右斜放式再还原至端坐式（1×8 拍），男生保持端坐式坐姿，如图 2-4-5 和图 2-4-6 所示。

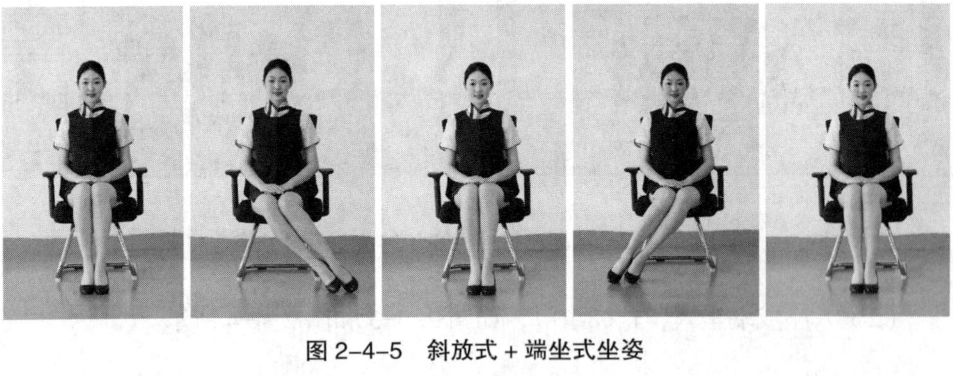

图 2-4-5　斜放式 + 端坐式坐姿

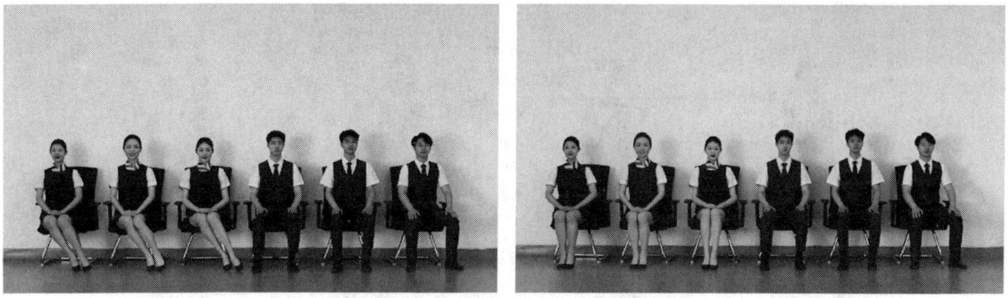

图 2-4-6　队列：斜放式 + 端坐式坐姿

（4）女生由端坐式做向左侧挂式再还原至端坐式（1×8 拍），做向右侧挂式再还原至端坐式（1×8 拍）（男生做竖叠式 + 端坐式），如图 2-4-7 和图 2-4-8 所示。

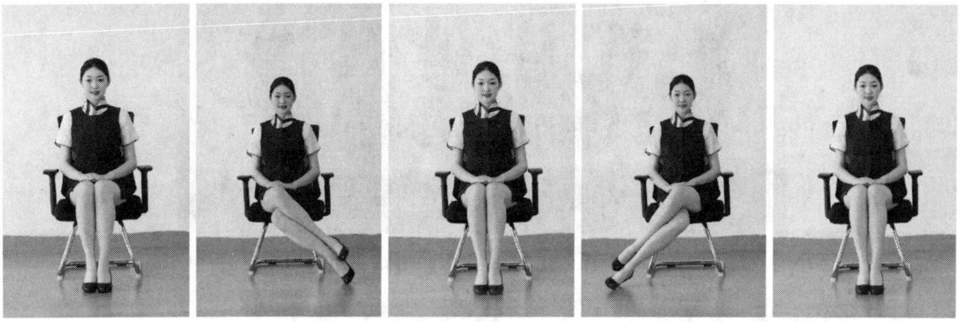

图 2-4-7　侧挂式 + 端坐式坐姿

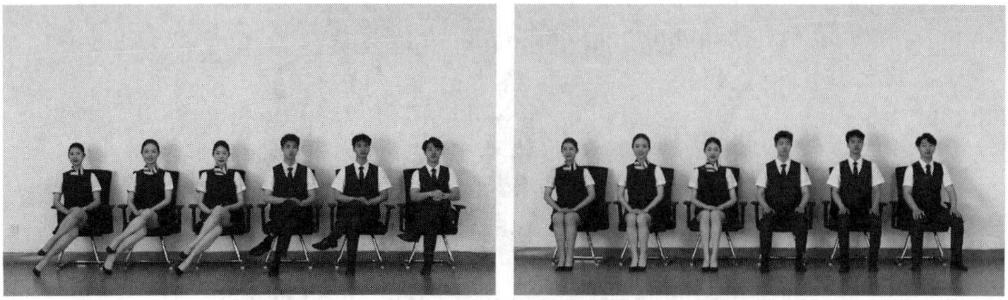

图 2-4-8　队列：侧挂式 / 竖叠式 + 端坐式坐姿

（5）起立成标准站姿，如图 2-4-9 和图 2-4-10 所示。

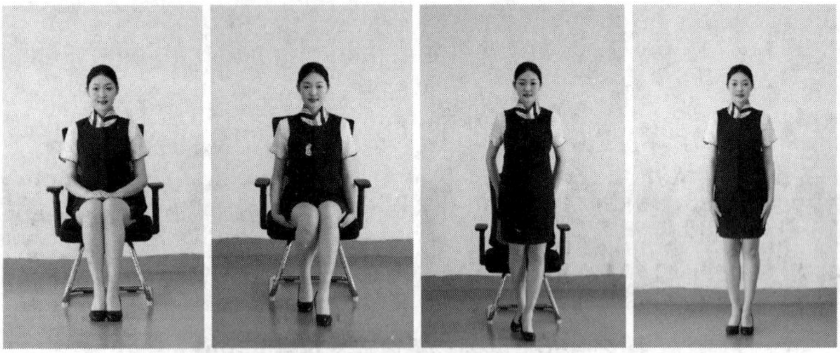

图 2-4-9　坐姿起立 + 标准站姿

图 2-4-10　队列：坐姿起立 + 标准站姿

（6）向前行走 4 步，女生成叉手站姿男生成标准站姿（1×8 拍），如图 2-4-11 和图 2-4-12 所示。

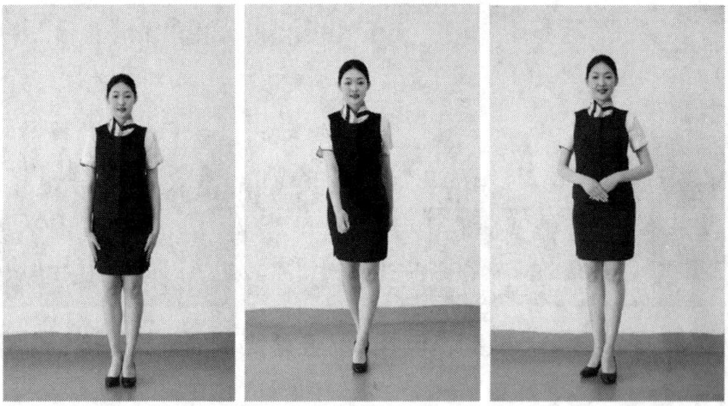

图 2-4-11　标准行姿 + 叉手 / 标准站姿

图 2-4-12　队列：标准行姿 + 叉手 / 标准站姿

（7）叉手站姿下蹲成高低式蹲（1×8 拍），起立还原女生成叉手站姿男生成标准站姿（1×8 拍），如图 2-4-13 和图 2-4-14 所示。

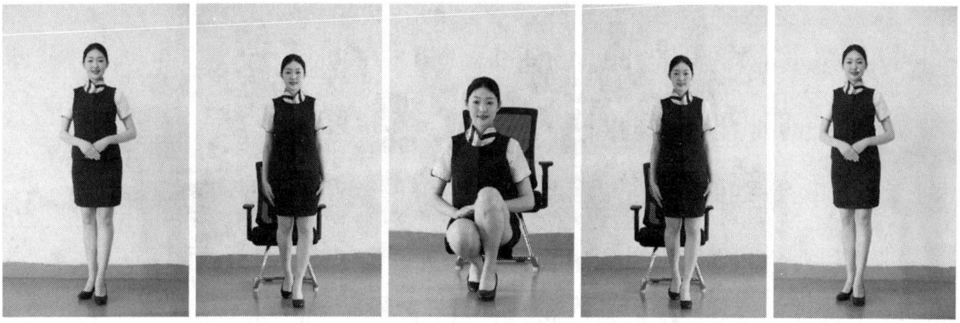

图 2-4-13　站立下蹲 + 高低式蹲姿 + 叉手 / 标准站姿

图 2-4-14　队列：站立下蹲 + 高低式蹲姿 + 叉手 / 标准站姿

（8）向前走 4 步，女生成叉手站姿、男生成标准站姿（1×8 拍），如图 2-4-15 和图 2-4-16 所示。

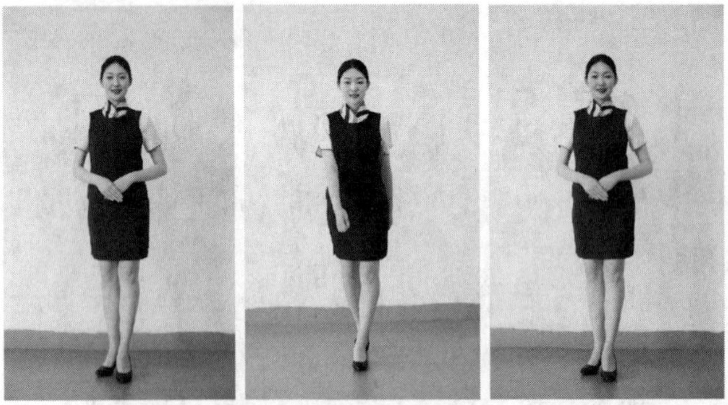

图 2-4-15　标准行姿 + 叉手 / 标准站姿

图 2-4-16　队列：标准行姿 + 叉手 / 标准站姿

（9）鞠躬 30°，还原女生成叉手站姿男生成标准站姿（1 × 8 拍），如图 2-4-17 和图 2-4-18 所示。

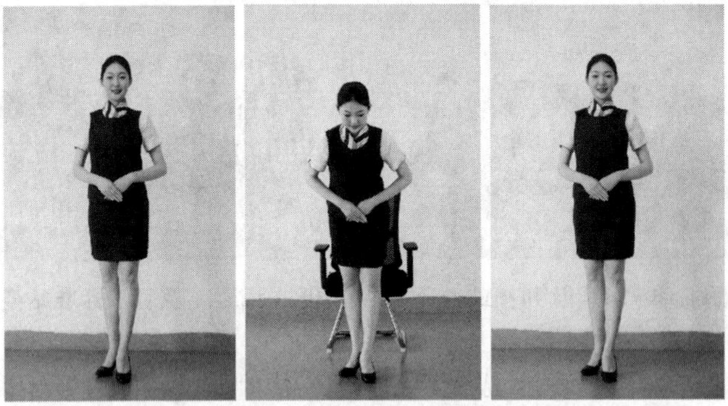

图 2-4-17　鞠躬 + 叉手 / 标准站姿

图 2-4-18 队列：鞠躬 + 叉手 / 标准站姿

（10）做引导手势（1×8 拍），还原女生成叉手站姿男生成标准站姿，如图 2-4-19 和图 2-4-20 所示。

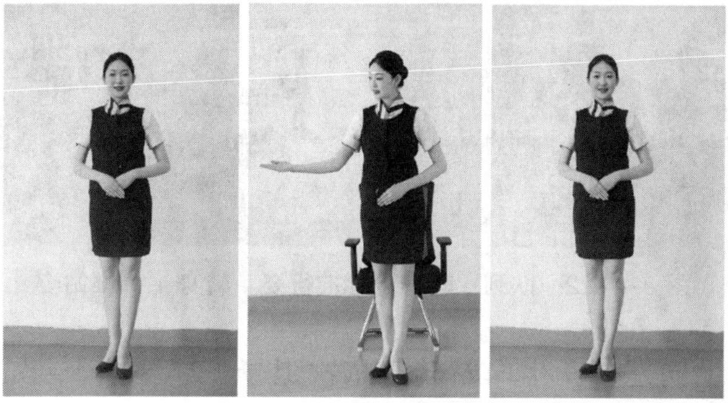

图 2-4-19 引导手势 + 叉手 / 标准站姿

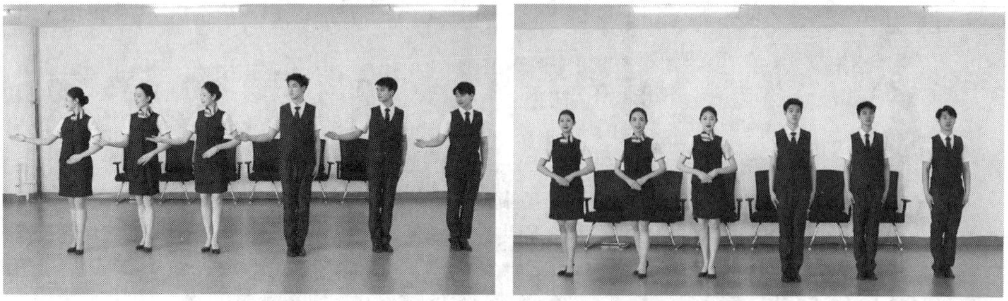

图 2-4-20 队列：引导手势 + 叉手 / 标准站姿

（11）转身向后行走至椅子前，转身成标准站姿（2×8 拍），如图 2-4-21 和图 2-4-22 所示。

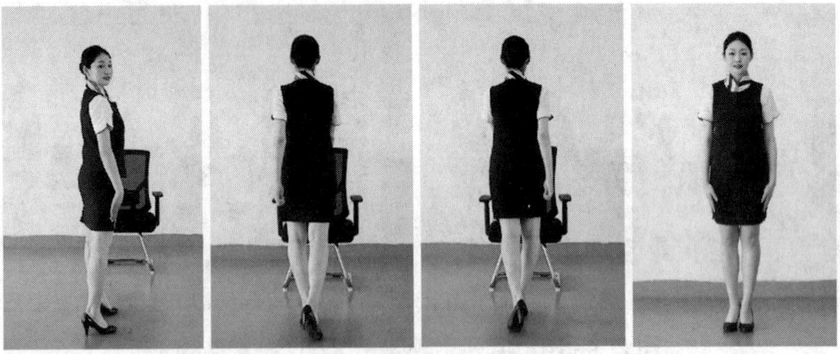

图 2-4-21　转身 + 标准行姿 + 转身 + 标准站姿

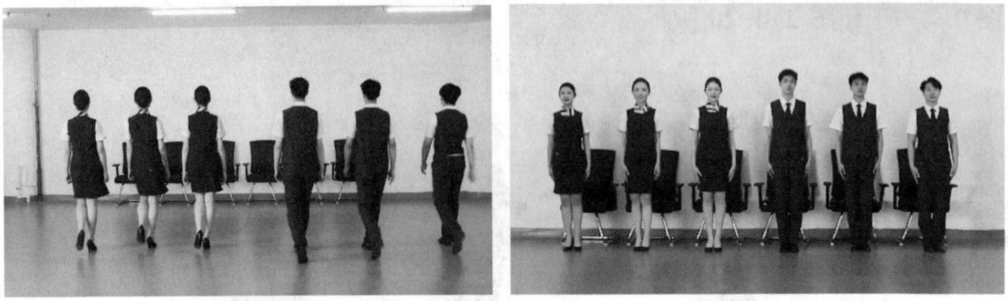

图 2-4-22　队列：转身 + 标准行姿 + 转身 + 标准站姿

（12）男生向左、女生向右转身依次退场（2×8 拍），如图 2-4-23 和图 2-4-24 所示。

图 2-4-23　转身 + 标准行姿

图 2-4-24　队列：转身 + 标准行姿

3. 组织方法

在音乐的伴奏下，每六名同学为一组进行训练。

教师活动：对每组练习的学生进行指导和纠正。

学生活动：按照教师编排的活动程序进行思考和练习。

4. 注意事项

在练习的过程中应注意动作姿态的要领，动作要合节拍，抓住动作的难点来进行练习，要求动作与动作之间衔接得流畅和自如。

四、仪态综合训练（Ⅱ）——情境模拟训练

面试情境训练

（一）面试情境训练

1. 训练目的

让学生在面试情境训练中扮演不同的角色，练习在不同场合、不同地点扮演不同角色时动作仪态的综合运用。希望学生能通过现场情境模拟，进一步了解仪态的重要性和掌握正确的仪态。

2. 仪态要求

要求学生穿正装，化淡妆。求职者应该在面试的过程中注意面部表情、站姿、行姿、礼姿、坐姿等一系列的仪态展示。面试考官则应注意自己的动作及语言的规范性。

3. 训练内容

（1）选三四名学生担任某企业面试考官，其他同学担任求职者。

（2）面试考官先介绍单位及岗位需求情况，然后求职者依次入场进行 1 分钟自我介绍；面试考官提问，求职者回答问题；面试毕，求职者致谢、鞠躬，起身离开面试场地。如图 2-4-25 所示。

（3）最后教师进行总结、点评。

4. 组织方法

根据学生人数适当分组，每组学生轮流进行面试官和求职者的角色扮演，并录像记录整个仪态展示过程；然后投影回放，学生自我评价，找出不合规范之处，授课教师则总结点评学生存在的个性和共性问题；最后，评选出“最佳

表现组”。

可设计不同的面试情境进行训练。除常规面试情境外，还可有针对性地设计空乘面试情境，如个人面试和按小组面试。如图 2-4-26 和图 2-4-27 所示。

（1）

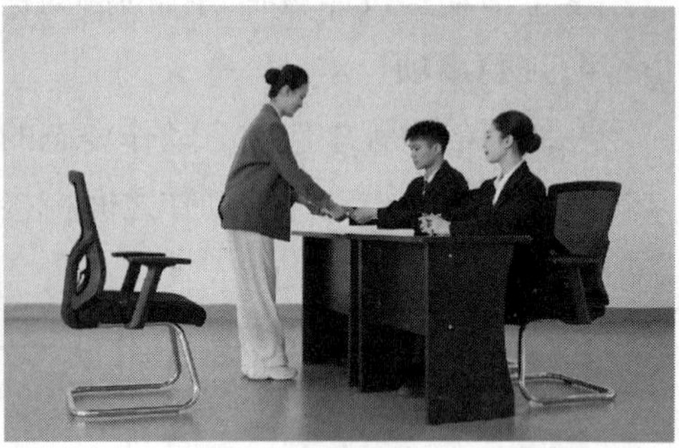

（2）

（3）

（4）

图 2-4-25　常规面试情境模拟训练

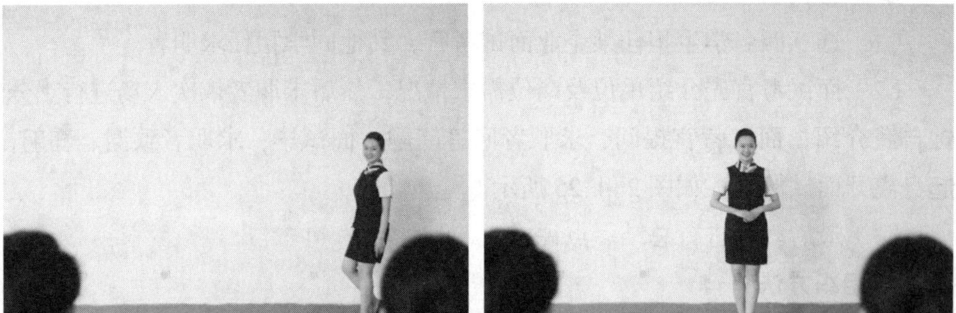

图 2-4-26　空乘面试情境模拟训练——个人面试

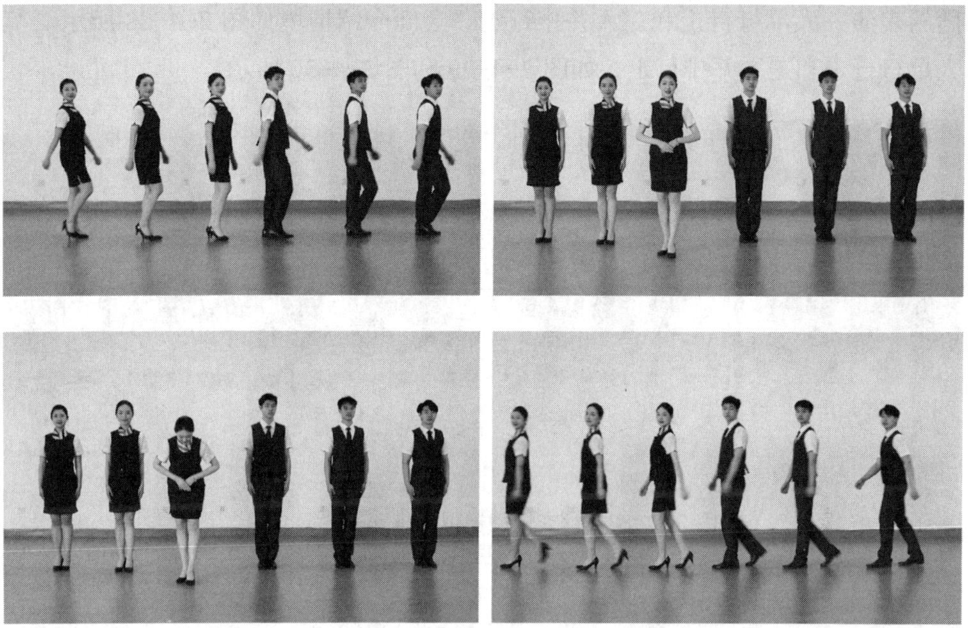

图 2-4-27　空乘面试情境模拟训练——小组面试

5. 注意事项

在训练过程中，每名同学应注意角色的转换，保持良好的身体姿态，包括站姿、礼姿、坐姿和行姿等；态度谦和，措辞得当，精神集中，眼睛尽量注视对方；表情轻松，多露微笑，有亲和力。

（二）社交情境训练

1. 训练目的

让学生在社交情境训练中扮演不同的角色，练习在不同场合、不同地点扮演不同角色时动作仪态的综合运用。希望能帮助学生通过现场情境模拟，进一步了解仪态的重要性和掌握正确的仪态。

要求学生在进行实践训练的过程中，灵活运用课堂上所学的知识点，以便更好地进行自身仪态的展示。

2. 训练内容

三人一组，其中两人扮演访客（一人为经理，一人为秘书），另一人扮演受访者。表演三人会面时，受访者邀请访客进屋，秘书介绍双方，双方握手；

随后表演三人单行行走和三人并排行走。会面介绍情境如图 2-4-28 所示。三人单行行走和三人并排行走，如图 2-4-29 和图 2-4-30 所示。

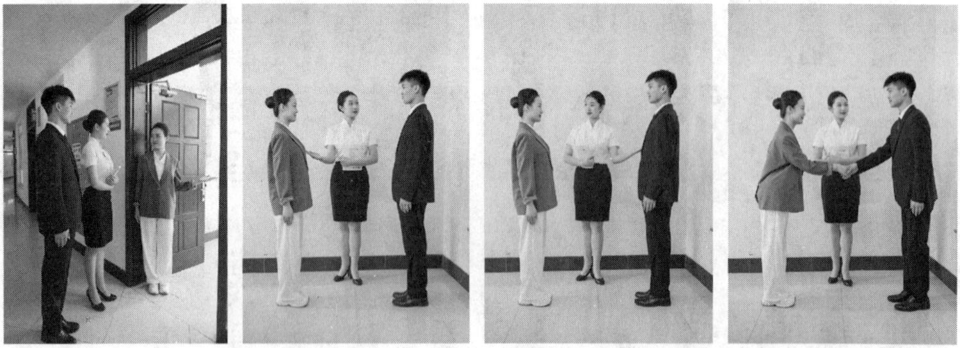

（1）　（2）　（3）　（4）

图 2-4-28　社交情境模拟训练——会面介绍

图 2-4-29　三人单行行走模拟训练

图 2-4-30　三人并排行走模拟训练

3. 组织方法

根据学生人数适当分组，设计不同情境，每组学生轮流进行角色扮演，并录像记录整个仪态展示过程；然后投影回放，学生自我评价，找出不符合规范之处，授课教师则总结点评学生存在的个性和共性问题；最后，评选出“最佳表现组”。

4. 注意事项

（1）秘书扮演者应注意介绍主宾时的顺序，以及应用合适的手势。

（2）注意行进方位：行进时，前面为上，后面为下；晚辈、下级为了表示对长辈、上级的尊敬，一般不并肩而行，先请长辈、上级而行，自己后半步随行；三人并行，中间为上，两侧为下，两侧又以右为上，左为下；三人行走或就座，应该请长辈、上级在中间，晚辈、下级在两侧。

（3）在训练过程中每名同学应注意角色的转换，保持良好的身体姿态，包括站姿、礼姿、坐姿和行姿等；态度谦和，精神集中，眼睛尽量注视对方；表情轻松，多露微笑；受访者如与访客在行走时交谈，应注意处处礼让客人。其基本要求是：庄重、大方、谦恭、友好。

（三）迎宾送客实训

1. 训练目的

让学生在迎宾送客情境训练中扮演不同的角色，练习在不同场合、不同地点扮演不同角色时动作仪态的综合运用。希望能帮助学生通过现场情境模拟，进一步了解仪态的重要性和掌握正确的姿态。

2. 训练内容

（1）选一名同学扮演某航空公司的空乘人员，另选两名同学扮演情侣、朋友、合作伙伴等角色登飞机。扮演空乘人员的同学按照迎客、引领座位、送客的标准礼仪来为另外两名扮演者进行服务。

（2）其他学生仔细观察三名同学在模拟演练过程中存在的问题，然后逐一进行分析和点评。如图 2-4-31 所示。

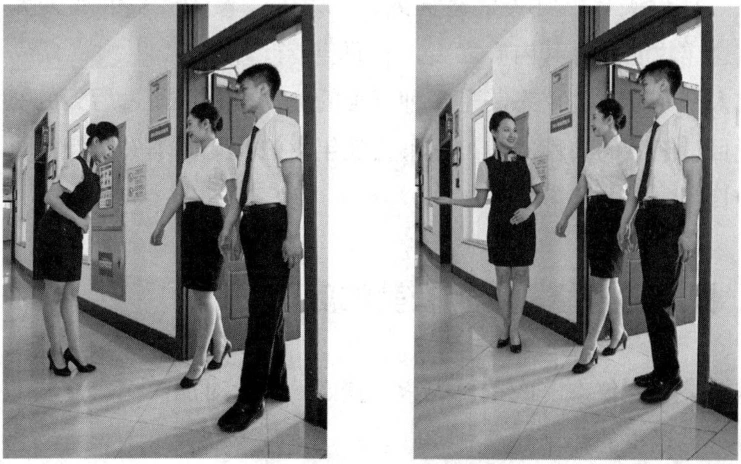

图 2-4-31　迎宾送客模拟训练

3. 组织方法

根据学生人数适当分组，设计不同模拟情境，进行角色扮演，并录像记录整个仪态展示过程；然后投影回放，学生自我评价，找出不符合规范之处，授课教师则总结点评学生存在的个性和共性问题；最后，评选出“最佳表现组”。

4. 注意事项

在训练过程中，每名同学应注意角色的转换，保持良好的身体姿态，包括站姿、礼姿、坐姿、行姿和引导的姿态等；迎宾时态度谦和，精神集中，两眼尽量注视对方；表情轻松，多露微笑。其基本要求是：庄重、大方、谦恭、友好。

模块五　空乘人员仪态美的养成

> 行为举止是心灵的外衣。
>
> ——培根

培养一个人良好的仪态美首先应当理解什么是美。树立正确的审美观，提高认识美、评价美、感觉美、鉴赏美、享受美、表达美、创造美等意识和能力。只有这样才能提升其内心之美，进而塑造行为美。

空乘人员应具有的仪态美是一种复合的美，是一种通过后天的努力与修炼达成的悦目、健康的知性的美，它不会随年岁的改变而消失，反而会在岁月的打磨之中日臻醇厚久远。

一、提高自身修养，拥有美的底蕴

修养美是个人仪态美的重要因素。良好的修养对加深沟通交流、提高人格魅力有着举足轻重的作用。

（一）做一个有教养的人

人们经常说有修养的人应当是有教养的，那么什么是有教养呢？教养是文明规范，是文明社会的道德基石，是表现在行为方式中的道德修养状况。是社会影响、家庭教育、学校教育、个人修养的结果。得体的教养，有助于人们获得社会认可和幸福生活，有助于人与人之间创造积极和谐的社会关系，也有利于表现良好的公共形象。教养的基础，是理解和尊重他人，同时不妨碍他人。教养也是良好的社会规范的表现，不是随心所欲，更不是唯我独尊。

教养是善待他人，善待自己。做一个有教养的人，认真地关注他人，真诚地倾听他人，真实地感受他人，你会发现尊重别人就是尊重自己。有教养的人不会在公共场合大声喧哗，有教养的人使用公共厕所一定会主动冲水，有教养的人即便在无人看管的室外公共区域也不会随意丢弃废物。

真正的教养不是做给别人看的，而是发自内心的，不是有人看到你才会做，没人看到你就不做。真正的教养源自一颗热爱自己和热爱他人的心。教养与习惯紧密相连，良好的习惯久而久之会成为自觉的行动，内化为教养。要做到有教养，应该从培养良好的习性开始。

有教养的人是令人尊敬的，让人愉悦的。有教养的人说话有分寸，对人不尖酸刻薄，不会占小便宜。有教养的人在公众场合端庄大方，举止不做作、不轻浮，有爱心并善于表达情感，常常赞美祝福他人，而不是嫉妒他人。

（二）学会爱自己

一个人一定要真心喜欢自己。喜欢自己，并不是盲目地自恋，而是能真正地认识自己，坦然接受自己的一切，不管是优点还是缺点。真心喜欢自己的人懂得快乐的秘密不在于获得更多，而是珍惜所拥有的一切。具有这样心境的人，对生活、环境、周围的人，会自然流露喜悦之情，感动自己，影响他人。

心理学研究表明，要想别人喜欢你，首先要培养喜欢自己的特性。心情可以长久地影响一个人的容貌。心情的好坏，看上去是源自本身外在的烦恼，事实上体现的是自己对生活的态度和控制力。

（三）让阅读滋润心灵

书籍是人类智慧的结晶，读书是提升修养的重要途径。读书，特别是阅读那些出自大师之手的书籍，就是一次与大师的对话，与智慧的交流。那些经过岁月淘洗而依然被奉为经典的著作是提高修养必须阅读的，即便不能一下子达到大师的境界，但我们一定都有自己的理解，这就是一笔不可轻视的财富了。智慧、灵气、锐气，就在这一次次的阅读中自然获得。

人的心灵成长是一生中最基本和最重要的，心灵的成长需要滋养。如果你关注它，持续不断地滋养，它的成长是会良好和健康的，否则心灵也会像人的肌体一样萎缩和退化。

二、在审美教育中提高审美素养

审美素养指人所具备的审美经验、审美情趣、审美能力、审美理想等各种因素的总和。审美素养既体现为对美的接受和欣赏的能力，又转化为对审美文化的鉴别能力和审美文化的创造能力。每个人的审美素养都不是先天具有的，都是在长期的艺术欣赏实践中逐渐形成的。空乘人员美的塑造是全方位的，可以通过提高个人的文化艺术素养、提高审美眼光、提高鉴赏文化艺术的水平、提高个人的品位等，形成正确的审美观。

空乘人员提高审美的素养第一要多读书，多听音乐，多看各种艺术展示，多接触各种艺术形式如舞蹈、音乐、插花、茶道，绘画等。只有在博览的基础上，才有可能辨别优劣，培养认知美的能力，提高审美素养与审美能力。第二，提高艺术修养要树立正确的世界观。世界观同人们的整个精神世界——心理状态、道德观、艺术趣味、审美能力等紧密地联系在一起，如果没有正确的世界观做指导，欣赏者就不可能领会艺术作品的艺术美，也不可能接受艺术作品所表达的思想倾向。第三，正确培养自身的审美趣味，还需要寻求那些具有某种专长的人的指导、帮助。对艺术作品进行具体的分析、讲解，有助于人们加深对作品的认识、理解和感受。第四，艺术具有享受和娱乐的价值。提高艺术修养，可以丰富自己的精神生活，得到更多的、更高尚的艺术享受，从而增强对生活的认知、感悟。

一个人的品位与修养是在长期的学习、生活与工作中逐渐形成的，空乘人员在生活中要注重通过审美教育进行审美素养的培养，以形成高尚情操，美化心灵，启迪智慧。

三、注重行为举止细节，提升美的表现力

行为举止在日常生活里时刻都在表露着人的思想、情感以及对外界的反应，它可能是自觉的，也可能是不自觉的。它不仅反映一个人的外表，还可以展现人类所独有的形体之美和一个人的品格与精神气质。

空乘人员在服务与人际交往中，尤其是在正式场合，应当遵守举止有度、注重细节的原则，在举止上应当合乎约定俗成的行为规范，要求举止要文明、优雅、敬人，只有这样才能很好地表现出仪态之美。

举止行为自律是在社会规范和人的需要同时存在的情况下，举止行为的自我约束、控制和调节，它强调行为的自律。它是为了自觉主动地把握自己与外部环境、外在规范的关系，为了更好地融入集体与社会之中，而在生活实践中塑造良好的自我形象。这种行为的自觉控制，不但不是“自主、能动”的限制，而恰恰是自主性、能动性的体现。行为自主性必然包含自律，行为能动性必然包含自我制动，在追求行为的自主性和能动性的过程中，必然包括自律和自制。

（一）举止文明的要求

这里所说的文明，是相对于粗俗而言的，它与礼仪密切相关。在各种交际场合，都应当稳重自持、尊重对方、不卑不亢、落落大方。

1. 注意个人和公共卫生

卫生是文明的标志。良好的卫生习惯是尊重自己、尊重他人、尊重社会和热爱生活的表现。不随地吐痰，不乱扔废弃物，注意保持地毯、地板的清洁，进入地面干净的室内，应先在门口踏擦鞋底或换拖鞋进入。

2. 不吸烟或节制吸烟

现在一般交际场合，均不“敬烟”。即使自备香烟要吸，也应礼貌地征得旁人的允许，或自觉去指定吸烟场所。在禁止吸烟的场所，不要吸烟。在允许

吸烟的场所，也要吸完后，把烟头完全熄灭，烟头、烟灰要放进烟灰缸，不能随意乱扔烟蒂。

3. 守时守约

守时守约是社交活动中的一项基本要求。有约在先而不按时赴约，是失礼的，也容易引起对方的误解，有时甚至被认为是故意冷落。守时守约并不等于“越早越好”，而是要按预定时间适时到达。一般说，拜会、会见、会谈等活动应准时到达；参加招待会、宴会，可正点到达或迟两三分钟。参加会议或出席文艺晚会等，应提前到达，以便按时或提前入座。去车站、机场送行或接客，则应提前到达。现代社会里人们都十分珍惜时间，所以，守时守约，既是文明礼貌的重要表现，也是快节奏工作的需要。

4. 避免不雅行为

参加交际活动前，不要吃葱、蒜、韭菜等辛辣异味食品，吃后必要时可含茶叶、口香糖、口香液以除异味。不在他人面前擤鼻涕、抠鼻孔、挖耳朵、搓泥垢、揩眼屎、剔牙齿、修指甲、打哈欠、挠痒或挠头摸脑、抖动腿脚等。咳嗽、打喷嚏时，应用手帕掩住口鼻，面向一旁，避免发出大的声响。

（二）举止自律，讲究分寸

空乘人员在工作和商务社交场合中，应当注意举止自律，讲究分寸。第一印象的形成往往受到身体语言的影响要大于口头语言的影响。有研究表明，在塑造第一印象的过程中，身体语言的影响力远远超过口头语言。你希望在别人身上发现的优点，也正是别人希望在你的身上找到的。我们每个人都愿意和真诚而有活力的人交往，工作上更加如此。这样的人不仅令人轻松，也让双方感觉良好。

四、通过专业训练，培养良好仪态习惯

空乘人员的仪态美是多方面的，而最直观的便是外在的形象。这也是我国空乘人员职业特征的体现。专业的仪态训练可以塑造一个人正确的仪姿，纠正不良的身体姿态和体态，进而使仪态美成为日常的习惯。而形体塑造训练是仪态训练的基础。比如舞蹈演员，他/她们通常都有着令人羡慕的优美姿态，这

和他 / 她们长期的舞蹈训练分不开。空乘人员也可以通过坚持舞蹈训练，并运用器械手段，不断学习、练习、修正、反馈再练习，逐步强化正确的身体姿态感觉，从而塑造出良好的形体姿态感。我们还可以通过仪姿的训练，学习正确的举止行为，了解体态语言的规律，避免不良的举止习惯，从而培养良好的仪态。

（一）调整态度

正确的体态不仅是视觉的基础，也表现出一个人对生命的态度和对未来的追求。你的态度是第一时间就能被人注意到的，它不仅反映出你的人品、性格、教养、文化等，所以当空乘人员出现在众人的面前时，应当以恰当的态度和姿态来表现自己，例如随和友好、充满耐心，乐于助人、兴致勃勃、热情好客、易于接近等。要避免不受欢迎的态度，例如怒气冲冲、不耐烦、骄傲自大、胆小怯懦、铁石心肠、疑心重重等。

（二）保持微笑

微笑传达的是一种邀约和欢迎的信号，是在告诉别人我是一个友好而易于接近的人。微笑如果运用得恰到好处，就会有一种天然的吸引力，能使人相悦、相亲、相近。同陌生人见面时，友好、真诚的微笑表示“欢迎你，见到你很高兴”，使对方感到亲切。当有求于别人时，由衷的微笑使对方无法拒绝。遇到了误会，应大度地一笑了之，胸怀坦荡。自己处于窘境时，自嘲地一笑也就避免了难堪。在待人接物中学会运用微笑的技巧，就会拥有更多的朋友。

（三）注意眼神的交流

眼神是最富于感染力的表情语言，运用恰当就魅力无穷，使人赞赏；运用失度就陷入轻佻，令人咋舌。眼神传情达意有很多类型，在社交场合把握好适度的眼神交流也是举止自律的一个重要方面。

（四）保持良好身体姿态

身体躯干的姿态反映一个人的情感和态度，直立的身体躯干体现一个人的高雅正直的气质。良好的身体姿态应当随时注意收腹、立腰、挺胸，提拉颈椎引导脊椎，处于正确的正位状态。做到“提收松挺”持之以恒，避免不良的体态习惯，比如斜肩、驼背、隆腹、罗圈腿、内外八字等。值得提倡的身体姿态是身体稍前倾的姿态，以显示一个人谦虚低调、全神贯注等态度，尤其适用于空乘服务、商务与社交场合。

（五）避免怪异动作

不同的体态表现出不同的效果和含义，不适当的怪异动作可能会给人不好的感觉。从人体美的角度来看，人体姿态去掉多余的小动作，简约的动作才是美的。所以空乘人员应当保持仪态端正，动作和谐，避免怪异的动作，肢体形态应规范紧凑。

本单元小结

1. 塑造仪态美首先要懂得什么是美，什么是仪态美，仪态美的影响因素有哪些，以及空乘人员对仪态美的认识误区，只有从理论上对仪态美有了总体的认识，才能在今后的仪态美的塑造过程当中少走弯路。

2. 影响仪态美的要素有多种，归结起来有先天、习惯以及文化与修养等因素。仪态塑造应当先从了解自己开始，了解影响仪态展示的主要问题是什么，只有这样才能在生活中结合自身的具体情况，有针对性地进行自我纠正和修炼。

3. 仪态美的塑造是多层次的，亲和力和表情的训练是由内而外、由表及里的；而身体姿态的训练是塑造人的外在姿态素养，它强调训练与习得，平时多运用才能有收获。

4. 本单元指导学生进行了系统的仪态练习，使学生在学习理论知识的同时，在模拟训练中提升学生的实践能力。

思考与练习

1. 问答题

（1）什么是仪态美？仪态美的影响因素有哪些？

（2）眼神训练的要素有哪些？

（3）理想的微笑应当如何表现？

2. 简述题

（1）仪姿美的塑造应从哪几个方面入手？

（2）躯干姿态的训练应当把握哪些动作要领？

（3）举止自律应当注意什么？

3. 论述题

（1）试述如何塑造一个人的仪态美。

（2）结合实际谈如何打造亲和力。

4. 创编题

创编一套完整的模拟情景剧，注意不同角色姿态的恰当运用。

第三单元 空乘服务礼仪规范

课前导读

服务礼仪是在服务过程中使用的，具有机动调节的要求，是动态礼仪而非静止礼仪。只有对服务中的各种问题处理得游刃有余，才能在服务过程中表现出得体的礼仪。加强空乘服务礼仪修养，养成良好的礼仪规范，积淀深厚的文化底蕴，才能做到“内慧外秀”，真正树立起空乘服务形象。

学习目标

【知识目标】了解礼仪的文化内涵和空乘人员礼仪修养的意义；掌握空乘人员礼仪基本要求和常用社交礼仪规范。

【能力目标】能够根据空乘人员岗位的礼仪基本要求，塑造个人仪容仪态形象，灵活运用社交礼仪。

【素质目标】牢固树立礼仪不仅是衡量一个人道德和修养的尺度，而且也是衡量一个社会、一个国家、一个行业文明程度的重要标志。提高空乘人员礼仪素养，强化文明服务观念。

模块一　礼仪的解析

一、礼仪的概念

礼仪是指人们在社会交往中受历史传统、风俗习惯、宗教信仰、时代潮流等因素影响而形成，既为人们所认同，又为人们所遵守，以建立和谐关系为目的的各种符合交往要求的行为准则和规范的总和。

不同角度对礼仪的解释：

（1）从个人修养的角度来看，礼仪是一个人的内在修养和素质的外在表现。

（2）从道德的角度来看，礼仪是为人处世的行为规范、行为准则。

（3）从交际的角度来看，礼仪是人际交往中使用的一种艺术，也可以说是一种交际方式。

（4）从民俗的角度来看，礼仪是在人际交往中必须遵守的律己敬人的习惯形式，也可以说是在人际交往中约定俗成的尊重他人、友好待人的习惯做法。简言之，礼仪是待人接物的一种惯例。

（5）从传播的角度来看，礼仪是一种在人际交往中进行沟通的技巧。

（6）从审美的角度来看，礼仪是一种形式美，是人的心灵美的外化。

二、礼

（一）礼的含义

“礼”本义为“敬神”，“礼者，履也，所以示神致福也”。今引申为表示敬意的统称。礼是制度、规则和一种社会意识观念。荀子说过：“礼者，养也。”“礼”，是一种伦理道德的要求，即要求尊重。这种尊重，是指既要尊重别人也要尊重自己，不尊重别人就是不尊重自己，同时不尊重自己也不能得到别人的尊重。所以礼是一种尊重自己也尊重别人的要求。

知识窗

中国古代的礼乐制度

现代学者郭沫若认为："大概礼之起源于祀神，故其字后来从示，其后扩展而为对人，更其后扩展而为吉、凶、军、宾、嘉的各种仪制。""礼"在甲骨文中是个会意字，原作"丰"，是由祭祀中奉献鬼神的礼器引申为祭祀鬼神之仪式的。事神仪式（礼）与事神歌舞（乐）的结合，也就是"礼乐"的初义。尽管"礼乐"这一概念的深层含义及其复杂的思想内容直到西周才确立，但作为事神仪式的礼乐实践，在原始社会就已经出现。周礼礼乐文化孕育于远古，形成于"三代"，西周定型和成熟，并为后世历朝历代所继承和发展。

周公制礼作乐，创建了一整套具体可操作的礼乐制度，包括饮食、起居、祭祀、丧葬，涉及社会生活的方方面面，都纳入"礼"的范畴，潜移默化地规范着人们的行为。礼的部分主要对人的身份进行划分和社会规范，最终形成等级制度；乐的部分主要是基于礼的等级制度，运用音乐进行缓解社会矛盾。其本质是"经国家，定社稷，序民人，利后嗣"。

西周形成并经过后世诸子百家解释的礼乐文化有两层含义：一为礼化，二为乐化。所谓"礼化"，就是人的外在行为规范的建立；所谓"乐化"，就是人的内在精神秩序的培育。"礼化"的作用在于区别次序，"乐化"的作用在于协调上下。因此，秩序与和谐是礼乐文化的主旨。

知识窗

西方古代礼仪

古希腊哲学家对礼仪有许多精彩的论述。例如亚里士多德说："人类如果不讲礼法、违背正义，他就堕落为最恶劣的动物。"毕达哥拉斯提出"美德即是一种和谐与秩序"的观点。

古罗马教育家昆体良在《雄辩术原理》阐述道：一个人的道德、礼仪教育应从幼儿期开始。诗人奥维德通过诗作《爱的艺术》，提醒大家不要贪杯，用餐不可狼吞虎咽。

（二）传统礼仪的现代含义

在中国古代，礼仪是为了适应当时社会需要，从宗族制度、贵贱等级关系中衍生出来的，因而带有产生它的那个时代的特点及局限性。现代的礼仪与古代的礼仪有很大差别，我们必须舍弃那些为剥削阶级服务的礼仪规范，着重选取对今天仍有积极、普遍意义的传统文明礼仪，如尊老敬贤、仪尚适宜、礼貌待人、仪容有整等，加以改造与承传。这对于培养良好个人素质，协调人际关系，塑造文明的社会风气，促进社会主义精神文明建设，具有现代价值。

1. 尊老敬贤

我国自原始社会到封建社会，人际政治伦理关系均以氏族、家庭的血缘关系为纽带，故此在家庭里面遵从祖上，在社会上尊敬长辈。由于中国古代社会推崇礼治和仁政，敬贤已成为一种历史要求。《礼记》记载："古之道，五十不为甸徒，颁禽隆诸长者"（注:《礼记·祭义》）。就是说，五十岁以上的老人不必亲往打猎，但在分配猎物时要得到优厚的一份。作为一个有礼貌的现代青年，对长者和老人，应该做到：路遇主动谦让，乘车主动让座，在商店、戏院等公共场所，应尽量考虑到为老人创造方便条件。

2. 仪尚适宜

中华民族素来注重通过适合的形式，表达人们内心丰富的情感。遇到重大节日和发生重要事件，多有约定俗成的礼仪。如获得丰收，要欢歌庆贺；遭到灾祸，要祈求神灵保佑。久而久之，就形成许多节庆及礼仪形式。在古代，婚、丧和节庆等活动是作为社会生活中的大事来对待的，其礼仪规定得格外详尽而周密，从服饰、器皿到规格、程序和方位，都有具体的规定。今天，我们要保持和发扬中华民族优秀的礼仪文明，最重要的一点，就是贵在适宜。

3. 礼貌待人

任何一个文明社会，任何一个文明民族，都十分注重文明礼貌。因为礼貌是人类社会据以促进人际交往友好和谐的道德规范之一，是构建与他人和睦相处的桥梁。它标志着一个社会的文明程序，反映一个民族的精神面貌。中华民族历来就非常重视遵循礼规，礼貌待人。

4. 仪容有整

一个人的仪表、仪态，是其修养、文明程度的表现。如图 3-1-1 所示。

其中最重要的，有如下三个方面。

图 3-1-1　仪容有整

（1）衣着容貌

如果一个人衣冠不整，鞋袜不正，往往会使人产生反感。当然，衣着打扮，必须适合自己的职业、年龄、生理特征、所处的环境和交往对象的生活习俗，进行得体大方的选择。浓妆艳抹，矫揉造作，只会适得其反。

（2）行为举止

在公众场合举止不可轻浮，应该庄重、谨慎而又从容，“站如松，坐如钟，行如风，卧如弓”，做到“非礼勿视，非礼勿听，非礼勿言，非礼勿动”（《论语·颜渊》），处处合乎礼仪规范。

（3）言语辞令

语言是人们思想、情操和文化修养的一面镜子。巧言令色的人，是不可能取信于人的。要慎言。古人说，上天生人，于舌头上下两排牙齿紧密围裹，又在外面包一层厚厚的嘴唇，就是要人们说话一定要谨慎。

以上几方面，是我国传统礼仪的精华。虽说时代不同了，但古人对仪容仪表的重视及对整洁仪容的要求，是值得今人借鉴的。外在形象是一种无声的语言，它反映出一个人的道德修养，也向人们传递着一个人对生活的态度。毫无疑问，传统礼仪文明对我国社会历史发展产生着积极影响。一般说来，社会上讲文明礼貌的人越多，这个社会便越和谐、安定。在今天社会主义精神文明建设中，我们应立足于吸收民族文化中的精华，使传统文明礼仪古为今用，重建一套现代文明礼仪。

（三）服务之礼

服务之礼是指服务人员在工作岗位上，通过言谈、举止、行为等，对客户表示尊重和友好的行为规范和惯例。简单地说，就是服务人员在工作场合适用的礼仪规范和工作艺术。服务礼仪是体现服务的具体过程和手段，使无形的服务有形化、规范化、系统化。有形、规范、系统的服务礼仪，不仅可以树立服务人员和企业良好的形象，更能让服务人员在和客户交往中赢得理解、好感和信任。服务礼仪主要以服务人员的仪容规范、仪态规范、服饰规范、语言规范和岗位规范为基本内容。

三、仪

（一）仪的含义

《辞海》中对“仪”的解释是：①礼节，仪式；②法度、准则；③容貌、举止。简单地说，“仪”，即仪表、仪态、仪式、仪容。中国古代记载典礼仪节的书，简称《礼》，也称《礼经》《士礼》。

“仪者，规也。”即表现形式。

仪容，指人的容貌。

仪表，指人的外表，一般来说，它包括人的容貌、服饰、个人卫生和姿态等方面，是一个人精神面貌的外观体现。

仪态，指人在行为中的姿势的风度。姿势是指身体呈现的样子；风度是气质方面的表露。

一个人的仪容、仪表、仪态往往与他的生活情调、思想修养、道德品质和文明程度密切相关。每个人总是以一定的仪态出现在别人面前。一个人的仪态包括他的所有行为举止：一举一动、一颦一笑、站立的姿势、走路的步态、说话的声调、对人的态度、面部的表情等。而这些外部的表现又是内在品质、知识、能力等的反映。因此，在与人交往中，我们可以通过一个人的仪态来判断他的品格、学识、能力，以及其他方面的修养程度。

（二）服务之仪

服务人员在工作中的表情神态、举手投足如何，在服务对象看来，往往与其职业素质、礼仪水准与工作态度直接相关。

在许多国家的服务礼仪中，服务行业在对其从业人员进行岗前培训中，微笑往往被列为重要的培训科目之一。

在人际交往中，站姿是一个人全部仪态的根本。站姿不美，其他姿势也就无法做到优美典雅。因此，在一般情况下，服务人员应当采用标准站姿。服务人员在工作中行走时，务必要符合礼仪规范的要求，做到既优雅稳重又保持合适的节奏。

图 3-1-2　服务之仪

服务人员在采取蹲姿服务时，应当掌握规范的下蹲姿势，不可给服务对象留下不文明的印象。在一般情况下，不允许服务人员在服务岗位上采取坐姿。如果在服务的过程中需要自己采取坐姿时，也必须自觉地采用正确的坐姿。如图 3-1-2 所示。

服务人员在做手势时，要讲究柔美、流畅，避免僵硬死板、缺乏韵味。同时配合眼神、表情和其他姿态，使手势显得更协调大方。

服务人员的表情要表现出待人谦恭、热情友好、真心诚意。

服务人员的眼神：与客人交谈时，可以以对方的整个面部为注视区域。注视他人的面部时，不要聚焦于一处。在工作岗位上接待服务对象时，注视对方的面部是最为常用的。注视对方的双眼，可以表示自己全神贯注、洗耳恭听。问候对方、听取诉说、征求意见、强调要点、表达诚意、向人道贺或与人道别，皆应注视对方的双眼。但是，时间上不宜过久，否则双方都会比较尴尬。同客人相距较远时，服务人员一般应当以对方的全身为注视点。服务人员在工作中，往往会因为实际需要，而对客人身体的某一部分多加注视。例如，在接递物品时，应注视对方的手部。特别需要说明的是，如果没有任何理由，而去注视、打量服务对象的头顶部、胸部、臀部或腿部都是失礼的表现。当对方是异性时，还会引起对方的强烈反感。

服务人员注意个人仪容、仪表的意义：

（1）注重个人仪容、仪表，是每位员工自尊自爱的表现，是一项基本素质。

（2）反映了企业的管理水平和服务质量。

（3）是尊重宾客、满足宾客需要的要求。

四、礼与仪的关系

“礼”是制度、规则和一种社会意识观念；“仪”则是“礼”的具体表现形式，它是依据“礼”的规律和内容，形成的一套系统而完整的程序。不同的“礼”有不同的形式。“礼”是“仪”的标准，“仪”则将“礼”具体化、形象化。

按古代“礼”和“仪”的含义解读“礼仪”，意思就是用一定的制度、规范和标准，按照一定的形式去“事神”“致福”。在现代社会，礼仪主要指人们在社会交往中，相互之间为了表示尊重、敬意、友好而约定俗成的、共同遵守的行为规范和交往程序，包括语言、仪表、风度、礼貌、礼节、礼典以及仪式等。

礼与仪即谓内容与形式。只有形式没有内容，那就成了没有灵魂的躯壳，形式是为内容服务的。而内容要借由某种形式才能显示出来。因此，礼与仪互为依存，两者紧密相连，才构成真正意义上的礼仪。但是，由于礼仪的形式即“仪”，直观且最容易引起人的注意，学起来也不困难，因此，人们总是喜欢在礼的外在形式上下功夫。而礼仪的思想内涵却总被人有意无意地忽略。于是就出现了重形式、不重内容的礼仪活动。这个道理，可以用《左传》中一个非常著名的故事来说明。

礼仪小故事

中国古人论礼与仪

鲁昭公到晋国去访问，抵达国都郊外时，晋君派大臣到宾馆去慰劳他，这一礼节称为“郊劳”。晋人迎接鲁君的仪式从郊劳开始，步步为礼，极其复杂。鲁昭公居然一点都没做错，晋国人看了佩服得不得了，说他真是懂礼呀！晋国有一位叫女叔齐的大夫说：“他哪是懂礼呀，他做的不过是‘仪’罢了。礼的根本是要治国安邦，现在鲁国的政治非常混乱，而鲁昭公还到处欺骗大国、凌虐小国，甚至做些乘人之危的事情。灾难就要降临到头上了，他却浑然不知。他不把精力放在礼的根本上，却屑屑于礼仪的末节，这样的人怎么算是懂礼呢？”女叔齐把昭公的行为举止称为“仪”，真是一针见血。礼的根基是内心的德，根基全无，外表虽然做得像模像样，也只是“作秀”而已。

五、服务的“白金法则”

白金法则是美国著名人力资源专家亚力山德拉博士和奥康纳博士在1987年提出来的。它是指在人际交往中，尤其是在服务岗位上，若想获得成功，就务必要做到交往对象需要什么，就要在合法的条件下满足对方什么。国际社会称为服务的普遍性法则。白金法则有三个要点：一是行为要合法，不能要什么给什么，做人、做事都需要有底线；二是交往应以对方为中心，对方需要什么，我们就要尽量满足对方什么；三是对方的需要是基本的标准，而不是说你想干什么就可以干什么。有人会问，凭什么要什么给什么？他不明白平等永远是相对的，当你为别人服务时就要有求必应、不厌其烦。

模块二　塑造空乘人员深厚的服务礼仪修养

案例

求职应聘

某航空公司要面向社会招一批空姐，前来报名面试的人络绎不绝。其中有几个漂亮女孩儿，心想空姐是个多么时髦的职业，就高高兴兴地来到报名地点。由于报名人员太多，工作人员让她们在休息室等待。到了休息室，这几个姑娘就坐在沙发上跷起二郎腿，其中一个姑娘还想把鞋子脱掉，被工作人员制止。在等待的过程中，她们在休息室内大声谈笑，全然不顾别人的目光。等轮到她们报名时，休息室的工作人员对她们说："根据刚才大家在休息室的表现，你们就不用报名了，请回吧。"这几个姑娘很纳闷，为什么工作人员连报名的机会都不给，就让她们走？

一、何谓服务礼仪修养

修养是人们在思想、政治、道德、学术方面经过勤奋学习和自觉锻炼，长期努力所取得的能力、思想品质、学术见解，还包括一个人在待人处世过程中的风度、仪表、言行、举止等方面的特性和丰富的文化内涵。换句话说，修养就是在自我认识、自我要求的基础上的一种自我教育、自我充实、自我提高的活动及其结果。

服务礼仪修养应包括如下心理品质：①乐观而稳定的情绪。在客舱服务和生活中既充满活力，又心态平和、言行规范、举止得体。②既能充分认识自己、正确对待自己的得失，又能客观、公正地评价他人。③有较强的事业心和公众意识，在具体的工作过程中计划和步骤较切合实际。④意志坚定，并善于自我克制。⑤人格健全，有鲜明且较完善的个性。⑥豁达宽容，自尊尊人，言行一致。⑦乐于交往，能建立并保持和谐的人际关系。个人行为同组织行为和公众利益能协调一致。⑧在复杂变化的工作环境中能保持良好的心理状态。

小贴士

关于教养

教养的本质是对他人的关怀。因为关怀，我们才能注意并准确地把握交往尺度，给别人留下必要的私人空间；我们才会克服种种不便，使自己的行为符合社会公德的要求。民航客舱服务人员应注意处处使用礼貌用语，努力营造文雅平和的氛围。

二、空乘人员应具备的礼仪修养

空中乘务是一个服务性的职业。“安全、快捷、舒适”是航空运输的重要特点。机上服务工作是航空运输的重要组成部分，运输服务质量的高低，直接反映着公司的组织及其经营管理水平，而这又将影响航空公司的形象及其经济效益。因此，空乘人员有两个很重要的职责：一是保证客舱安全；二是为旅客提供优质服务。例如为乘客供应飞机餐、帮助旅客提放行李；指导乘客使用机上安全应急设备以及在紧急情况下组织乘客迅速撤离飞机等。空乘人员应该全面掌握机上工作专业知识。举止优雅、气质高贵、充满爱心也是空乘人员必备的素质。空乘人员的服务对象包括国际、国内各种旅客，要求空乘人员有一定英语或其他语种的听说能力，具备一定的社交礼仪知识与能力，了解空防与安全、气象、医疗常识与急救、客舱服务、民航旅客运输等知识；此外，空乘人员还应该具备服务行业所应有的心理状态，具有责任心、认真投入、吃苦耐劳等品质。

我国航空公司对空乘岗位的工作活动和职责的基本要求，基本体现出这一岗位的基本职业特点。

（1）文化专业知识与技能（飞机设备基础知识和外事、气象、餐饮、救护、应急措施、英语等方面知识）；

（2）主动、热情、周到、有礼貌地为旅客服务；

（3）宣传乘机的有关规定；

（4）负责回答旅客问询；

（5）正确操作机上设施；

（6）配合其他地勤人员等。

（一）个人内在修养

个人外在仪表仪态要以内在的德行为本。有诚敬之心才会有庄重、恭谨之色。忠信行于内，感动才能应于外；否则，个人仪表仪态的修养就会流于虚伪。内在素质与外在的个人仪表仪态要配合得恰到好处，既不能只讲究内在修养而不注重外在的仪表仪态，也不能只讲外在仪表仪态而忽略个人内在素质。

空乘人员要注重内外兼修，不仅要注意仪态形象的端庄优雅，更要注重内在素质的修炼和提高，包括树立正确的人生价值、提升道德修养和文化知识的积累，达到秀外慧中、大家风范的绅士和淑女品位。

1. 以客为尊

客舱服务是民航运输服务的重要组成部分，为乘客提供优质的服务是空乘人员的本职要求。树立以客为尊的服务理念是空乘人员做好客舱服务的前提，也是空乘人员必须具备的职业素养。空乘人员应注意揣摩乘客的心理，提前提供服务，而不是“马后炮”。要处处为乘客着想，提供亲切、体贴入微的服务。当无法满足乘客的需求时，仅仅说句“不”显得过于冷淡，没有礼貌。在回答“不”字之前，应首先考虑怎样才能尽可能地满足乘客的需求。

2. 人格魅力

谁都愿意与健康向上、性格开朗、笑口常开的人交往，因为美丽的笑容能使人心情愉快。因此，空乘人员不但要有端庄优雅的言行举止，还要有积极阳光的心态和强健而充满活力的体魄。空乘人员在客舱近距离地为乘客服务时，端庄优雅、彬彬有礼的言行举止会给乘客带来愉悦的视觉感受和心理满足；空乘人员在工作中会接触众多性格迥异的乘客，遇到各种想不到的突发事件，因此要有良好的心态和热情开朗、积极乐观的性格。

3. 丰富多样的业务知识

空乘人员平时要多注意身边的业务知识，从而增强业务能力。只有这样才能准确把握客人的意图，以积极的态度，迅速正确地处理问题。

4. 娴熟的专业技能

空乘人员具备精湛娴熟的专业技能是做好航班安全服务工作的必要保证。同时还要注意加强知识面的拓宽，培养学习的兴趣和爱好，丰富自身的知识内涵，这样才能更好地做好本职工作，提供超出乘客期望的高品质服务。

5. 见识广博

空乘人员除了要掌握多样的业务知识和精湛的专业技能外，还应养成良好的学习习惯，加强其他知识的学习，力争成为一个见识广博的人，不断提升自身的服务能力。最好的方法是最大限度地读书，养成看书、看报纸、看电视新闻的习惯。

（二）服务领域素养

空乘人员的最佳服务是用“心”、用“情”服务。随着社会的不断发展，人们对服务的理解和认识也在不断地变化，无论服务者还是被服务者，都充分认识到服务与被服务的舒心愉快，即用心服务，用心享受。

1. 掌握洞察他人心理的能力

洞察他人心理的能力，是指通过对他人言语、行为、表情等方面的观察，把握对方内心的真实想法，判断对方心理状态的能力。人的心理状态往往会通过一定的外在表现反映出来。如咬牙切齿表示愤怒；红光满面表示喜悦；沉默不语表示思考；痛哭流涕表示悲伤。掌握乘客的心理状态，适当调整服务策略，往往有事半功倍的效果。

（1）通过表情和举止判断心理状态的技巧

①表情和举止自然、大方的人，一般心理状态正常，按照对方的兴趣、爱好和习惯与之交往即可。

②双臂抱于胸前，或下意识扣上外衣扣子，一般表示防卫、意见不统一；如果将手放下来，或解开扣子，则达成协议的希望比较大。

③下意识地摸鼻子、揉眼睛、抓耳朵表示信心不足；

④呼吸急促，表示焦虑、悲伤或愤怒。

⑤十指相对合成尖塔形，表示自信。

⑥踱来踱去，或者重复一些无意义的动作，或者将脚踝紧紧交叠，表示紧张或极力克制自己的情绪。

⑦一边与人交谈一边忙别的工作，表示不欢迎对方。

（2）通过语气、语调判断心理状态的技巧

①语速较快者，表示性格豪爽、脾气较急。

②说话结巴或经常说错话，表示紧张或有隐情。

③打断别人的话，急于发表自己的观点，表示时间很紧或没有耐心听。

④谈话距离近且声音很小，表示谈话内容不愿意公开。

⑤答非所问，表示心不在焉、漠不关心。

2. 用心、用情真诚服务

空乘人员在观察乘客时，要快速而准确地判断出服务对象的特点，以便采取相应的服务对策，对老、弱、病、残、孕和宗教人士、外国客人等乘客，应在进行规范服务的同时，有针对性地采取必要的特殊服务。例如，厦门航空公司在客舱为乘客准备了常用的药品、儿童玩具、针线包、老花镜等，细微之处，尽显真诚。山东航空公司彩虹乘务组，推行"四个服务"：微笑服务，让微笑充满客舱，把美好留给乘客；亲情服务，想乘客所想，急乘客所急，不仅把乘客当上帝，更把乘客当亲人；敬语服务，常用敬语十个字，在语言中表现文化、礼貌、亲切、自然；气质服务，开展知识服务，树立空乘人员的良好公众形象。

3. 礼貌待客，包容过错

临辱不怒，自重自爱，是空乘人员良好修养的体现。临辱不怒，即要求空乘人员面临急难时，以公司利益为重，不发火、不变脸，沉着大度，以妙语应粗俗，用豁达胜愚昧，以文雅对无礼，从而摆脱尴尬，维护企业信誉。自重自爱，即要求空乘人员在服务时，要规范、稳重、不失态，热情适度、有理有节。主动承担责任，包容乘客的过错，大事化小，小事化了。

三、培养服务礼仪修养的途径

飞机客舱服务是民航运输服务的重要组成部分，它直接反映了航空公司的服务质量。空乘服务是一个特殊的服务型职业，高质量的空乘服务已经成为航空公司对外展示形象、吸引客源的最好窗口。在激烈的航空市场竞争中，直接为旅客服务的空乘人员的形象和工作态度，对航空公司占领市场，赢得更多的"回头客"起着至关重要的作用。服务窗口标志着一个企业的服务质量水平，这是竞争对手很难效仿的，如实施"微笑服务""零缺陷"服务等。要求从业者具有良好的思想道德品质、全面的修养和强烈的服务意识，具备高超的服务技能和较好的综合素质。空乘人员是航空运输直接面对乘客的一个窗口，其外表形象、言谈举止、服务态度和服务技能都代表了公司的形象，有时甚至代表了国家和民族的形象。这都要求空乘人员具有深厚的文化底蕴、礼仪修养，有较高的综合素质。如图 3-2-1 所示。

图 3-2-1　空乘人员要具备良好的服务礼仪修养

其基本的培养过程应该通过思想道德教育和文化知识的传授，内修品格和素养，并通过礼仪仪态和体能的训练外练形体与气质，两者结合，实现内外兼修。以艺术的熏陶，培养高雅的品位和审美情趣；以职业责任感教育、积极的人生教育，培养服务意识，塑造良好情操；以有效的锻炼和细致有序的管理，来规范行为，形成严明的纪律和作风；以“语言能力 + 艺术素养 + 专业技能”三结合的培养方法，提升综合素质，增强适应能力和竞争能力。

小贴士

个人魅力的养成要素

美国拿破仑·希尔曾说，一个人要想有独特的个人魅力，必须具备以下要素：

1. 养成使自己对别人产生兴趣的习惯。

2. 培养口语表达能力，使自己所说的话有说服力，然后把这种能力应用于工作、日常谈话和公开演讲上。

3. 努力为自己创造出一种独特的风格，使它适合自己的外在条件和所从事的工作。

4. 培养积极的品格，包括善于表达、懂得微笑和不吝惜自己的同情和赞美。

（一）提升亲和力

良好的亲和力能拉近企业与员工、员工与客户之间的心理距离，从而产生最大化的管理效能和经济效益。因此，服务行业把它作为从业人员必备的素质之一。

亲和力是个人内在素质的外在表现，是服务对象的一种感情度量。亲和力是人与人之间影响以及说服能力发挥的最根本条件，对于人际关系的建立和影响力的发挥，如盖楼之前必须先打好地基的重要性是一样的。亲和力源于人对人的认同和尊重，很多时候，亲和力所表达的不是人与人之间的物理距离的远近，而是心灵上的通达与投合。真实的亲和力，以善良的情怀和博爱的心胸为依托，是一种发自内心的特殊禀赋和素养。

什么样的人最具亲和力呢？热诚、乐于助人、关心别人，具有幽默感、诚恳、让人值得信赖。精神集中，情绪饱满，微笑服务，热情、亲切友好的情绪，客人会有轻松愉快的感觉。

心理学家认为，在人的所有表情中，微笑是最坦荡和最有吸引力的。微笑是现代人际交往中最好的礼貌。对于民航服务业来讲，空乘人员微笑所表现出来的善意、尊重和友好，能够与乘客建立良好的沟通渠道和客户关系，使乘客产生“宾至如归”的感觉，有利于空乘服务工作的顺利进行。如图3-2-2所示。

图 3-2-2　微笑对空乘工作十分重要

（二）雅洁的仪表

仪表是一个人的精神面貌、内在气质的外在表现，对空乘人员仪表的总体要求是：仪容整洁，举止大方，端庄稳重，不卑不亢，态度诚恳，待人亲和，服饰整洁，打扮得体，彬彬有礼。

（三）得体的语言

俗话说“良言一句冬日暖，恶语伤人六月寒”，可见语言使用是否得当，是否合乎礼仪，会产生迥然不同的效果。日常生活中，人们运用语言进行交谈、表达思想、沟通信息、交流感情，从而达到建立、调整、发展人际关系的目的。一个人的言谈是考察一个人人品的重要标志。

1. 服务语言简练、通俗、亲切、甜美

空乘人员在与乘客谈话时，语言表达应准确、语意完整、语声轻柔、语调亲切、语速适中。同时要照顾乘客的情绪和心情，不可自己滔滔不绝说个没完，也要给乘客留下说话的机会，做到互相沟通。语言交流要因人而异。

（1）言谈的仪态

不论是作为言者还是听者，交谈时必须保持精神饱满、表情自然大方、和颜悦色、目光温和、正视对方。

（2）话题的选择

首先要选择对方感兴趣的话题，比如与航空有关的话题、飞机飞多高、我们航班飞过的航线地标、在飞行中需注意的问题等。

（3）言者的表现

要做到从言谈中迅速把握乘客的心理。要明白乘客的弦外之音，了解乘客的愿望。只有做到了这一点，才能说是一个合格的空乘人员。不看对象、场合，千篇一律地应答也是失礼的。

（4）做一名耐心的听众

在与乘客谈话中，要注意耐心听取乘客的讲话，对谈话的内容要做出积极的反应，以此来表现你的诚意，如点头、微笑或简单重复乘客的谈话内容。同时，恰如其分的赞美也是必不可少的，它能使交谈气氛更加轻松、友好。还要注意用委婉的语气表达否定意思。在拒绝客人时，使用否定句的影响是强烈的，会给乘客留下不愉快的印象，切忌直接向乘客说“不”，要使用委婉的语句。例如，“请不要在这儿吸烟”与“对不起，这儿是不能抽烟的”这两句话，表达的内容虽然相同，但后者的语气显得更柔和一些。又如把“等一下”改为“您能等我一下吗”等。

（5）尽量避免使用外来语和专业用语

无论话是讲给谁听，都要力求易懂。不同的行业有不同的专业用语，在谈话中，应注意以通俗易懂为标准。

2. 语言要与表情、动作相一致

与乘客交谈时，如果注视乘客眼睛以上，则显得傲慢；注视乘客眼睛以下部位，则显得羞涩；正确的姿势是微笑着注视乘客的眼睛，或额头至下巴之间的部位，双手自然交叉于身前，需要时加以适当的手势，坦诚自信热情地与乘客交谈。

3. 机舱内的常用服务语

您好，欢迎登机。

是，对。

请。

请问，需要我来帮助您吗？

是，马上就来。

很抱歉（对不起）。

让您久等了。

是，马上给您拿来。

打扰了（过意不去）。

知道了（不知道）。

是您叫我吗？

请问，您需要什么饮料？

请问，您需要添加饮料吗？

不客气。

谢谢。

祝您旅途愉快。

4. 航空服务敬语和忌语

（1）基本礼貌用语

您好、请、谢谢、对不起、再见。

（2）常用礼貌用语

请、您好、您早、谢谢、对不起、请原谅、没关系、不要紧、别客气、再见。

（3）祝贺语

恭喜！

祝您节日愉快！

祝您圣诞快乐！

祝您新年快乐！

生日快乐！

（4）告别语

再见。

晚安。

明天见。

欢迎您再次乘坐 ×× 航空公司的航班。

（5）道歉语

请原谅。

对不起。

请不要介意。

完全是我们的错，对不起。

很抱歉，航班由于天气原因延误了，我们会及时为您提供最新消息。

对不起，热食每位旅客仅配一盒，给您提供些面包可以吗？

（6）感谢语（致谢语）

谢谢！

非常感谢！

感谢您对我们工作的理解和支持。

感谢您给我们提出的宝贵意见，我一定向领导如实反映。

（7）应答语

我明白了。

是的。

好的。

没关系。

不必客气。

（8）征求语

还有别的事情吗？

我有什么可以帮助您吗？

您喜欢……吗？

您需要……吗？

（9）忌语

不行，这是不可能的。

不去。

干吗？

您怎么这样？

我们规定是这样的。

你去 ×× 部门问一下，就知道了。

不行，我会被人骂的。

没有。

这样很麻烦的哦。

有能耐你告去，随便告哪儿都不怕。

没看我正忙着吗，着什么急？

这是其他部门的事情，与我们无关。

现在才说，早干吗来着？

到点了，你快点。

别装糊涂。

挤什么挤。

没开始呢，等会儿再说。

我忙不过来。

越忙越添乱。

不能放这儿。

（四）诚恳的态度

1. 热情真诚地欢迎乘客

空乘人员在人们心目中是端庄、美丽、高雅、热情的。空乘人员应使乘客得到阳光般的温暖和春风般细腻与舒适的服务。要面对乘客，保持良好的精神状态，面带真诚的微笑，使用尊称和敬语，状态规范。

2. 体谅乘客

（1）不要随意判断乘客。外表的印象不能反映乘客的身份，应通过乘客的言行客观判断其心态。

（2）不要随意对待乘客。对乘客不得随意或大大咧咧，应尊重和体谅乘客对空乘人员的严格要求。

（3）不急不躁对待乘客。以耐心和宽容的态度，站在乘客的角度对待乘客过分的言行。

3. 理智地控制言行

空乘人员有疲劳、辛苦、委屈、不快时，要尽量控制自己的情绪，尽快调整至工作状态，以平稳理智的心态为乘客服务，将快乐、美好、积极、健康分享给乘客。不要对乘客有区别，确实有些乘客素质不高、卫生不佳、习惯不好，甚至提出过分要求，故意刁难空乘人员，但也须按照服务规范一视同仁，保持良好的服务效果。当然，对个别乘客严重的失礼行为也不能一味迁就，可视其言行失礼的程度采取规劝、制止或交空中保安处理等相应措施。

（五）了解乘客心理特点

民航服务工作的对象是乘客，要服务好每一位乘客就必须了解不同乘客的需求，这是做好服务工作的前提条件。礼仪的基础是尊重，空乘人员应该了解服务对象的共性心理，这样才能为乘客提供恰当而优质的服务。

1. 乘客对优质服务的期待心理

乘客从购买机票开始，就对民航服务抱有很高的心理期待，因为相对较高的机票价位使乘客希望得到相对优质的服务，包括对空乘人员的服务要求。空乘人员要以优质的服务满足乘客的心理要求，掌握学习空乘常用服务礼仪，提高规劝能力和处理服务矛盾的能力，正确处理乘客的投诉。

对乘客的要求不能简单地说“不”或不重视，应充分说明缘由，以求得理解和谅解。因为有的乘客明知自己的要求是过分的，甚至是无礼的，但若自己的要求得不到满足时，就认为是服务太差而刁难空乘人员，处理不好可能会激化矛盾，甚至产生意想不到的麻烦。所以，空乘人员一定要谨慎而巧妙地处理。

2. 乘客希望得到方便及怕吃亏的心理

有些乘客在乘机中，会担心自己购买同样价位的机票却享受比别人少的服务，言谈举止略显焦急：如抢占行李位置或坚持把行李放在过道上；随意打手机、换位置；飞机未停稳前站起来拿行李等。对于这些现象应反复有耐心地劝说、提醒，始终保持“细帮助、真服务”的服务状态。

3. 乘客希望自己被关心照顾的独占心理

乘客登机后，总是希望空乘人员给他们更多关心和关照，特别是初次登机的乘客，会有较多问题要问，会经常请服务员帮忙。空乘人员要面对很多客人，常常忙不过来。这种情况下，要求空乘人员具有短时间内快速处理问题的能力。应在向乘客说明情况的同时，熟练、热情接待乘客，并与等待的乘客交谈两句；造成乘客等待时间长时，要道歉，以保证对待乘客公平服务，防止乘客感觉受到歧视。

4. 乘客希望自己受关注追求优越的心理

人们的心理中都普遍希望自己的言行能引起别人的注意，适当地赞扬乘客的出色之处和优秀之处，有利于服务和交流。当乘客遇到不懂的问题或事情时，不可轻视、挖苦对方，更不能训斥对方，应耐心、友好地向乘客解释或示范。在服务中常发现乘客“出洋相”，空乘人员绝不能嘲笑他，不能当面议论或纠正，否则乘客会感到你不尊重他或羞辱他，甚至会找借口发泄怒气。

5. 乘客对机舱设备等的探索尝试心理

乘客中很多人，特别是初次乘飞机的乘客会对飞机客舱设施和空乘人员很感兴趣。空乘人员应明确告知乘客不能尝试，并进行相关安全的提示，而对乘客的好奇心，应给予解答、照顾、帮助。

四、塑造服务礼仪修养的意义

（1）提升个人素养

服务礼仪作为空乘人员角色的行为，为其在服务过程中使自身行为符合服务对象的要求提供保障的同时，敬人律己的行为无形中将提升个人素养。通过深入剖析服务关系的性质来准确界定空乘人员的角色，使空乘人员理解民航服务的内涵和意义，从而建立良好的服务意识，并具备依据相关服务原则从容应对各种复杂服务情景的能力，从而形成良好的个人职业素养。

（2）塑造企业形象

良好的民航企业形象是吸引消费者、扩大市场份额的有效保障。塑造并维护良好的企业形象也是为了更好地服务于消费者。空乘人员掌握良好的服务礼仪是民航企业树立良好企业形象的有效手段。人们对一个民航企业的认识，首先是从感受该企业为服务对象提供的服务开始的。因此从业人员良好的服务礼仪可以塑造完善一个民航企业、一个地区乃至一个国家的整体形象。

（3）有助人际沟通

空乘人员的服务礼仪在服务过程的每一个情景和细节都有具体的行为要求，以保证他们顺畅地选择合适的礼仪方式与旅客进行沟通，避免出现旅客认为空乘人员失礼的情况。空乘人员的服务礼仪一般简单易行，有助于客我双方沟通顺畅，进而使得服务工作相对轻松和简单，也会使旅客更容易因为被充分尊重而获得优越感。

（4）提高服务质量

民航服务质量通常泛指空乘人员服务工作的好坏与服务水平的高低。服务质量主要由情感性服务（服务态度）与机能性服务（服务技能）两大要素构成。情感性服务是服务人员对服务对象所做行为的总和，包括动作、表情和语言等，其质量具有很大的主观性和不确定性。在一般情况下，消费者对情感服务的重视程度，往往高于对机能性服务的期待。提高情感性服务的质量是提高服务水平和服务质量的关键之一，而情感性服务质量的水平又取决于服务人员的服务意识和礼仪修养。

（5）提升市场竞争力

随着市场经济的发展、科学技术的不断突破以及经济全球化进程的加快，民航企业的产品越来越满足不了消费者的需求，由于产品很难长期保持技术领先，市场已经从卖方市场转为买方市场。民航企业的竞争不再只是有形产品的竞争，更多的是无形服务的竞争。服务礼仪不仅能对服务人员的工作进行直接的行为指导，使服务交往容易进行，而且能帮助服务人员养成良好的服务意识，建立服务规范，提升服务质量，从而赢得服务对象的认可，有效提升企业的市场竞争力。

（6）增强社会效益和经济效益

消费者在购买产品时，不仅希望获得质优的有形产品，也希望获得满意的无形服务，这使得民航企业之间的技术竞争、价格竞争空间越来越小，而服务竞争日趋显著。民航企业已经意识到良好的服务可以给企业带来可观的经济效益。而服务礼仪的意义也绝不只局限于经济层面，而是已渗透到社会生活的方方面面，社会文明的不断进步，呼唤服务礼仪的不断完善。因此，服务礼仪不仅可以给民航企业带来更多的经济效益，而且可以使社会更和谐，世界更美好。

模块三 空乘人员仪容服饰礼仪规范

面必净、发必理、衣必整、钮必扣、头容正、肩容平、胸容宽、背容直、气象勿傲勿怠、颜色宜和宜静宜庄。

——周恩来

空乘人员的大部分工作是客舱服务，空中乘务是典型的服务行业，空乘人员美丽、端庄、大方的外表给人们留下了固定的形象特征，那么作为一名合格的空乘人员，就必须在规范仪表礼仪的基础上，形成自己的形象特征。空乘人员的专业化形象是在日常的生活中逐渐学习和养成的，很难通过几次课，就将自己培养成一名气质出众的空乘人员。学习仪表礼仪的目的就是要树立和塑造空乘人员的形象，这包括外在和内在两个方面的内容，内在的提高是指素养、素质的提高，外在的提高包括仪容仪表、语言行为等的优化。

外在形象作为内在素质的体现，是以内在素质为基础的，只有加强自身的修养，才能做到“秀外慧中”，真正树立起良好的空乘人员的形象。

一、空乘人员的仪容礼仪规范

由于空乘人员在执行航班任务时，会与乘客近距离接触，所以化妆要自然真实，要在不改变自身特点的基础上自然协调、不留痕迹，把空乘人员的本色美和修饰美完美地结合。

（一）发型

在容貌方面，发型是比较引人注意的。优雅很重要，但更重要的是整洁。空乘人员的发型应充分体现职业特点。女空乘人员长发应束起，盘于脑后，并佩戴公司统一配发的头花，以防工作时头发散乱影响工作和客舱卫生。男空乘人员的发型要求轮廓分明、修剪得体、保守整洁，因此易于在短时间内整理好且不容易乱的发型为最理想的发型，男空乘人员工作前要剃净胡须、修剪鼻毛，不允许有小胡子和络腮胡子。一个充分显示气质、与制服搭配协调的发型，可以使人看上去更舒服。如图 3-3-1 和图 3-3-2 所示。

正常情况下两三天洗一次头发，油性头发或夏季时应每天清洗。

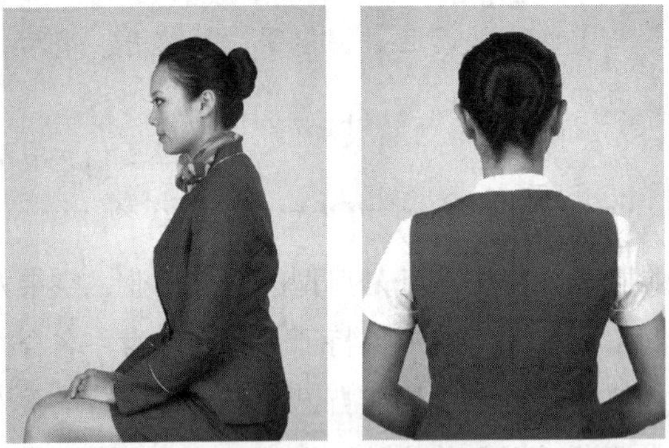

图 3-3-1　长发挽成发髻

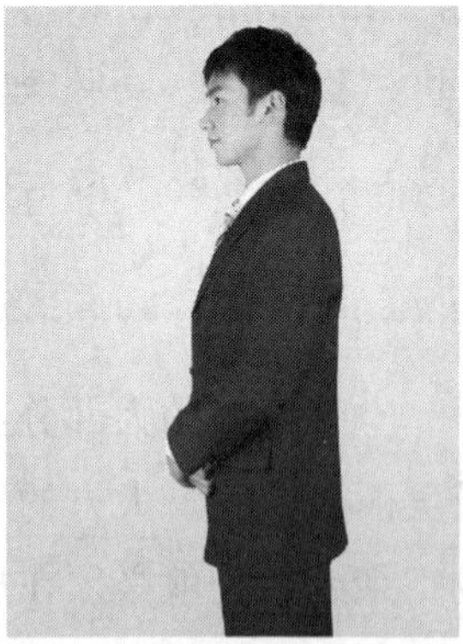

图 3-3-2　发型应与制服协调

为了使头发保持柔软、易梳，应经常使用护发素；若头发发质干燥，可焗油。

刘海儿不要过长。过长的刘海儿会挡住眼睛，乘客看不到你的眼睛会感到不安。同时，也会影响个人的仪容。

（二）皮肤护理

美容都是从护肤开始的。由于空乘人员工作时间不固定，所以充足的睡眠和合理的饮食显得尤为重要，它可以使人保持良好的精神状态和健康，展现给乘客干净、整洁、自信的职业形象。

1. 皮肤护理注意事项

①经常长时间的高空飞行易使皮肤失水。除了要补充大量的水分以外，还要选用一些合适的润肤用品。

②每天坚持有规律地、彻底地清洗皮肤，以使皮肤免受污物、化妆品的侵害。

③使用清凉剂（诸如矿泉水等），可以在不破坏化妆的情况下清洗皮肤。

④浴后应涂抹润肤品以防皮肤干燥。

⑤皮肤若出现小毛病，可使用遮盖霜；若问题较严重，应请教医生。

⑥注意脸部的油脂，特别是“T”区内，要定时用吸油面纸把油脂揩干。

2. 皮肤护理要根据自己的肤质进行

根据皮肤的不同形态，肤质大致可分为以下五种类型：

（1）干性皮肤

干性皮肤应选择略含酸性的洁肤产品和油性、滋润型的护肤产品；否则就会造成皮肤更干燥、无光泽、失去弹性。

（2）中性皮肤

中性皮肤春夏季会油一些，秋冬季会偏干一些，应随着季节的变化选择温和性的护肤产品，并配合以良好的生活习惯和规律的作息时间；否则皮肤就会变得干或者油。

（3）油性皮肤

油性皮肤肌纹粗、毛孔大，应选择略含碱性的洁肤品和水性的护肤品；否则皮肤就会容易生粉刺和痘痘。

（4）混合皮肤

混合皮肤“T”区比较油，护理时应在不同性质区域中配合相应的护肤品；否则“T”区容易长粉刺，眼周和脸颊容易干。

（5）敏感皮肤

敏感皮肤不能频繁地更换护肤品，不宜使用果酸类或者没有添加防过敏剂的天然护肤品，要注意防晒，平时饮食少食辛辣；否则会出现红肿、瘙痒的症状，过敏情况严重时应及时就医。

（三）妆容

空乘人员一方面要突出面部最美的部位，使面部显得更加美丽动人；另一方面要掩盖或矫正缺陷或不足的部位。故空乘人员在化妆前就应该对自己进行认真分析，包括脸型、皮肤特点、五官、头发、身材比例、性格和气质等，使本色美在修饰美的映衬下显得更为突出。

化妆以能在短时间内完成、利用自然美且能与制服相称为最好。空乘人员大多为年轻人，应在如何利用自己青春美的方面多下功夫。浓重的眼影和眼线、刺鼻的香水，都是与工作要求不相符合的。与制服相配、清洁、健康的妆容更能得到乘客的好感。

化妆的重点是创造自然、生动、高雅的气质。美好的妆容是留给乘客良好印象的第一步。团队整体化妆格调统一也尤为重要。例如，空乘人员在化职业妆时，要注意团队的协调统一，不应过分强调个人的特点。

（1）底妆选择

使用与自己肤色、制服颜色相协调的颜色。最好使用无光泽的粉底霜。最好用湿海绵上妆，以使化妆匀称。

粉底要有立体感。在脸部凸出的部位用浅颜色的粉底，凹下去的部位用深颜色的粉底，上粉时注意两个部位要衔接自然，这样整张脸看起来才能立体，具有较好的轮廓。需要提醒的是，上粉时颈部不要漏掉了。如图 3-3-3 所示。

（2）眼部化妆

因为亚洲人的眼睑比较松弛，所以眼部化妆时不要用粉色或冷色，选用深色比较好。作为空乘人员，眼部的化妆应紧密结合自己所在航空公司的服装色调，要深浅均匀、干净，不要用烟熏等流行的画法，显得不庄重。

刷睫毛膏时可以把镜子平放在桌子上，眼睛自然地向下看镜子，睫毛膏就很容易均匀了，刷时要注意从根部开始。刷完后再用烫睫毛工具烫一下睫毛，这样不仅睫毛膏不容易脱落，睫毛也会蜷曲的时间更长。如图 3–3–4 所示。

图 3–3–3　底妆

图 3–3–4　眼妆

眼部化妆不要忘记画眉。先用眉笔顺着眉毛描画，然后再用眉刷定型。不要把眉毛修得过细、过弯，太纤细的眉毛使人看起来没有亲和力。

（3）脸颊化妆（刷腮红）

腮红可以增加皮肤的色调以及色彩的层次性，增强脸部的生动感和立体感，能让人显得精神焕发。空乘人员要选择与自己肤色及粉底霜相协调的腮红颜色。如果腮红化得不得当，就不能掩盖自身面部缺陷，从而破坏整体的妆容，显得面部不干净、不协调。

皮肤白的人一般选用粉色比较好；肤色较深的人一般选用桃红或珊瑚色。

腮红的颜色一般应与唇膏的色彩相协调，颜色选择同一色系。

若想使腮红保留持久，可使用膏状腮红，然后轻拍一层粉，再上一层粉状腮红。这样，即使粉状腮红掉妆，面颊上还会留有颜色。腮红要用腮红刷斜着从颧骨最高处轻轻扫过，可以对着镜子微笑，脸腮凸起的部位就是刷腮红的地方。如图 3–3–5 所示。

图 3–3–5　刷腮红

（4）唇妆

可使用无色或液体唇膏以保持唇部湿润，并使唇膏颜色更加持久。

先用唇线笔画唇线，再上唇膏。选用唇膏的颜色要与制服颜色相协调。如图 3-3-6 所示。

由于工作时间长，脸上可能会因油脂和出汗而破坏妆容，所以补妆是很重要的步骤。补妆时用化妆纸擦去脸上的汗水，再用吸油纸吸去脸上的油脂，扑上粉底后，补上口红，最后再刷上淡淡的腮红即可。

图 3-3-6　唇妆

空乘人员的眼部、腮红和唇妆都要做好与服饰的完美统一，彰显空乘人员细致、严谨的职业装扮，否则会影响乘客心中空乘人员高雅的职业形象。

（四）手部

空乘人员要经常用手为乘客服务，因此，手和指甲要保持清洁、卫生。如图 3-3-7 所示。

图 3-3-7　保持手部清洁、卫生

洗手后，要用护手霜或护手液保护手部皮肤。假若吸烟，要除掉手上的尼古丁痕迹。

要经常护理指甲（剪、修、洗、染）。指甲的长度要适度，以防断裂，从手心看，以长过指尖 1 毫米为宜。指甲油的颜色要与化妆品和制服的颜色搭配协调。不使用假指甲。

（五）仪容修饰的注意事项

空乘人员应养成定期检查自己仪容是否整洁规范的习惯，并要注意以下几个方面：

1. 不当众梳理头发

空乘人员应注意在公共场合不要当众梳理头发、修剪指甲和化妆，以及清理自己的牙齿、眼睛、耳朵等，最好是使用面巾纸擦汗，纸巾使用后不可乱丢。

2. 不当众整理仪容仪表

空乘人员在公共场合忌穿脱随意，如当众松腰带、拉裤腿、脱鞋等。

3. 避免身体发出异响或散发异味

公共场合忍不住打喷嚏或咳嗽时，空乘人员应转头避人，使用纸巾或者曲臂遮挡口鼻。打哈欠时，应用手遮挡自己的嘴巴，以免将自己不太雅观的一面呈现给他人。

二、空乘人员的服饰礼仪规范

（一）制服规范

服装是视觉工具，你能用它达到你的目的，你的整体展示——服装、身体、面部、态度为你打开凯旋、胜利之门，你的出现向世界传递你的权威、可信度、被喜爱程度。

——罗伯特·庞德（英国形象设计师）

职业装又称公务装，即传递品牌信息给公众，为目标消费群提供服务的服装。有关专家和学者在对职业装定义时指出，职业装早已走出“工作服”阶段，符合行业要求，突出职业形象，显示职业特点，时尚流动，满足功能性已经成为现阶段职业装定义的新内涵。职业装因其具有的特殊行业特征和服务特征，已经成为一个品牌、一个企业、一个城市，乃至一个国家的文化和形象的代表。

空乘人员的制服是指航空公司统一制作配发的工作服，是一种职业标志，分为男女式春秋装、夏装和冬装。穿上合体的制服，不仅是对乘客的尊重，而且便于乘客辨认，同时也能使空乘人员有一种职业自豪感、责任感、可信度，是敬业、乐业在服饰上的具体体现。因此，在穿着制服的时候，要特别注意自己的仪容仪表，使自己的形象、举止符合制服应表现出的形象。如图 3-3-8 所示。

图 3-3-8　制服的穿着

各航空公司都有自己的制服，力求通过空乘人员统一的着装来展示本国、本行业的文化。因此，各航空公司都在空乘制服上不断创新，以追求自己独特的风格。在“2007 中国国际时装周”上，中国国际航空股份有限公司“国韵”公务装系列亮相，象征中国精神的“中国红”和“中国蓝”两套空乘制服，掀起了中国时尚界公务装的旋风。

1. 女乘务员的制服及职业着装规范

（1）女乘务员的制服组成

春秋装：制服外套、风衣、马甲、长袖衬衣、裙子、长筒丝袜、工作皮鞋、帽子、丝巾。

夏装：短袖衬衣、马甲、夏裙、长筒丝袜、工作皮鞋。

冬装：冬装大衣（羽绒服）、制服外套、马甲、长袖衬衣、裤装（裙装）、冬装围巾、帽子、短丝袜、工作皮鞋（皮靴）。

备注：主任乘务长 / 乘务长和乘务员着不同颜色制服外套。

（2）女乘务员的职业着装规范

图 3-3-9　空乘人员规范着装

制服外套：保持干净整洁、熨烫挺阔，穿着制服外套时必须系好纽扣，不得佩戴装饰性物件。如图 3-3-9 所示。

风衣：春秋两季时穿在制服套装外，着风衣时必须扣好所有纽扣，系好腰带。

马甲：尺寸适中，保持干净平整，穿着时必须系好所有纽扣，马甲上必须佩戴名牌。

衬衣：应清洗干净，熨烫平整；穿着时应系好所有的纽扣，长袖衬衣领口、袖口扣子必须扣好，不允许挽起袖子，衬衣下摆系在裙服腰内。

大衣：冬季穿在制服套装外，着大衣时必须佩戴冬装围巾，不着大衣时必须佩戴丝巾，着大衣时必须扣好纽扣；在客舱门区迎送旅客时可穿大衣，在客舱服务时不允许穿着。

裤装：在执行冬季航班时需着裤装，着裤装时，上装必须着同色制服外衣和同色马甲；裤子应熨烫平整，保持干净、挺阔；裤子口袋内不得放置太多的零散物品。

（3）女乘务员制服的基本配饰及要求

帽子：帽子与制服套装配套，着春、秋、冬装制服、风衣、大衣及迎送客时必须佩戴帽子；着马甲时可不戴帽子。佩戴帽子时帽徽端正，正对鼻梁、帽檐不遮眉，在眉上方 1~2 指位。

丝巾：着航空公司统一发放的丝巾。着春、秋、冬装时必须按照航空公司指定的方式佩戴丝巾；起飞前和落地后佩戴丝巾，飞行过程中可不佩戴；要时刻保持丝巾颜色鲜艳、干净整洁、熨烫平整；如有褪色，及时更换丝巾。

名牌（服务牌）：佩戴统一发放的有航徽、乘务员中文和英文拼写姓名的名牌；必须佩戴刻有自己名字的名牌，名牌必须字迹清晰、无破损；名牌佩戴于左胸上侧，距肩线 15 厘米居中；穿马甲时名牌佩戴在胸前左侧口袋上沿儿中间处；穿围裙时，名牌佩戴在胸前左侧裙带与裙身交接的地方。

工作鞋：着工装时应穿统一发放的工作皮鞋；工作皮鞋应保持干净光亮、无破损；工作皮鞋鞋跟的高度为 3~5 厘米，鞋跟儿粗细适宜；通过候机楼大厅直到飞机起飞前穿高跟工作皮鞋，飞机平飞后应统一更换平跟鞋，下降安全检查前统一更换高跟工作皮鞋。如图 3-3-10 所示。

长筒丝袜：穿裙子时必须穿长筒袜；统一穿航空公司发放的长筒丝袜，确保无破损、无抽丝破洞现象；不要穿只到膝盖的长筒袜，以免下滑。如图 3-3-11 所示。

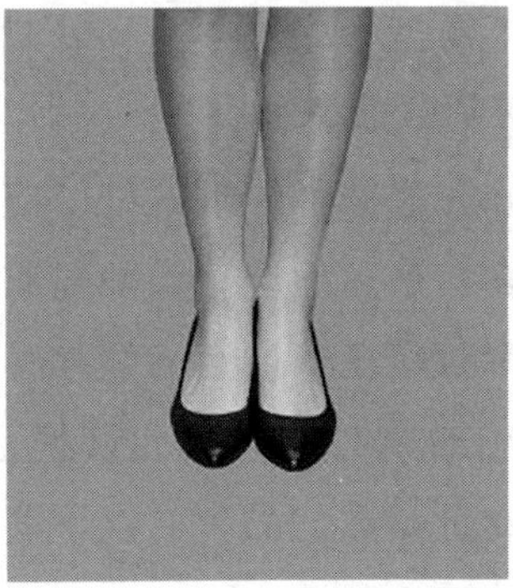

图 3-3-10　工作鞋

图 3-3-11　穿裙子时必须穿长筒袜

头花发饰：根据不同制服套装颜色佩戴配套的头花。比如中国南方航空公司着天青蓝色制服佩戴蓝色头花，着芙蓉红色制服佩戴黑色头花。佩戴的头花必须是航空公司统一发放的，发网必须是黑色，盘发髻时要求使用隐形发网；如需佩戴发卡，必须为黑色，发卡上不得有任何装饰物，佩戴发卡的总数量不得超过 4 枚。

围裙：保持干净整洁、无褶皱，空中供餐饮时佩穿。

登机牌：登机牌上的姓名信息不能随意涂改或删除，登机牌统一使用航空公司配发的带有航空公司标识的塑料卡袋；穿制服时，登机牌挂在衣领外部，穿大衣时挂在大衣领子外侧；登机牌正面朝外自然下垂，上机后摘掉。

2. 男乘务员的制服及职业着装规范

（1）男乘务员的制服组成

春秋装：风衣、制服外套、马甲、长袖衬衣、领带、裤子、帽子、袜子、工作皮鞋。

夏装：短袖衬衣、领带、肩章、裤子、帽子袜子、工作皮鞋。

冬装：大衣、外套、马甲（毛衣）、长袖衬衣、裤子、帽子、袜子、工作皮鞋（皮靴）。

（2）男乘务员的职业着装规范

风衣、大衣：穿戴时必须系好纽扣，如图 3-3-12 所示。

图 3-3-12　制服的扣子应扣上

制服外套：保持干净整洁，穿着制服外套时必须系好纽扣，不得佩戴装饰性物件。

马甲：春、秋、冬季提供餐饮服务时要求穿马甲，尺寸适中，保持干净平整，穿着时必须系好纽扣，马甲上必须佩戴名牌。

衬衣：衬衣分为长袖和短袖两种，应清洗干净，熨烫平整。春、秋、冬季穿长袖衬衣，夏季穿短袖衬衣，穿着时应系好所有的纽扣；长袖衬衣领口、袖口扣子必须扣好，不允许挽起袖子，衬衣口袋内不得放置零散物品，衬衣下摆系在裤腰内。

裤子：裤子应熨烫平整，保持干净挺阔，没有污迹破损，长短应适中，不可挽裤脚，裤子口袋内不得放置太多的零散物品。

（3）男乘务员制服的基本配饰及要求

帽子：穿着制服、风衣、大衣时必须戴帽子；帽徽端正，帽檐不遮眉；在客舱工作期间无须戴帽子。

名牌（服务牌）：佩戴统一发放的有航徽、乘务员中文和英文拼写姓名的名牌，必须佩戴刻有自己名字的名牌，名牌必须字迹清晰、无破损；佩戴于外衣、马甲、制服衬衣左胸部上衣口袋上方处，名牌下端与兜盖儿上端平齐放置于中间位置。如图 3-3-13 所示。

图 3-3-13　应佩戴空乘人员名牌

领带：执行航班任务时，应系好领带，领带应保持干净平整；佩戴领带时，衬衫领口应系好；挺胸站立时领带的尖端必须与皮带扣中间平齐；领带的长度要适宜，穿马甲时必须将领带放在马甲里。

肩章：必须保持肩章的干净整洁；执行航班任务时男乘务员佩戴一杠条纹肩章，担任主任乘务长、乘务长须佩戴双杠条纹肩章。

工作皮鞋：执行航班任务时应着统一发放的工作皮鞋，工作皮鞋应保持干净光亮、无破损、无异味。

袜子：统一穿航空公司发放的单一深色系袜子，无破损、无异味，不得有抽丝破洞现象；执行航班任务时应有备份袜子。

图 3-3-14　空乘人员登机牌

登机牌：登机牌上的姓名信息不能随意涂改或删除，登机牌统一使用航空公司配发的带有航空公司标识的带挂绳卡套；穿制服时，登机牌挂在衣领外部，穿大衣时挂在大衣领子外侧；登机牌正面朝外自然下垂，上机后摘掉。如图 3-3-14 所示。

3. 空乘人员着装注意事项

（1）无论在何时何地，都要自觉维护制服的尊严，自律自己的行为。航空公司发的制服应在飞行中或其他一些特殊情况时穿着。制服是经过特殊设计的，不允许以任何方式进行修改。由于体重增加或减少，需要进行修改的，应把制服送到裁缝那里修改。

（2）航班结束后，应干洗制服，保持制服干净如初不要出现褶皱。不要水洗制服，以防褪色看起来陈旧。围裙不得有污迹，皮鞋要保持光亮。

（3）每次航班前，制服应熨烫平整、无皱痕，衬衣应束于裙装或西裤内，始终保持制服干净整洁、挺阔、无异味、无污迹，袜子没有破损。

（4）制服的拉链、扣子必须拉上、扣好，并保证衣扣、拉链完好无缺损。

（5）冬夏装不可混搭，按规定着装，不可把个人衣服和职业装混搭或替代制服。

（6）不能穿着制服出席与航空无关的场合或其他公共场合。

（7）不能借制服之便搞欺诈行为。

（8）一般情况下，在候机楼，女性空乘人员不能穿裙子奔跑。

如果是去寒冷的国家，应随身携带冬装；不穿时，叠整齐放好。

在任何时候都要保持制服的整洁、干净。另外，鞋子也应保持光亮，无破损。

（二）装饰品

制服本身是一种不需要装饰用品的朴素的服装。因此在使用饰品时须谨慎。空乘人员佩戴的饰物应式样保守简单，不影响工作。

穿制服时不适合佩戴镶宝石的装饰品，如手镯、悬垂物、胸针、踝饰等。按照规定不能戴两个以上的戒指。另外，只允许戴耳钉，不允许戴有耳坠的耳环。如图 3-3-15 所示。

图 3-3-15　穿着制服慎用装饰品

三、空乘人员个人卫生的礼仪规范

空乘人员须养成良好的个人卫生习惯，做到勤洗澡、勤理发、勤修剪指甲、勤剃胡须、勤刷牙、勤换衣服；在乘客面前应注意做到不剔牙、不抠鼻孔、不挖耳朵、不揉眼睛、不抓头皮；在乘客面前咳嗽或者打喷嚏应转身背向乘客或用手帕遮住；不面向乘客打哈欠、伸懒腰；执行任务前不喝酒、不吃有异味的食品，应保持口腔清新无异味、牙齿清洁美观无异物。

可使用防汗液防止身体有异味。

每日至少刷两次牙齿。白天和在飞机上使用漱口液，保持口腔卫生。定期洗牙。

使用清爽怡人香型的香水，不用味道浓烈的香水。

每日换洗内衣，以防身体有异味。

模块四　空乘人员体态礼仪规范

一、身体语言的礼仪规范

（一）表情礼仪规范

一个人脸上的表情比他身上穿的更重要。

——戴尔·卡耐基

1. 目光语礼仪规范

眼睛如同我们的舌头一样能表达，只是它的优势不需要任何词典，就能完全被世界理解。

——爱默生

一旦学会了眼睛的语言，表情的变化将是无限的。

——泰戈尔

图 3-4-1　目光语

目光语又称眼神，是面部表情的核心，指的是人们在注视时，眼部所进行的一系列活动以及所呈现的神态。人的眼神能表达他的思想感情和对人及事物的倾向性，而且人们普遍对目光语具有一定的解读能力。如图 3-4-1 所示。

目光语表情内涵丰富，使用领域广泛，空乘人员在服务时应与乘客有目光的交流，目光应该是自然、热情、礼貌、友善和诚恳的，不要盯视、斜视、窥视、上下扫视。迎客时，空乘人员的目光应关注每一位乘客，真诚表示欢迎，不要仅仅关注乘客手中的登机牌；巡视客舱时，空乘人员的目光应温柔谦和，与乘客目光相遇时，要亲切微笑、点头致意，不要躲闪；与乘客交流时，尽量使目光保持低姿位，平视乘客或低于乘客的眼睛；将目光保持在乘客的额头和两眼之间，更能表达一份诚意。

注视、环视、虚视是常用的几种目光语，我们应该很好地利用它们来调节交际现场气氛。

（1）运用注视，表达你对乘客的尊敬和关注。

在工作中，常通过目光的正视——平视和注视结合的方式来表达尊重。正视会使人感到你的自信和坦率。视线停留在对方双肩和头顶所构成的一个正方形的区域内，以示态度的真诚。

值得注意的是，除关系十分亲近的人外，一般连续注视对方的时间应在 1~2 秒钟内。美国人习惯只用 1 秒钟，而中东一些地区以相互凝视为正常的交往方式。在许多文化背景中，长时间地注视对方都是失礼的行为，被认为是对对方占有空间或势力范围的侵犯，这往往会使对方把目光移开，以示退让，造成心理上的不舒坦，从而影响交际效果。

（2）运用环视，表现你对每一个乘客的一视同仁和同等重视。

环视是一种频繁而固定地缓慢扫视听众的目光运用方法。环视能够使每一个接受者感到本身没有被忽视，这就在一定程度上满足了他的交际需要。

（3）运用虚视，减轻心理压力，展现自己的勤勉和机敏。

虚视是一种似视非视的目光透射技巧，常穿插在注视和环视间，既可削弱注视可能带来的呆板感，又有助于调整环视可能带来的飘忽感。同时通过这种目光语的变化给别人留下勤勉、机敏的印象。虚视也常用来平复紧张心理，减轻心理压力。

如果注视是“点”，环视是“线”，那么虚视就是“面”。要注意虚视并不是茫然若失、游移不定。

2. 首语礼仪规范

首语是通过头部活动来传递信息的，包括点头语和摇头语。一般来说，点头表示首肯，也可以表示致意、理解、顺从等意义；摇头则表示否定，还可以表示对抗、高傲的意思。空乘人员在服务中应当经常运用点头语，以表达致意、理解、顺从之意。

3. 微笑语礼仪规范

微笑语是在体态语中运用最广、最具魅力的一种形式。微笑语是通过不出声的笑来传递信息的。微笑语在人类各种文化中的含义是基本相同的，能超越文化而传播，是名副其实的“世界语”。美国喜剧演员博格说：“笑是两个人之间的最短距离。”美国沟通学家卡耐基的“被人喜爱的六个秘诀”之一就是“用微笑对待他人”。

微笑作为一种表情，能够传达亲切温馨的情感、有效地缩短双方的心理距离、增强人际吸引力。因而在服务行业，微笑服务尤其受到推崇。在空乘服务中，微笑是最富有吸引力、最有价值的体态语。微笑能强化有声语言沟通的功能，增强交际效果；微笑还能与其他体态语相结合，代替有声语言的沟通。因此在民航服务中，空乘人员微笑面对乘客，不仅是空乘人员外在形象的表现，也是其内在精神的反映；不仅是一种职业操守，也是一种工作态度的基本表现。

微笑语的礼仪规范：微笑是仅限于脸部肌肉运动的收敛的笑，由从嘴角往上牵动颧骨肌和环绕眼睛的括纹肌的运动所组成，并且左右脸是对称的。一般微笑是嘴角挂着一丝笑容的状态，基本做法是面部肌肉放松，两边嘴角向上略微提起，不露齿，不出声。如图 3-4-2 所示。

图 3-4-2 微笑语

案例

十二次微笑

飞机起飞前，一位乘客请空姐给他倒一杯水吃药。空姐很有礼貌地说："先生，为了您的安全，请稍等片刻，等飞机进入平衡飞行后，我会立刻把水给您送过来，好吗？"

15 分钟后，飞机早已处于平衡飞行状态。突然，乘客服务铃急促地响了起来。这位空姐猛然意识到：糟了，由于太忙，她忘记给那位乘客倒水了。空姐来到客舱，看见按响服务铃的果然是刚才那位乘客。她小心翼翼地把水送到那位乘客面前，微笑着说："先生，实在对不起，由于我的疏忽，延误了您吃药的时间，我感到非常抱歉。"这位乘客抬起左手，指着手表说道："怎么回事，有你这样服务的吗？你看看，都过了多久了？"空姐手里端着水，心里感到很委屈，但是，无论她怎么解释，这位挑剔的乘客都不肯原谅她的疏忽。接下来的飞行途中，为了弥补自己的过失，每次去客舱给乘客服务时，这位空姐都会特意走到那位乘客面前，面带微笑地询问他是否需要什么帮助，然而，那位乘客余怒未消，摆出不合作的样子，并不理会。

临到目的地前，那位乘客要求空姐把留言本给他送过去，很显然，他要投诉这名空姐。此时空姐心里很委屈，但是仍然不失职业道德，面带微笑非常有礼貌地说道："先生，请允许我再次向您表示真诚的歉意，无论您提出什么意见，我都会欣然接受您的批评！"那位乘客脸色一紧，准备说什么，可是没有开口，他接过留言本，开始在本子上写了起来。等到飞机安全降落，所有的乘客陆续离开后，这位空姐打开留言本，却惊奇地发现，那位乘客在本子上写下的并不是投诉信，相反，是一封热情洋溢的表扬信。

是什么使得这位挑剔的乘客最终放弃了投诉呢？在信中，空姐读到这样一句话："在整个过程中，你表现出的真诚的歉意，特别是你的十二次微笑深深打动了我，使我最终决定将投诉信写成表扬信！你的服务质量很高，下次如果有机会，我还将乘坐你们这趟航班。"

实训：恰当运用目光、首语和微笑礼仪	**实训总结**
目标：掌握航空服务中目光礼仪、首语、微笑的基本要领，使用正确的眼神、首语、微笑，纠正不良目光语，养成自然微笑的习惯。	
训练情境：分组练习，每组5~6人，模拟空乘人员迎送客。每位"乘客"都表现出其特殊之处，以吸引迎客的空乘人员，与之有所目光、微笑交流。"空乘人员"练习运用目光、首语和微笑的礼仪迎接和欢送每一位乘客。	
纠错：目光语运用错误时就会出现目光不集中、无神、眼神乱飘，表现得对乘客不尊重；微笑运用不得当就会显得呆板，失去空乘人员应有的亲和力，表现得注意力不集中。	

（二）站姿礼仪规范

站立是空乘人员工作中的基本功之一。空乘人员的站立姿势应当保持头正、肩平、臂垂、躯挺、腿并。

具体的规范是：两眼平视前方，嘴微闭，收颔梗颈，表情自然，稍带微笑；两肩平正，微微放松，稍向后下沉。

1. 常用站姿手位

（1）两臂自然下垂，中指对准裤缝。如图 3-4-3 所示。

（2）两手交叉叠握于腹前（右上左下）。如图 3-4-4 所示。

图 3-4-3　站姿手位（1）

图 3-4-4　站姿手位（2）

（3）一手放于体前一手放于体侧或体后。如图 3-4-5 所示。

图 3-4-5　站姿手位（3）

（4）两手叠放于体后。如图 3-4-6 所示。

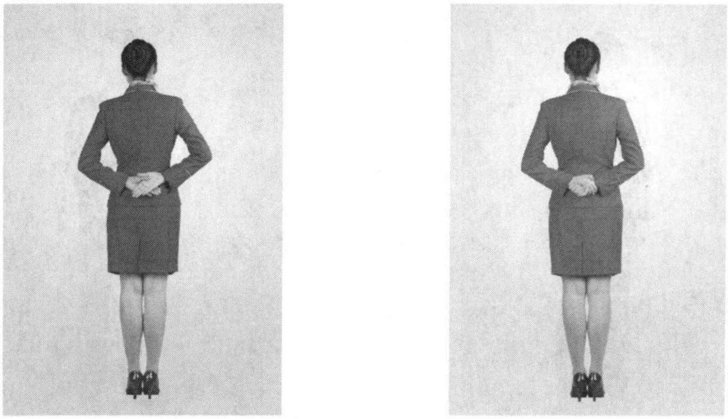

图 3-4-6　站姿手位（4）

2. 常用站姿步位

（1）V 字步。双脚呈 V 字形 45~60 度站立，即膝和脚后跟要靠紧，两脚张开的距离约为两拳。如图 3-4-7 所示。

（2）丁字步。双脚呈丁字形站立，分左、右丁字步。如图 3-4-8 所示。

（3）平行式。男士站立时，可并拢，也可双脚叉开，叉开时，双脚与肩同宽，通常男士采用后种姿势，两臂自然下垂或右手握住左手腕部。如图 3-4-9 所示。

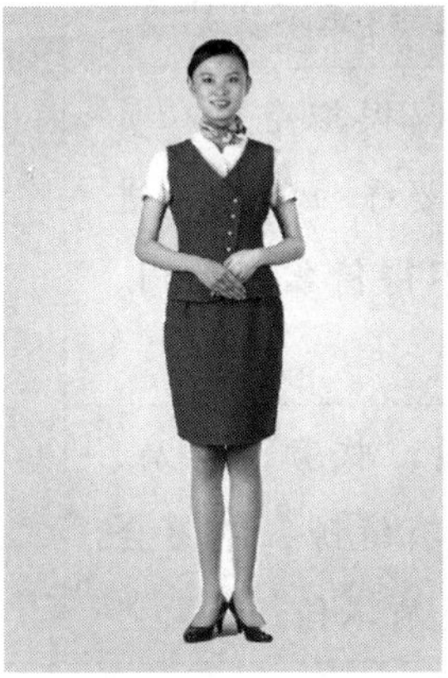

图 3-4-7　V 字步

图 3-4-8　丁字步

图 3-4-9　平行式步位

（4）前屈膝式。女士站立时可把重心放在一脚上，另一脚置于重心脚前，膝略屈并稍内扣，多用于长时间站立时。

3. 站姿注意事项

站立时禁止歪头、含胸驼背、耸肩勾背、东倒西歪、探脖塌腰，避免一肩高一肩低、不能抖腿，禁止双手插兜、双手交叉抱在胸前、托腮等。

实训：站姿	**实训总结**
目标：掌握客舱服务中站姿的基本要领，纠正不良站姿。	
训练情境：分组练习，每组 5~6 个人，模拟空乘人员迎客及客舱服务时的情景，运用不同的站姿手位和步位进行训练。“空乘人员”应面带微笑，身体不得倚靠在舱门、舱位隔板或者座椅靠背上。	
纠错：站立时要求抬头、挺胸、收腹、收颚、沉肩、立腰，上身不要弓背，两腿之间尽量不要有缝隙，不然会显得空乘人员工作随意，精神状态、形象气质不佳。	

（三）行姿礼仪规范

行姿，即行走的姿势。行姿往往可以显示出空乘人员的身体状况、精神风貌和性格。行走时，步态应该自然轻松，目视前方，身体挺直，双肩自然下垂，两臂摆动协调，膝关节与脚尖正对前进方向。行走的步子大小适中，自然稳健，节奏适度。

空乘人员行姿具体规范是：头正、目视前方、表情自然；肩平、臂摆小幅度（30~40 度）、手自然弯曲；挺胸收腹、重心前倾；走直线、脚跟先着地；步幅适度，以一脚长度为宜；步速平稳，勿忽快忽慢。

行姿礼仪规范

按照行走的方向，行姿可分为以下几种：

（1）前行式行姿

空乘人员巡视客舱或为乘客提供服务时使用。例如，检查行李架是否关闭；乘客是否正确地系好安全带；观察乘客是否需要服务时等。行走时应注意步幅要小，步速慢且稳，目光自然巡视两旁 3~5 排的乘客。如图 3-4-10 所示。

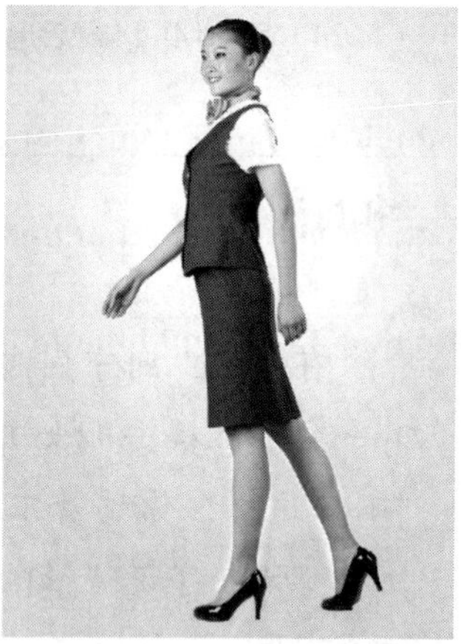

图 3-4-10　前行式走姿

（2）后退式行姿

与他人告别时，应先后退两三步，再转身离去。在客舱服务中这种行姿常常出现。空乘人员在巡视客舱时，可以使用前行式行姿，也可以使用后退式行姿。后退行走时应注意速度缓慢，步幅减小，同时用余光观察周围的人与事物，以免发生碰撞。使用餐车全车服务时，其中一名空乘人员使用后退式行姿，这时要边走、边停、边服务。如图 3-4-11 所示。

（3）侧行式走姿

引导他人前行或在较窄的地方与他人相遇时，要采用侧行式走姿。在客舱内迎面遇到乘客时，应主动停下来，并向左转身，以身体面向乘客，留出更多的空间让乘客先行通过。如图 3-4-12 所示。两名空乘人员在过道交错时，应遵循“左侧通行”的原则，将身体左侧的空间留给对方，两人同时向右侧转身，背对背面向乘客通过。

图 3–4–11　后退式走姿

图 3–4–12　侧行式走姿

礼仪小故事

列宁给女工让路

有一次，列宁同志下楼，在楼梯狭窄的过道上，正碰见一个女工端着一盆水上楼。那女工一看是列宁，就要退回去给让路。列宁阻止她说：“不必这样，你端着东西已走了半截，而我现在空手，请你先过去吧！”他把“请”字说得很响亮，很亲切。然后自己紧靠着墙，让女工上楼了，他才下楼。

行姿注意事项：

（1）胯部自然摆动，女士注意摆动幅度不能太大；

（2）重心避免上下窜动；

（3）避免内、外八字脚；

（4）上身挺直、双肩应平稳不能晃动；

（5）脖子不要前伸；

（6）全身忌松垮。

实训：行姿	实训总结
目标：掌握客舱服务中行姿的基本要领和特殊环境场合下的行姿，纠正不良行姿。	
训练情境：分组练习，每组 5~6 个人，模拟空乘人员客舱安全检查、空中送餐和夜间客舱巡视服务时的情景。客舱安全检查行走时采用前行式行姿，步幅要慢而小；客舱服务中，例如发放餐食与旅客道别时采用后退式行姿，步幅要慢而轻；客舱内空乘人员相遇或与乘客相遇时采用侧行式行姿，并进行左侧通行的训练。	
纠错：客舱服务行走时要遵循步幅慢、小、轻的原则；未发生紧急情况，不允许在客舱内跑动，以免惊吓到乘客。	

（四）坐姿礼仪规范

坐姿要求“坐如钟”，指人在坐姿时上身要像座钟一样端直。优美的坐姿让人觉得舒适、美观大方，它不仅表现为体态美，还体现为行为美。无论入座、端坐和起座，都要注意姿态美。

知识窗

席地而坐

我们的祖先，最早的时候是穴居，然后是造浅穴式的房屋。早期生产力有限，房子造得不大，活动空间极小，并没有桌椅、板凳这些生活用品，至于起居，全是在席地而为。为了防止生病和潮湿，人们收集来大量的树叶，有能力一点就用兽皮铺在地上。再后来，人们发明了席子，便将草席铺在地上，所谓“席地而坐”就是这样来的。当年管宁、华歆同席而坐苦读诗书，有显贵的车驾经过门口，华歆便跑出去看热闹，管宁于是与他割席，并道“子非吾友也”。现代汉语中也有很多这样的例子，如“出席”“主席”等，都是据此引申而来。

空乘人员坐姿具体规范是：就座时，从座位左侧，缓慢而文雅、轻松而自然、毫无声息地着椅，以背部接近座椅，并坐在椅子的3/4处。因为，如果将整个臀部塞满椅子，甚至把双手靠在脑后，是一种对对方不够尊重的表示，显得傲慢无礼。而仅坐在椅子的一角，则是自卑胆小、拘谨害怕的反映。男士就座时，上身挺直，稍向前倾。双腿平稳放好，双脚叉开，与肩同宽，双臂自然放松，或放在沙发扶手处，或置双膝之上，以显示男士沉稳、成熟的阳刚之气。女士就座时，双腿不宜叉开，同时，应将双手自然交叉或相叠于身前，以表现女性轻盈秀气的阴柔之美。坐定后，身体重心垂直向下，腰部挺起，上体保持正直，头部保持平稳，两眼平视，下颌微收，双手自然地放在大腿或者座椅的扶手上。男士落座后膝盖可分开，但不可超过肩宽。

坐姿礼仪规范

离座时，应先以语言或动作向周围的人示意，收腹提气，靠腿部支撑站起，全身站稳后再迈步。地位不同时，要尊者先行；地位相同时，可以同时离座。

1. 常用女士坐姿

常用女士坐姿

（1）标准式。轻缓地走到座位前。如果是从椅子的后面靠近椅子的，应从椅子的左边走到座位前。背向椅子，右脚稍向后撤，使腿贴到椅子边；两膝并拢同时上体前倾向下落座。如果穿的是裙装，在落座时要用双手在后边从上往下把裙子拢一下，以防止出皱褶或因裙子打褶坐定后使腿部裸露过多。如图 3-4-13 所示。

坐下后，上体挺直，两肩平正，两臂自然弯曲，两手交叉叠放在两腿中部，并靠近小腹。两膝并拢，小腿垂直于地面，双脚并拢，亦可保持小丁字步。

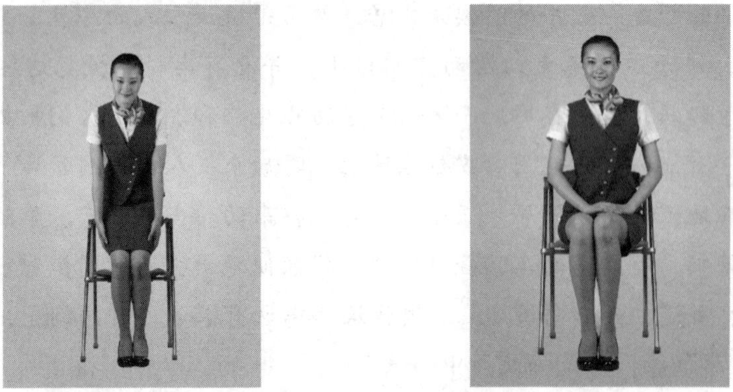

图 3-4-13　女士标准式坐姿

（2）前伸式。在标准坐姿的基础上，两小腿向前伸出一脚的距离，脚尖不要翘起。如图 3-4-14 所示。

（3）前交叉式。在前伸式坐姿的基础上，右脚后缩，与左脚交叉，两踝关节重叠，两脚尖着地。如图 3-4-15 所示。

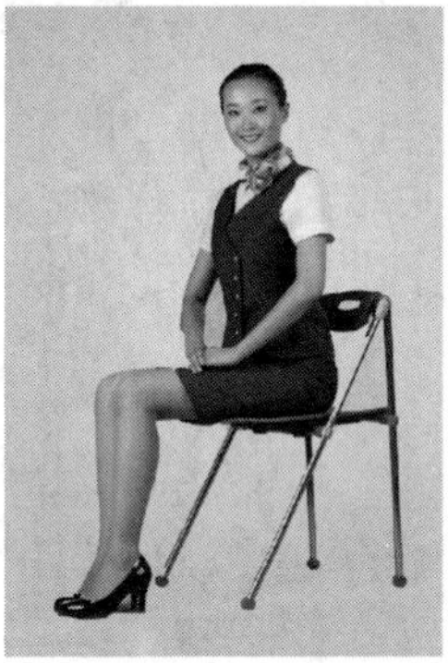

图 3-4-14　女士前伸式坐姿

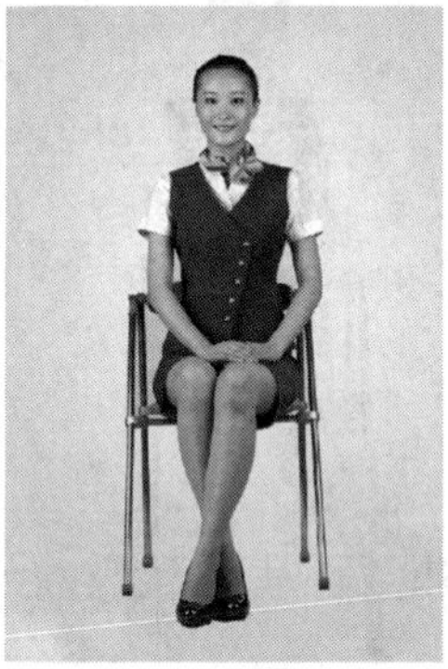

图 3-4-15　女士前交叉式坐姿

（4）屈直式。左脚前伸，右小腿屈回，大腿靠紧，两脚前脚掌着地，并在一条直线上。如图 3-4-16 所示。

（5）后点式。两小腿后屈，脚尖着地，双膝并拢。也有把“屈直式”归为“后点式”的，叫法略有不同。

（6）侧点式。两小腿向一侧斜出，两膝并拢，右脚跟靠拢左脚内侧，右脚掌和左脚尖着地，头和上体微向左倾斜。注意大小腿呈 90 度，小腿要充分伸直，尽量显示小腿长度。此种方式也称“斜放式”。如图 3-4-17 所示。

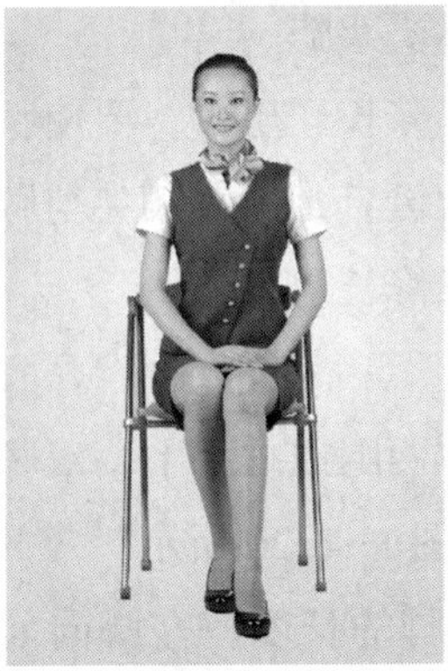

图 3-4-16　女士后点式坐姿

图 3-4-17　女士侧点式坐姿

（7）侧挂式。在侧点式基础上，左小腿后屈，脚绷直，脚掌内侧着地，右脚提起，用脚面贴住左脚踝，膝和小腿并拢，上体右转。如图 3-4-18 所示。

（8）重叠式。也叫“二郎腿”或标准式架腿等。如图 3-4-19 所示。

图 3-4-18　女士侧挂式坐姿

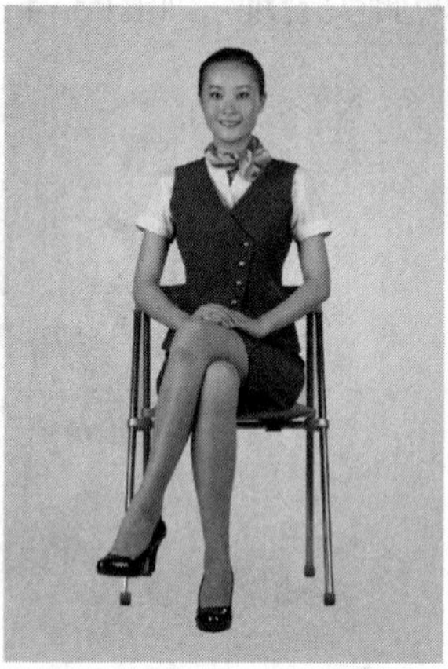

图 3-4-19　女士重叠式坐姿

在标准式坐姿的基础上，两腿向前，一条腿提起，轻柔地将腿窝落在另一腿的膝关节上边。要注意上边的腿向里收，贴住另一条腿，脚尖自然向下垂。

重叠式还有正身、侧身之分，手部也可有交叉、托肋、扶把手等多种变化。

二郎腿一般被认为是一种不严肃、不庄重的坐姿，尤其是女性不宜采用。其实，这种坐姿常常被采用，因为只要注意上面的小腿向回收，脚尖向下这两个要领，不仅优美文雅、大方自然，富有亲近感，而且可以充分展示女性的风采和魅力。注意：在马来西亚人面前，任何人都最好不要架腿。

在坐姿上要抓住一个原则，就是要使小腿部分显得修长。坐时，要使膝盖与脚尖的距离尽量拉远。当脚斜伸出去时，脚背要用力挺直，这时脚尖与膝盖的距离最远，视觉上产生延伸效果，使小腿部分看起来修长。

2. 常用男士坐姿

（1）标准式。上身正直上挺，双肩正平，双手放在两腿或扶手上，双膝分离 10 厘米左右，小腿垂直于地面，两脚自然分开。如图 3-4-20 所示。

（2）前伸式。在标准式的基础上，两小腿前伸一脚的长度，左脚向前半脚，脚尖不要翘起。

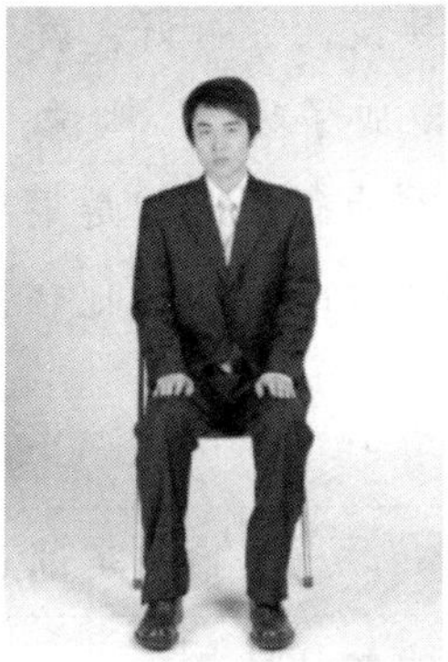

（1）

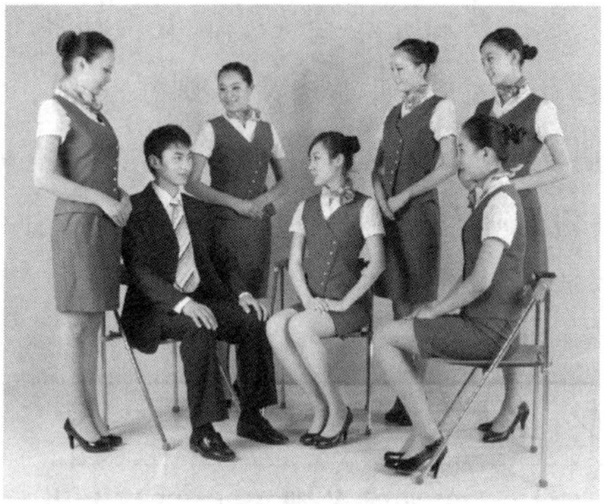

（2）

图 3-4-20　男士标准式坐姿

（3）前交叉式。小腿前伸，两脚踝部交叉。

（4）屈直式。左小腿屈回，前脚掌着地，右脚前伸，双膝并拢。

（5）斜身交叉式。两小腿交叉向左斜出，上体向右倾，右肘放在扶手上，左手扶把手。

（6）重叠式。右腿叠在左膝上部，右小腿内收、贴向左腿，脚尖自然下垂。如图 3-4-21 所示。

图 3-4-21　男士重叠式坐姿

3. 坐姿注意事项

（1）女士膝盖不宜打开，脚尖不可跷起；

（2）避免剪刀腿；

（3）避免手放到双腿中间；

（4）坐下时避免含胸；

（5）男士膝盖不能打开太大，不应把上身完全向后躺在椅背上，架腿时避免“4”字腿；

（6）避免把双腿岔开向前伸直；

（7）坐时不能抖腿。

案例

被“抖掉”的合同

有一位美国华侨，到国内洽谈合资业务。最后一次来之前，他曾对朋友说："这是我最后一次洽谈了，我要跟他们的最高领导谈，谈得好，就可以拍板。"过了两个星期，他又回到了美国，朋友问："谈成了吗？"他说："没谈成。"朋友问其原因，他回答："对方很有诚意，进行得也很好，就是跟我谈判的这个领导坐在我的对面，不时地抖着他的双腿，我觉得还没有跟他合作，我的财都被他抖掉了。"

实训：坐姿	**实训总结**
目标：掌握客舱服务中坐姿的基本要领和特殊环境场合下的坐姿，纠正不良坐姿。	
训练情境：分组练习，每组 5~6 个人，模拟空乘人员在飞机起飞和降落时的基本坐姿和应急情况下的坐姿。要求空乘人员在飞机起飞、降落、颠簸或遇紧急情况时，在规定的座位上就座，系好安全带、肩带，按照防冲撞坐姿要求坐好。	
纠错：空乘人员在任何情况下的坐姿都不能斜肩、倾背、抱胸、屈腰。	

（五）蹲姿礼仪规范

在空乘服务中，蹲姿是常用的姿势，蹲姿的运用要优美、典雅、大方、端庄。当服务过程需弯腰至 45° 以下或捡拾掉在地面上的物品时，必须下蹲，不可提臀弯腰。

空乘人员蹲姿的具体规范是：下蹲时应自然、得体、大方，不遮遮掩掩；两腿合力支撑身体，避免滑倒；应使头、胸、膝关节在一条直线上，使蹲姿优美。

蹲姿礼仪规范

应当注意的是：女士无论采用哪种蹲姿，都要将腿靠紧，臀部向下，以塑造典雅优美的蹲姿。

常用蹲姿有以下几种：

（1）交叉式蹲姿

下蹲时右脚在前，左脚在后，右小腿垂直于地面，全脚着地。左腿在后与右腿交叉重叠，左膝由后面伸向右侧，左脚跟抬起脚掌着地。两腿前后紧靠，合力支撑身体。臀部向下，上身稍前倾。如图3-4-22所示。

图 3-4-22　交叉式蹲姿

（2）高低式蹲姿

下蹲时左脚在前，右脚稍后（不重叠），两腿靠紧向下蹲。左脚全脚着地，小腿基本垂直于地面，右脚脚跟提起，脚掌着地。右膝低于左膝，左膝内侧靠于左小腿内侧，形成左膝高右膝低的姿势，臀部向下，基本上以右腿支撑身体。男士选用这种蹲姿时，两腿之间可有适当距离。如图 3-4-23 所示。

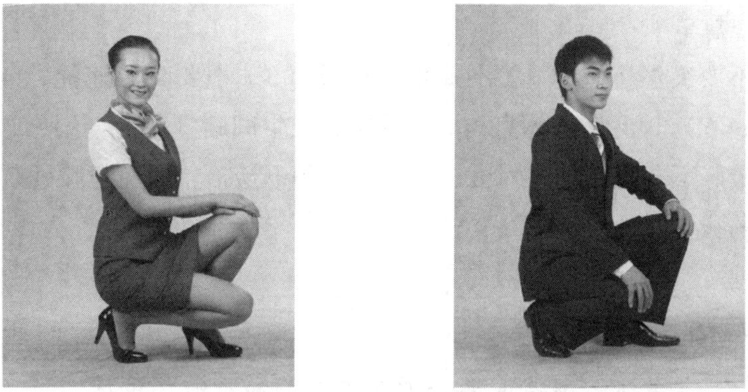

图 3-4-23　高低式蹲姿

（3）半蹲式蹲姿

一般是在行走时临时采用。它的正式程度不及前两种蹲姿，但在需要应急时也采用。主要要求是，在下蹲时，上身稍许弯下，但不要和下肢形成直角或锐角；臀部务必向下，而不是撅起；双膝略微弯曲，角度一般为钝角；身体的重心应放在一条腿上；两腿之间不要分开过大。如图 3-4-24 所示。

（4）半跪式蹲姿

又叫单跪式蹲姿，是一种非正式蹲姿，多用在下蹲时间较长，或为了用力方便时。双腿一蹲一跪。主要要求是，在下蹲后，改为一腿单膝点地，臀部坐在脚跟上，以脚尖着地。另外一条腿，应当全脚着地，小腿垂直于地面。双膝应同时向外，双腿应尽力靠拢。如图 3-4-25 所示。

图 3-4-24　半蹲式蹲姿

图 3-4-25　半跪式蹲姿

蹲姿注意事项：

（1）不要突然下蹲；（2）不要距人过近；（3）不要毫无遮掩；（4）不要蹲在椅子上；（5）不要蹲着休息；（6）不要“卫生间蹲”；（7）拍照或捡拾物品时，女士最好不要正面朝向对方，选择侧身蹲下捡拾，避免弯腰翘臀，同时展示腿（高的腿）在外侧。

实训：蹲姿	实训总结
目标：掌握客舱服务中蹲姿的基本要领和特殊环境场合下的蹲姿，纠正不良蹲姿。	
训练情境：分组练习，每组 5~6 个人，模拟空乘人员需捡拾东西和与乘客沟通时的不同蹲姿。要有意识地进行标准蹲姿训练。	
纠错：空乘人员任何一种蹲姿都要保持上身直立，不能低头弯腰。女空乘人员更不能将两腿分开，或臀部撅起对着乘客。	

（六）手势礼仪规范

手势是体态语言中最重要的传播媒介，是通过手和手指活动传递信息的一种方式。手势不仅能够表达一个人想要表达的信息，在许多情况下，它还会自然流露个人的心情和想法。比如，紧张的人会不由自主地握紧手，兴奋的人会振臂欢呼，焦急的人会搓手看表等。手势是口头语言表达的重要辅助手段，手势是一种极其复杂的符号系统，能够表达一定的含义，在人际交往中，手势更能起到直接的沟通作用。

空乘人员标准规范的手势可为乘客做出正确的指示和引导。在服务工作中，恰当的手势语言的使用，可以增加语言的说服力，甚至能表达语言无法表达的思想内涵。

1. 手势分类

（1）情意手势。表达动作者的表情，使其内涵丰富、寓意深刻。如鼓掌、挥手、伸大拇指等。

（2）象征手势。表示某种抽象的信念，且他人可以理解。如宣誓、敬礼。

（3）形象手势。在交往中模拟某种物体，给人一种具体、形象的感觉。如，表示“请给我一杯水”。

（4）指示手势。指示具体的某项行为或事情的手势。如表示“请看屏幕提示”。

2. 常用的手势语

（1）横摆式

在表示“请”“请进”时常用，五指伸直并拢，手掌自然伸直，手心向上，肘作弯曲，腕低于肘。以肘关节为轴，手从腹前抬起向右摆动至身体右前方。同时，脚站成右丁字步。头部和上身微向伸出手的一侧倾斜，另一手下垂或背在背后，目视乘客，面带微笑。如图 3-4-26 所示。

图 3-4-26　横摆式手势

（2）前摆式

五指并拢，手掌伸直，由身体一侧由下向上抬起，以肩关节为轴，手臂稍曲，到腰的高度在身前向右方摆去，摆到距身体 15 厘米，并不超过躯干的位置时停止。

（3）双臂式

面对较多乘客时说“请”，可采用“双臂横摆式”。即两手从腹前抬起，双手上下重叠，手心向上，同时向身体两侧摆动，摆至身体的侧前方，上身稍前倾，微笑施礼向大家致意，然后退到一侧。也可以双臂向一个方向摆动，即两手从腹前摆起，手心朝上，同时向一侧摆动，两手臂之间保持一定距离。如图 3-4-27 所示。

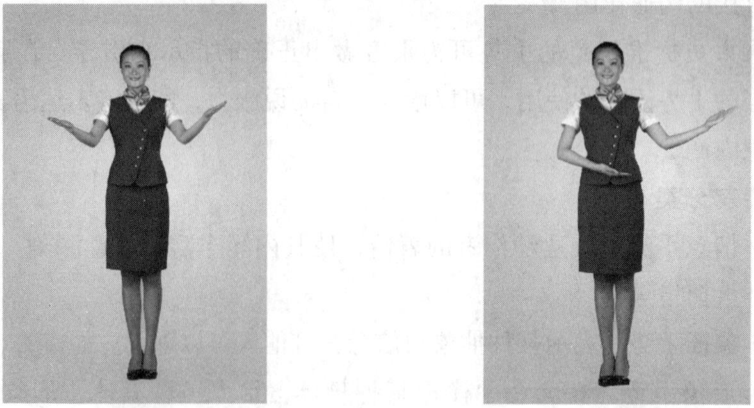

图 3-4-27　双臂式手势

（4）斜摆式

请乘客就座时，手指应指向座位的地方。手从身体的一侧抬起，到高于腰部后，再向下摆去，使大小臂成一条线，掌心向前。

（5）直臂式

给乘客指示方向。即手臂向外侧横向摆动，指尖指向前方，手臂抬至肩高。如图 3-4-28 所示。

（6）招手式

向远距离的人打招呼时，伸出右手，右胳膊伸直高举，掌心朝着对方，轻轻摆动。不可向上级和长辈招手。如图 3-4-29 所示。

图 3-4-28 直臂式手势

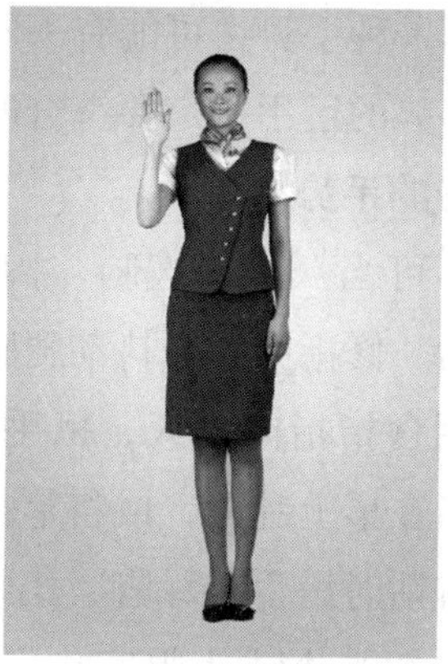

图 3-4-29 招手式手势

（7）鼓掌

向乘客表达赞赏、鼓励、祝贺、欢迎等情感时，可用鼓掌。两臂抬起，张开左掌，用合拢的右手四指（拇指除外）轻拍左掌中部，节奏要平稳，频率要一致。鼓掌时，姿态要端正，并伴以微笑。时间的长短要适宜，视具体情况而定。如图 3-4-30 所示。

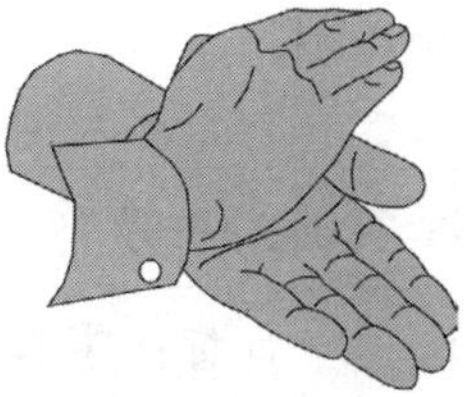

图 3-4-30 鼓掌

3. 手势注意事项

手势要求规范、适度，不宜过多，应该显得落落大方、明确而热情，与全身配合协调，同时动作幅度不应过大，要给人一种优雅、含蓄而彬彬有礼的感觉。对于个体而言，我们手势语的样式和变化比较有限，运用中一定要讲求简洁。

（1）精练。用必要的、少量的手势动作去衬托、强调关键性的、主要的内容。

（2）明确。使用含义明确的或约定俗成的手势，充分发挥手势语补充、强调等表达作用。左右手有明显的分工，并且有尊卑之别，在正规的情况下，右手为“尊贵之手”，用于进餐，递接物品以及向人行礼；左手为“不洁之手”，仅用于沐浴或“方便”。

（3）行业规范化。在配合口头表达或单独使用手势语时，要注意手势动作合乎行业规范。

（4）同一种手势，可能有不同的含义，甚至有相反的含义。

（5）手势的运用一定要符合所在国的文化传统。

4. 禁忌的手势

（1）不可当众挠头摸脑、掏耳朵、抠鼻孔、擦眼屎、搓泥垢、修指甲，或抖动腿脚。

（2）用食指指向他人，揪手指并发出声音，揉衣角，用手指在桌上乱画，或将笔在手中乱转。

（3）讲话时搓手、跺脚、比画。

（4）介绍某人或为乘客指引方向时，用手指来指点，或掌心向下挥手一指。如图 3-4-31 所示。

（5）与人谈话时，手势过多，动作过大，甚至手舞足蹈。

图 3-4-31 错误手势

实训：手势	实训总结
目标：掌握客舱服务中手势的基本要领和标准，纠正不良手势，养成良好习惯。	
训练情境：分组练习，每组 5~6 个人，模拟空乘人员迎客时引领乘客入座、进行安全演示和客舱服务中与乘客沟通的情景。要求调整体态、保持良好的站姿，练习招呼乘客、引领乘客入座、给乘客服务递接物品等。	
纠错：在服务过程中任何一种手势都要标准、到位，不可软弱无力、方向不明确、含糊不清，更不可使用“一阳指”。	

（七）握手礼仪规范

握手礼是当今世界上最通行的交往礼仪，也是人们日常交往中最常用的一种见面礼。握手礼可以表达欢迎、友好、祝贺、感谢、尊重、致歉、慰问、惜别等多重复杂的情感。美国著名盲人作家海伦·凯勒曾说过：“我接触过的手，虽然无言，却极有表现性。有的人握手能拒人千里……我握着他们冰冷的指尖，就像和凛冽的北风握手一样。而有些人的手却充满阳光，他们握住你的手，使你感到温暖。”如图 3-4-32 所示。

图 3-4-32　握手

握手礼的基本精神是以一种简单的身体接触，表达自己的坦诚和信任。空乘人员在迎送客、与重要乘客见面，或者承担专机服务时会用到握手礼仪。要求面带微笑，目光亲切，身体稍前倾，主动伸手。

知识窗

握手礼

相传在刀耕火种的年代，人们经常持有石头或棍棒等武器，陌生者相遇，双方为了表示没有敌意，便放下手中的武器，并伸出手掌，让对方抚摩掌心。久而久之，这种习惯便逐渐演变为今日的握手礼节。握手是人与人的身体接触，能够给人留下深刻的印象，在迎来、送往、祝贺、慰问、感谢等场合都会使用到握手礼。

1. 握手的次序

根据礼仪规范，握手时双方伸手的先后次序，一般应当遵守“尊者先伸手”的原则，应由尊者首先伸出手来，位卑者只能在此后予以响应，而绝不可贸然抢先伸手，不然就是违反礼仪的举动。

其基本规则如下：

（1）男女之间握手

男女之间握手，男士要等女士先伸出手后才握手。如果女士不伸手或无握手之意，男士可向对方点头致意或微微鞠躬致意。男女初次见面，女方可以不和男士握手，只点头致意即可。男女握手时，男士要脱帽和脱右手手套，如果偶遇匆匆忙忙来不及脱，要道歉。

（2）宾客之间握手

宾客之间握手，主人有向客人先伸出手的义务。在宴会、宾馆或机场接待宾客，当客人抵达时，无论对方是男士还是女士，女主人都应该主动先伸出手。男士因是主人，尽管对方是女宾，也可先伸出手，以表示对客人的热情欢迎。而在客人告辞时，则应由客人首先伸出手来与主人相握，在此表达的是“再见”之意。

（3）长幼之间握手

长幼之间握手，年幼的一般要等年长的先伸手。和长辈及年长的人握手，不论男女，都要起立趋前握手，并要脱下手套，以示尊敬。

（4）上下级之间握手

上下级之间握手，下级要等上级先伸出手。但涉及主宾关系时，可不考虑上下级关系，做主人的应先伸手。

（5）一个人与多人握手

若是一个人需要与多人握手，则握手时亦应讲究先后次序，由尊而卑，即先年长者后年幼者，先长辈而晚辈，先老师后学生，先女士后男士，先已婚者后未婚者，先上级后下级，先职位、身份高者后职位、身份低者。

值得注意的是：在公务场合，握手时伸手的先后次序主要取决于职位、身份。而在社交、休闲场合，它则主要取决于年龄、性别、婚否。

礼仪小故事

平易近人的周总理

1952年8月17日，周恩来总理率中国政府代表团访问苏联，与苏联领导人商谈关于中国第一个五年计划的有关问题。一路上，周总理没有一点架子，与大家谈笑甚欢，机舱里的气氛十分融洽。代表团在伊尔库茨克住了一夜，次日换乘飞机继续赶路。离开宾馆时周总理与宾馆服务人员一一握手告别，感谢他们为中国代表团提供的热情周到服务。他们很受感动，未料想到中国总理如此平易近人、和蔼可亲。

2. 握手的注意事项

握手的标准方式，是行礼时行至距握手对象约1米处，双腿立正，上身略向前倾，伸出右手，四指并拢，拇指张开与对方相握。握手时应用力适度，上下稍许晃动三四次，随后松开手来，恢复原状。具体应注意如下几点：

（1）手要洁净、干燥和温暖。先问候再握手。伸出右手，手掌呈垂直状态，五指并用。

（2）握手的力度。一般情况，相互间握一下即可。如果是热烈握手，可以使劲摇晃几下，这是十分友好的表示。而用手指尖点一点，则是无礼之举。

（3）握手的时间通常以 3~5 秒为宜，除关系亲近的人可以长时间握手外，一般都是握一下即可。

（4）握手时应两眼注视对方的眼睛，表示诚意。特别要注意的是，不能戴着手套握手，这被视作失礼的行为。握手前，男子应脱下手套，摘下帽子。女子的戒指如果戴在手套外边，可不脱，否则也应脱下手套与人握手。按国际惯例，身穿军服的军人可以戴手套与人握手。

（5）与异性握手时要用力轻、时间短，不可长时间握手和紧握手。应掌心向上，以示谦虚和尊重，切忌掌心向下。为表示格外尊重和亲密，可以双手与对方握手。

（6）握手时一定要用右手（除非右手受伤），用左手与人握手是不合适的。在特殊情况下用左手与人握手应当说明或者道歉。

3. 握手的禁忌

（1）不要用左手，不可滥用双手。

（2）不可交叉握手。

（3）不可手向下压。

（4）不可用力过度。

（5）与他人握手，尤其是在与阿拉伯人、印度人打交道时要牢记不可使用左手，因为在他们看来左手是不洁的。

（6）不要在握手时争先恐后，而应当遵守秩序，依次而行。特别要记住，与基督教信徒交往时，要避免两人握手时与另外两人相握的手形成交叉状，这类似十字架，在基督教信徒眼中是很不吉利的。

（7）不要在握手时戴着墨镜，只有患有眼疾或眼部有缺陷者才能例外。

（8）不要在握手时将另外一只手插在衣袋里。

（9）不要在握手时另外一只手依旧拿着香烟、报刊、公文包、行李等东西而不肯放下。

（10）不要在握手时长篇大论，点头哈腰，滥用热情，显得过分客套，让对方不自在、不舒服。

（11）不要在握手时把对方的手拉过来、推过去，或者上下左右抖个没完。

（12）不要在与人握手之后，立即揩拭自己的手掌，好像与对方握一下手就会使自己受到感染似的。

4. 握手用语

握手时常伴有特定语言，常见的握手用语有以下几种：

（1）问候类。这是最常见的一种，如“您好”“很高兴又见到您”。

（2）欢迎类。对第一次来的客人，或在公务接待时，均可边握手边用欢迎语，如“欢迎您”“欢迎光临”。

（3）关心类。大多用于长辈对晚辈、上级对下级、主人对客人握手时用语，如“旅途辛苦了”等。

（4）祝贺类。在对方受到表彰或奖励时，边握手边说“恭喜您”。

（5）致歉类。需要道歉或表示客气时所用握手语，如“有失远迎，请多谅解”“照顾不周，请多包涵”。

（6）祝福类。送客时多用的握手语，如“祝您顺利”“期待您的再次光临”。

（八）拥抱礼仪规范

拥抱礼在欧美国家和中东国家比较流行，拥抱礼是十分常见的见面礼与道别礼。随着国际的发展，在其他地区的交往中采用此类礼仪的情况也越来越多，人们在表示慰问、祝贺、欣喜时，拥抱礼也十分常用。

正规的拥抱礼，行礼的时候双方相对而立，伸开双手，上身稍微前倾，各自抬起右臂，将右手搭放在对方的左肩上，左手向对方右肋后背处轻轻环抱，然后按自己的方位，双方均向各自的左方拥抱对方一次，然后向右侧拥抱一次，最后再向左侧拥抱。在普通场合，行礼不必如此讲究，次数也不必如此严格。礼节性的拥抱一般时间很短，拥抱也不很紧。

（九）鞠躬礼仪规范

鞠躬，意即躬身行礼，是对他人表示敬佩的一种礼节方式。鞠躬礼源自中国，现盛行于日本、朝鲜、韩国等东方国家，欧美国家较少采用。空乘人员向乘客表示欢迎和感谢时，常行鞠躬礼。鞠躬时，应从心底发出向对方表示感谢和尊重的意愿，从而体现在行动上，给对方留下诚恳、真实的印象。行鞠躬礼时应立正，脱帽，微笑，目光正视，上身前倾15~45度。平辈应还礼，长辈和上级欠身点头即算还礼。

遇到乘客表示问候、感谢和回礼时，行15度鞠躬礼；接送重要乘客时，行30度鞠躬礼；感谢重要乘客时，行45度鞠躬礼。行礼时面对乘客，头、身体自然前倾，低头要比抬头慢，双脚并拢，视线由对方脸上落至自己的脚前1.5米处（15度礼）、脚前1米处（30度礼）或脚前0.5米处（45度礼）。90度的大鞠躬常用于悔过、谢罪等特殊情况。男子双手放在身体两侧，女子双手叠握放于身前。如图3-4-33所示。

15度礼

30度礼

45度礼

图3-4-33 鞠躬礼

（十）合十礼

合十礼，亦称“合掌礼”，即双手十指相合为礼，向前来交往的对象致意的礼节。严格地讲，合十礼其实是一种佛教的专用礼节。因此，它在东南亚、南亚等一些普遍信奉佛教的国家里十分流行。空乘人员在工作的过程中，如果遇到这样的乘客，应该主动地向对方行合十礼，以表示对乘客的尊重和重视。

其规范做法是：面带微笑，双目注视对方，然后双手十指在离胸前约20厘米处对合，手指并拢向上，手掌略向外倾斜，对合的双手也微微上举，然后低头，双腿直立，上身前倾30~45度。施礼时若戴帽子，须先摘下夹于左腋下方后，方可施礼。

在欧洲、美洲与非洲，行合十礼时，有三点施礼者必须重视：

一是神态庄严。在向他人行合十礼时，允许施礼者面含微笑，亦可同时口颂祝词或问候对方。但是，最佳的神态是庄严凝重。此时嬉皮笑脸，挤眉弄眼，探头探脑，手舞足蹈，或者随口胡诌是绝对不可以的。

二是郑重其事。作为一种宗教礼节，合十礼在其施行之时要求郑重其事。行礼之时，身体一般应当立正不动。不过，只要不是疾步狂奔，在缓步行进时，亦可施行此礼。

三是敬意有别。根据传统做法，在向别人行合十礼时，自己合十的双手举得越高则越能体现出对对方的尊重。然而，一般情况下，在正式场合向别人行合十礼时，原则上不应使之高过自己的额头，唯有礼佛之时，才将合十的双手举得较高。

实训：握手、拥抱、鞠躬、合十	实训总结
目标：掌握正常和特殊环境下客舱服务中握手、拥抱、鞠躬、合十礼仪的基本要领。	
训练情境：分组练习，每组5~6个人，每组设计一个空乘人员和乘客见面时的情景，进行模拟。要求把握好握手、拥抱的时间和力度，鞠躬时上身保持站立时的标准，合十礼要主动、及时还礼，要尊重各国文化信仰等。	
纠错：空乘人员在做以上几种礼仪训练时，不允许勾头、弓腰，否则就显得不自信。	

二、空间语言的礼仪规范

此部分有些内容虽然在具体的空乘服务中不涉及，但却是日常经常用到的礼仪规范，掌握这些内容有利于提高空乘人员的整体素质，故一并介绍。

（一）空间距离的礼仪规范

1. 空间距离的含义

空间距离是指个人与个人、个体与群体、群体与群体交往时，因彼此的关系不同、周围的环境不同，而无形中感到彼此间应保持的一种特定的距离。如图 3-4-34 所示。

图 3-4-34　适当的空间距离

动物为了保护自己的生殖中心，保护自己的性命，本能地要求拥有一定的自由空间，并视自己占有的“地盘”为势力范围。一旦这一范围遭到异群、异类的侵犯，就必然全力以赴地把入侵者驱逐出去。人类也是这样。人类也要通过警惕、防御、反击等方式来维护自己的空间。与动物的空间概念的不同点主要在于，人类的客观空间范围与主观空间意识都有较大的可变性或可伸缩性，人类的生存能力与适应能力比动物更强。

2. 空间距离的分类

从生物学的角度看，每一个生命都有自己的领空。一旦异物侵入这个范围，就会使其感到不安并处于防备状态。美国心理学家罗伯特·索默经过观察与实验认为，人人都具有一个把自己圈住的心理上的个体空间，它像生物的“安全圈”一样，是属于个人的空间。一般情况下，每个人都不想侵犯他人空间，同时也不愿意他人侵犯自己的空间。双方关系越亲密，人际空间距离就越小。

美国人类学家和心理学家爱德华·霍尔将人类的交往空间划分为四种区域，这就是所谓社交中的界域语。

（1）亲密距离（0~45 厘米）

又称亲密空间。其语义为亲切、热烈，只有关系亲密的人才可能进入这一空间。如：夫妻、父母、子女、恋人、亲友等。亲密距离又可分为两个区间，其中 0~15 厘米属于亲密状态距离，常用于恋人、夫妻、至亲或父母与子女之间的关系；15~45 厘米为亲密疏远状态，身体虽不相接触，但可以用手相互触摸。如图 3-4-35 所示。

（2）个人距离（45~120 厘米）

其语义为“亲切、友好”，其语言特点是语气和语调亲切、温和，谈话内容常为无拘束的、坦诚的。比如个人私事。在社交场合往往适合于简要会晤、促膝谈心或握手。这是个人在远距离接触所保持的距离，不能直接进行身体接触。个人距离的接近状态为 45~75 厘米，可与亲友亲切握手，友好交谈；个人距离的疏远状态为 75~120 厘米，在交际场所任何朋友、熟人都可自由进入这一区间。如图 3-4-36 所示。

图 3-4-35　亲密距离

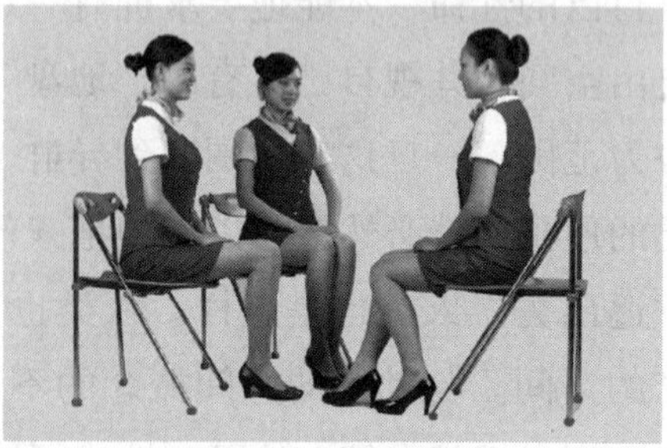

图 3-4-36　个人距离

（3）社交距离（120~360 厘米）

其语义为“严肃、庄重”。这个距离已超出了亲友和熟人的范畴，是一种理解性的社交关系距离。社交距离的接近状态为 120~210 厘米，其语言特点为声音高低一般、措辞温和，它适合于社交活动和办公环境中处理业务等；社交距离的疏远状态为 210~360 厘米，其语言特点为声音较高、措辞客气。这种社交距离通常用于比较正式、庄重、严肃的社交活动，如谈判、会见客人等。

（4）公众距离（360 厘米以上）

这是在较大的公共场所保持的距离，其语义为“自由、开放”，适用于大型报告会、演讲会、迎接旅客等场合。其语言特点为声音洪亮、措辞规范，讲究风格。

3. 保持空间距离的注意事项

个人空间是无形的，但它又是客观存在的。交谈双方的性别、年龄、性格、心境、相互间关系的远近，以及所处的文化背景、民族背景、社会地位等都会影响个人的空间距离感。

比如：我们和小孩儿之间的距离与大人相比会更近一些；我们与同性之间的距离比和异性之间的距离要更近一些；我们和更熟的人站得更近一些；两个中国人可能比两个英国人站得更近一些。显然，相互交往时空间距离的远近，是交往双方之间是否亲近、是否喜欢、是否友好的重要标志。因此，在民航服务中，根据具体情境保持合理的社交距离至关重要。

（1）要根据交往对象的性别差异，保持恰当的空间距离。

心理学家做实验发现：男子挤在一间小屋子里，容易引起相互的怀疑，甚至发生争斗；女子在这种环境中，则更友善、更亲密、更容易找到共鸣。正是由于男女间的这种心理差别，男子与男子交谈的距离不宜太近，近则会有不和谐之感；女子与女子交谈的距离不宜太远，远则会有不投机之嫌。

（2）要根据交往对象的性格差异，调整社交空间距离。

如，性格开朗、喜欢交往的人更乐意接近别人，也较容易容忍别人的靠近，他们的自我空间较小；而性格内向、孤僻自守的人不愿主动接近别人，宁愿把自己孤立地封闭起来，因此会对靠近他的人十分敏感，会感觉自我空间受到侵占，易产生不舒服感和焦虑感。

（3）面对不同国家、不同民族、不同文化背景的交往对象，社交距离也应不同。

如，北美人理解“自我”包括皮肤、衣服以及体外几十厘米的空间，而阿拉伯人的“自我”则仅限于心灵，他们甚至把皮肤当成身外之物，因此，交往时往往出现阿拉伯人步步逼近，总嫌对方过于冷淡；而北美人却连连后退，接受不了对方的过度亲热。同是欧洲人，交往时，法国人喜欢保持近距离，乃至呼吸也能喷到对方脸上；而英国人会感到很不习惯，步步退让，维持适合于自己的空间范围。

（4）人们对自我空间的需要也会随具体情境的变化而变化。

比如在飞机客舱或其他相对狭小的空间内，人们无法考虑自我空间，因而也就能容忍别人靠得很近，这时已没有亲密距离还是公众距离的界限。自我空间很小，彼此间不得不通过躲避别人的视线和呼吸来拉开与别人的距离。

（二）空间姿势礼仪规范

1. 空间姿势的含义

空间姿势（又称界域姿势），指的是借用某种姿势表明某个空间或领地归其所有，或显示双方关系的一种无声语言。人体周围都有一个属于自己的个人空间，犹如其身体的延伸，人际交往只有在这个空间允许的限度内才会显得自然。

在民航客舱服务和现代生活中，无论地位高低，都享有一定范围的空间或领地。这个领地是由主人严格控制和管理的空间，外人不得随意侵入。有时，为了维护个人领地，防止他人介入，人们会使用某些姿势来表明这个空间归自己所有。也有时候，人们会借助某些姿势显示双方的关系。这就是空间姿势所要解决的问题。

2. 空间姿势的分类

（1）占有姿势

以身体靠着某人、某物，以显示该人、该物归其所有，称为占有姿势。

（2）认同姿势

借用对方相同的姿势、动作，表明认同对方，称为认同姿势。

（3）从属姿势

利用有限的空间将身体的高度有意识地降低，以建立一种从属关系的姿势，称为从属姿势。空乘人员在客舱服务中俯身、下蹲等，表明自谦、敬慕、认错等。由于空乘人使用从属姿势，有助于缓解矛盾，建立和谐关系，因此使用相当普遍。

（4）指示姿势

利用身体或外物来改变与对方的角度，以表明彼此关系或对方的态度的姿势，称为指示姿势。从人体与人体之间形成的角度，能够传达出他们之间关系和所持态度的无声信号，从而带有一定的指示意味，具体分为以下几种角度：

第一，开放性角度。相互交谈的两个人站立时，身体所形成的角为 90 度。两个人的身体同时指向某一点而形成一个角，即为开放性角度。这种姿势暗示出对第三者的邀请。也就是说，第三者随时可以进入空出的一角，加入他们的谈话。如果再有第四个人加入他们的谈话，他们便会站成一个方形；如果第五个人也加入，他们可能会站成一个圆圈形，或呈另一个三角形。从这个角度你可以了解到他们两者之间的关系并非是那种亲密无间的朋友，他们所进行的谈话属于一般性社交谈话，不属于私人性质的谈话。如图 3-4-37 所示。

图 3-4-37 开放性角度

第二，封闭性角度。如果交际双方身体的角度为 0 度，即一方身体全部正面朝向另一方，叫作封闭性角度。这种封闭性角度的姿势有时会出现在敌对的双方之间，用以表示敌意，向对方挑战。

第三，自由性角度。一方将身体与对方不形成任何角度的姿势，称为自由性角度。有时人们在交谈中难免遇到难以启齿的话题，此时若想减轻对方的思想负担，以便轻松回答问题，可不必采用封闭性角度。相反，可将身体转向一边使身体不与对方形成任何角度，便于多方毫无压力、自由地说话。

表 3-4-1 空间礼仪简表

分类	状态	距离（厘米）	发生场景
亲密距离	接近状态	0~15	爱抚、安慰、保护
	疏远状态	15~45	公共场合
个人距离	接近状态	45~75	握手、挑衅
	疏远状态	75~120	酒会、集会
社交距离	接近状态	120~210	办公室、正式会谈
	疏远状态	210~360	正式社交、公事
公众距离	接近状态	360~750	授课、小型报告
	疏远状态	750 以上	演讲、报告、演出

（三）介绍礼仪

介绍礼仪是空乘人员在服务礼仪中很重要的内容。在民航服务过程中，当双方有必要认识时，介绍礼仪是人与人进行相互沟通的出发点。在服务过程中，正确地运用好介绍礼仪，有助于进行必要的自我展示、自我宣传，扩大交际圈，展示航空公司的服务宗旨，体现空乘人员的个人素养。

1. 介绍的分类

从礼仪的角度，介绍可分为四类：第一类，自我介绍，也就是说明本人的情况；第二类，为他人做介绍，介绍人作为第三方，出面为不相识的双方做介绍，说明他人情况；第三类，集体介绍，即在大型活动社交场合，把某一个单位或某一个集体的情况向其他人说明；第四类，业务介绍，即针对某种事务或项目的情况进行介绍。在日常工作和交往中，自我介绍、介绍他人、介绍集体等介绍业务是广泛存在的现象。

2. 介绍的顺序

做介绍时，应遵守"受尊敬的一方有了解对方的优先权"这一原则，先介绍位低者给位高者认识，先介绍给谁，后介绍给谁，是礼节性极强的问题。

（1）把男士介绍给女士

图 3-4-38　把男士介绍给女士

在为年龄相仿的男士与女士做介绍时，最好把男士引导到女士面前，把男士介绍给女士。例如："王小姐，我给你介绍一下，这位是李先生。"如图 3-4-38 所示。

（2）把地位低者介绍给地位高者

在社交场合，无论男女老少，一般以社会地位和职位的高低作为社交礼仪的衡量标准，应把社会地位及职位低者介绍给社会地位及职位高者。

（3）把晚辈介绍给长辈

介绍同性相识时，应该把年轻的同辈介绍给年长的人，以表示对长辈的尊重。

（4）把主人介绍给客人

在主客双方身份相当时，应该先介绍主人，再介绍客人，以表示对客人的尊敬。

（5）把非官方人士介绍给官方人士

在这五个顺序中，如果被介绍者之间符合其中两个以上的顺序，一般应按后一个顺序进行介绍。介绍时，最好顺便提及对方的工作单位或就读学校。介绍顺序问题绝不是一个可有可无的形式问题，它涉及个人修养、组织形象以及公关活动目的是否能够达成。

3. 介绍的姿态

自我介绍时常以基本站姿站立，面带微笑，运用适当的手势。

在为他人做介绍时，介绍者应该热情、诚恳，身体姿态文雅大方。无论介绍哪一位，介绍者应手心向上，手背向下，四指并拢，以肘关节为轴，指向被介绍者一方，并向另一方点头微笑。切不可用手指指来指去或拍打被介绍一方的肩和背。必要时，可以说明被介绍一方同自己的关系，以便介绍的双方增进了解和信任。作为被介绍者，应当表现出结识对方的热情，看不起对方、摆架子、装腔作势应付对方是失礼的。被介绍时，应该面向对方并注视对方，不要东张西望、心不在焉或是羞怯得不敢抬头。

介绍完毕，被介绍的双方应该互相以礼貌语言向对方问候、致意、握手，面露笑容并道“您好”。在需要表示庄重或特别客气时，还可以略施一躬，如见到某人特别高兴，则可以说：“见到您很高兴。”

4. 做介绍时需注意的要点

第一，介绍的时机，包括具体时间、具体地点和具体场合。如：在飞机平衡飞行之初、服务之前，空乘人员应用较短的时间向乘客们做一个简单的自我介绍，便于拉近与乘客之间的距离。

第二，介绍的对象，包括谁是介绍的主角，即谁应该主动担任介绍人的角色，向他人说明情况。一般而言，地位低的人首先要向地位高的人说明情况，男士首先要向女士做介绍，晚辈应主动向长辈做介绍等。

第三，介绍的内容，应简明扼要、条理清晰。

第四，介绍的表达方式，应掌握分寸，简洁明了。

实训：介绍礼仪	实训总结
目标：掌握正确的介绍礼仪及正常和特殊环境下客舱服务中介绍礼仪的基本要领。	
训练情境：分组练习，每组5~6个人。每组设计一个空乘人员航前准备会时的情景，从乘务长开始，依次作自我介绍，可以从工作的角度作自我介绍，同时完整介绍姓名、技术职称、工作年限、可担任号位（广播员、头等舱服务、厨房服务）等，方便乘务长进行工作号位的分工。在进行介绍礼仪训练时，要面带微笑，充满自信与热情；要善于用眼神去表达自己的友善和亲和；要注意语调、语气柔和，语速平缓，语音清晰，从容不迫，仪态端庄大方，要把握好介绍的时机、顺序、内容等，给乘客留下良好的第一印象。	
纠错：空乘人员在做自我介绍时忌面部表情严肃、语气僵硬、语速过快、发音不清楚等问题。	

（四）方位座次礼仪规范

1. 方位座次礼仪的含义

方位座次礼仪是指交往双方的座次位置所产生的情感意义。通常意义下，座次位置礼仪也体现了待人之道。

在人际交往中，要正确地使用座次位置礼仪，同时还要考虑希望交流能达到的目的是什么。必须指出的是，无论何种方式的交谈，都必须体现出双方（或各方）相互平等的意念，即不能表现出故意把哪一方放在前，而冷落另一方。

2. 座次排序基本规则

（1）面门为上

采用“相对式”就座时，通常以面对房门的座位为上座，应让之于来宾；以背对房门的座位为下座，宜由主人自己在此就座。

（2）以右为上

“并列式”排位的标准做法，是宾主双方面对正门并排就座。此时，以右侧为上，应请来宾就座；以左侧为下，应归主人自己就座。

（3）居中为上

如果宾客较少，而东道主一方参与会见者较多之时，往往可以由东道主一方的人员以一定的方式围坐在来宾的两侧或者四周，而请来宾居于中央，呈现出“众星捧月”之态。

（4）以远为上

离房门近者易受打扰，离房门较远者则受到的打扰较少。

（5）佳座为上

长沙发优于单人沙发，沙发优于椅子，椅子优于凳子，较高的座椅优于较低的座椅，宽大舒适的座椅优于狭小而不舒适的座椅。

（6）自由为上

有时，未及主人让座，来宾便自行选择了座位，并且已经就座，此刻主人亦应顺其自然。在客人登门拜访之时，主人务必要使自己临场的一切表现都中规中矩。

如图 3-4-39 所示，A 为上座，其次为 B、C、D。

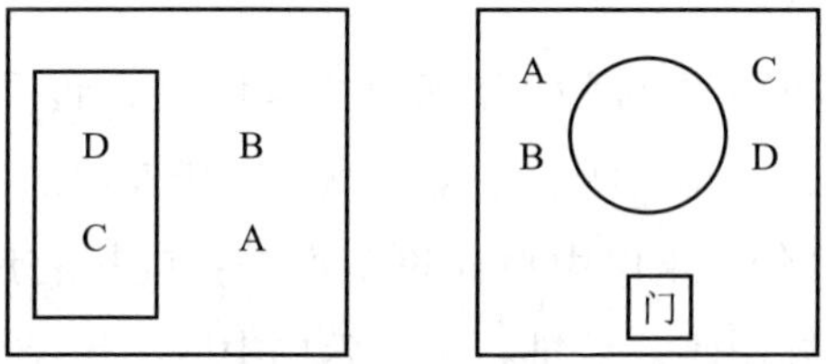

图 3-4-39 座次排序

3. 会谈时座次位置的类型

在会谈中，一般来说座次位置分为友好位置、公关位置、竞争位置和公共位置四种类型。

自己的邻座是友好位置，适用于两个人之间的谈心交流，体现一种亲密或者信任，往往会是好友间使用，当然也可以用于上司与员工之间的谈心交流。

自己的斜角，属公关位置，往往可以用作与客户交谈或向领导汇报工作，因为这个角度比较适合与对方交流、互换意见、观察对方，易于谈判。

同时，自己对面的位置也有可能是竞争位置，一般用于双方的正式交谈，特别是双方的谈判，易于产生心理抵制。所以，如果是一般的友好形式的随意交流，不推荐使用这种交流方式进行谈判。

剩下的公共位置，是双方无沟通的欲望，彼此不受干扰的位置。

4. 乘汽车的礼仪

驾驶轿车的司机，一般可分为两种人：一是主人，即轿车的拥有者；二是专职司机。国内目前所见的轿车多为双排座与三排座，以下分述其驾驶者不同时，车上座次尊卑的差异。

（1）了解尊卑次序同时尊重客人习惯。

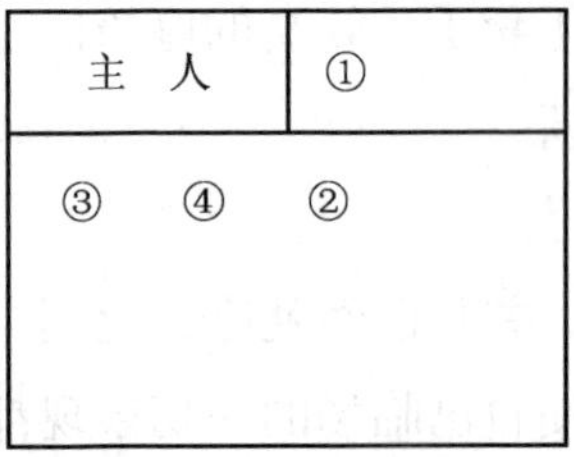

图 3-4-40 主人亲自驾车座位排序

①主人亲自驾驶轿车：一般前排座为上，后排座为下；以右为尊，以左为卑。如图 3-4-40 所示。

A. 双排五人座轿车，座次由尊而卑依次是：副驾驶座、后排右座、后排左座、后排中座。

B. 双排六人座轿车，座次由尊而卑依次是：前排右座、前排中座、后排右座、后排左座、后排中座。

C. 三排七人座轿车（中排为折叠座），座位由尊而卑依次是：副驾驶座、后排右座、后排左座、后排中座、中排右座、中排左座。

D. 三排九人座轿车，座位由尊而卑依次是：前排右座、前排中座、中排右座、中排中座、中排左座、后排右座、后排中座、后排左座。

主人驾驶的轿车，最重要的是不能令前排座空着。一定要有一个人坐在那里，以示相伴。由男主人驾驶自己的轿车时，女主人一般应坐在副驾驶座上；而由男主人驾车送友人夫妇回家时，友人之中的男士，应坐在副驾驶座上，与主人相伴，而不宜与其夫人坐在后排，那将是失礼之至。

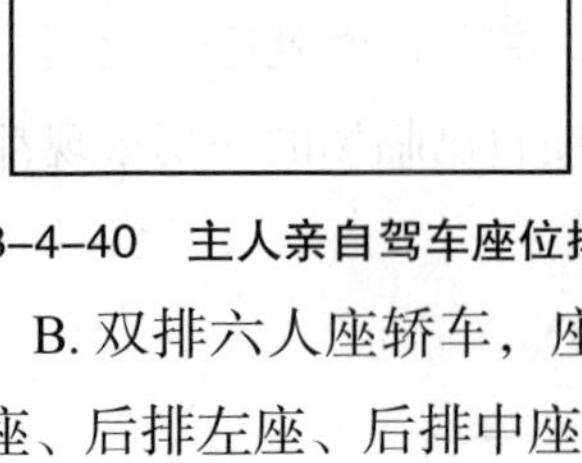

图 3-4-41 专职司机驾车座位排序

②专职司机驾驶轿车：通常仍讲究右尊左卑，但座次同时变化为后排为上，前排为下。如图 3-4-41 所示。

A. 双排五人座轿车，座位由尊而卑依次为：后排右座、后排左座、后座中座、副驾驶座。

B. 双排六人座轿车，座位由尊而卑依次为：后排右座、后排左座、后排中座、前排右座、前排中座。

C. 三排七人座轿车（中排为折叠座），座位由尊而卑依次为：后排右座、后排左座、后排中座、中排右座、中排左座、副驾驶座。

D. 三排九人座轿车，座位由尊而卑依次为：中排右座、中排中座、中排左座、后排右座、后排中座、后排左座、前排右座、前排中座。

（2）为乘客及女士开车门。

（3）副驾驶座是车上最不安全的座位，按惯例，在社交场合，该座位不宜请妇女或儿童坐，在公务场合，叫随员座，如秘书、翻译人员及陪同人员就座。

5. 乘列车时的座位安排

列车行驶方向靠窗子的座位为上，然后是其对面的座位；再后是行驶方向靠过路的座位，最后是其对面的座位。

6. 餐饮座次安排

饮食礼仪因宴席的性质、目的而不同；不同的地区，也是千差万别。作为客人，赴宴讲究仪容，根据关系亲疏决定是否携带小礼品或好酒。赴宴守时守约。抵达后，先根据认识与否自报家门，或由东道进行引见介绍，听从东道安排，然后入座。“排座次”，是中国饮食礼仪中最重要的一部分。

（1）中餐宴席桌次排列规则

如图 3-4-42 所示。

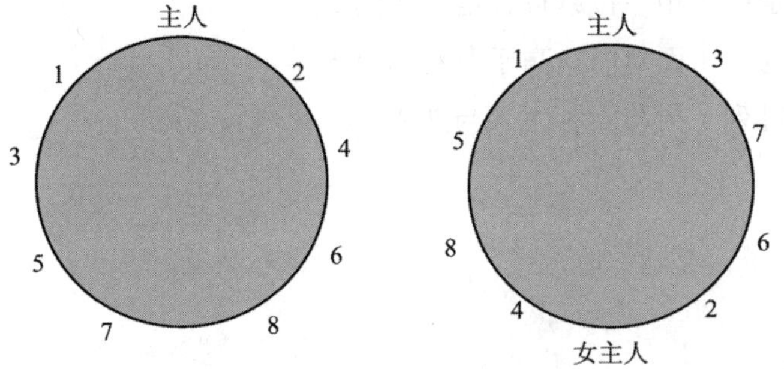

图 3-4-42　餐饮座次安排

①面门为上，以远为上；

②居中为上，居右为上；

③临台为上，开阔为上。

（2）中餐宴席桌次分布

①以主桌位置作为基准；

②同等距离，右高左低；

③同一方向，近高远低；

④主位位置，各桌同向。

（3）中餐宴席座次排列规则

①以远为上，面门为上；

②以右为上，以中为上；

③观景为上，靠墙为上。

（4）中餐宴席座次分布

①面门居中位置为主位；

②主左宾右分两侧而坐；

③或主宾双方交错而坐；

④越近首席，位次越高；

⑤同等距离，右高左低。

（5）西餐座次原则

①女士优先（女主人：主位 / 男主人：第二主位）；

②恭敬主宾（男女主宾分别仅靠女主人和男主人）；

③以右为尊（男主宾坐于女主人右侧，女主宾坐于男主人右侧）；

④距离定位（距主位越近，地位越高）；

⑤面门为上（面对门口高于背对门口）；

⑥交叉排列（男与女，生人与熟人）。

三、涉外体态语言及禁忌

（一）常用涉外体态语言

在不同的国家、不同的地区手势常常有着截然不同的含义。在用手势表示数字的时候，中国人会伸出食指表示“1”，欧美人则伸出大拇指表示“1”；中国人伸出食指和中指表示“2”，欧美人伸出大拇指和食指表示“2”，并依次伸出中指、无名指和小拇指表示“3”“4”“5”。中国人用一只手的5个指头还可以表示6~10的数字，而欧美人表示6~10要用两只手，如展开一只手的五指，再加另一只手的拇指为“6”，以此类推。在中国伸出食指指节前屈表示“9”，日本人却用这个手势表示“偷窃”。中国人表示“10”的手势是将右手握成拳头，在英美等国则表示“祝好运”，或示意与某人的关系密切。

在美国，伸出一只手，将食指和大拇指搭成圆圈，美国人用这个手势表示“OK”，是“赞扬和允诺”之意；而在印度，表示“正确”；在泰国，表示“没问题”；在日本、缅甸、韩国，表示“金钱”；在法国，表示“微不足道”或“一钱不值”；斯里兰卡的佛教徒用右手做同样的姿势，放在颔下胸前，同时微微欠身颔首，以此表示希望对方“多多保重”；在巴西、希腊和意大利的撒丁岛，表示这是一种令人厌恶的污秽手势；在马耳他，则是一句无声而恶毒的骂人语。

中国人表示赞赏之意，常常跷直大拇指，其余四指蜷曲；跷起小拇指则表示蔑视。日本人则用大拇指表示“老爷子”，用小拇指表示“情人”。在英国，跷起大拇指是拦路要求搭车的意思。在英美等国，以“V”字形手势表示“胜利”“成功”；在亚非国家，“V”字形手势一般表示两件事或两个东西。

在欧洲，人们相遇时习惯用手打招呼。正规的方式是伸出胳膊，手心向外，用手指上下摆动。美国人打招呼是整只手摆动。如果在欧洲，整只手摆动表示“不”或“没有”之意。在希腊，一个人摆动整只手就是对别人的侮辱，那将会造成不必要的麻烦。

（二）涉外首语禁忌

首语因文化和环境的差异而具有不同的表现形式。如表示首肯的：塞孟人是将头向前；巴基斯坦旁遮普和信德人是把头向后一扬，然后再靠近左肩；斯里兰卡人是将下巴低垂，然后朝下往左移等。表示否定的：土耳其和阿拉伯人一般将头抬起。特别是在保加利亚和印度的某些地方，他们的首语是“点头不算摇头算”，形式恰好同常规相反。

（三）其他涉外体态语禁忌

1. 忌问年龄

向西方人打听年龄是很不礼貌的。他们一般不肯将自己的真实年龄告诉任何人，因为他们认为这是极其不吉利的，就像有些数字那样，会给人带来某种危险，在一些场合，当他们不得不把自己的年龄告诉别人时，他们也要将自己真实的年龄改动一两岁，或者凑成一个整数。他们认为，这样做，别人就无法利用这一数字来危害自己了。

2. 忌在同一盆水中洗手

很多西方人认为，在洗手时，自己体内的一些精气会随同污垢被水冲走，所以他们在洗手时都十分小心，特别注意遵循以下两条规则：一是不与他人同在一盆水中洗手，当不得不与他人同一盆水中洗手时，必须先用食指在水中画十字，然后再去洗；二是洗手时不将肥皂递给别人，当两个人合用一块肥皂时，他们不用手将肥皂递来递去，而是先将肥皂放下，再让另一个人拿起。

3. 忌跷二郎腿

跟英国人坐着谈话，两膝不可开得太宽，忌架二郎腿。与东南亚国家的人相处时也一样，若跷起二郎腿，并无意间将一只脚颠来颠去，以至鞋底朝向对方，那就非常失礼。

4. 忌拍他们的肩背

与英国人交往，即使相处关系很好，也不能用手拍对方的肩背来表示亲切；但是与德国人、俄罗斯人交往时，为表示亲切与友好，两个男性互相拥抱并拍背则是热情的表示。巴基斯坦人认为，拍后背是警察逮捕人时才用的动作。

5. 用筷的禁忌

与日本人一起进餐，尤其需要讲究筷子使用的礼节。日本人用筷有八忌：一忌舔筷（用舌头舔筷子）；二忌迷筷（手握筷子，在餐桌上四处游寻）；三忌移筷（动了一个菜后，理应吃饭，但不吃饭，接着又动另一个菜）；四忌扭筷（扭转着筷子，用嘴舔取黏在筷子上的饭粒）；五忌插筷（插着吃菜）；六忌掏筷（用筷子从菜当中扒拉着吃）；七忌跨筷（把筷子跨放在碗、碟上面）；八忌剔筷（以筷代牙签剔牙）。此外，日本人也忌讳用同一双筷子让大家依次来拨食物，也不能把筷子垂直插在米饭当中，因为一碗垂直插着筷子的米饭，在日本是用来在家中祭奠先人的。

6. 摸头顶禁忌

亚洲许多信佛教的国家及地区，人们忌讳摸别人的头部。即使大人对小孩儿抚爱，也严禁用手去摸他们的头顶。在日常生活中，凡是去接触别人头部有关的动作，均在忌讳之列。按照传统佛俗，佛教徒认为头部是人的最高贵的部位，抚摸或其他有关接触别人头部的动作，都是对人的极大侮辱。拿着东西越过他人的头部也是不允许的。

总之，我们在与不同的国家、地区、民族的人交往时，需要懂得他们的手势语言，这样才能避免闹笑话，造成误解。

单元小结

礼仪来源于“礼”的规范与良好的“仪”的表现力，空乘人员从不完美的仪态到完美的仪态，需要训练与养成。知“礼”，练“仪”即加强礼仪修养，养成良好的礼仪规范，将为空乘优质服务打下良好的基础。本章主要介绍了礼与仪的概念及其关系，并且重点介绍了空乘服务礼仪中关于仪表礼仪、体态礼仪等具体的礼仪要求。

思考与练习

1. 选择题

（1）以下适合女空乘人员的坐姿为（　　）。

A. 双腿叠放式　　B. 正襟危坐式
C. 垂腿开膝式　　D. 双腿斜放式
E. 双脚交叉式　　F. 前伸后屈式

（2）客舱服务时，以下关于蹲姿的说法正确的有：（　）

A. 蹲姿不雅观，所以不要蹲。

B. 蹲姿有益健康，应该多找机会蹲一会儿。

C. 在孩子面前蹲下与他交谈，会使孩子感到亲切。

D. 蹲姿最好采取两膝一高一低的姿势，而不要双腿叉开。

E. 累了蹲下并不解乏，不如坐在地上。

2. 简述题

（1）简述礼与仪的关系。

（2）简述空乘人员加强礼仪修养的意义。

3. 实践题

民航客舱中的服务礼仪及注意事项梳理。

第四单元 空乘服务礼仪综合训练

课前导读

空乘服务礼仪是空乘人员职业形象、职业能力、职业素养的外在表现。通过本单元的学习，能够进一步加深学生对空乘服务礼仪规范的理解，更好地掌握服务礼仪规范，提高自身的服务意识，为学习怎样为乘客提供职业化、专业化、人性化的服务奠定良好的基础。

学习目标

【知识目标】在实践中梳理乘务礼仪的综合要求及重要性，进一步扎实掌握礼仪规范。

【能力目标】能够按照客舱空乘人员岗位要求，完成礼仪基本规范，并具有以最好的方式来表现对乘客的尊重和关心并达成和谐人际关系的能力。

【素质目标】体会民航客舱服务中乘务员个人行为与态度的关系，培养正确的世界观和为人处世的态度。

模块一　空乘人员常用服务礼仪训练

一、微笑礼仪

微笑本身是一种国际性礼仪，能够充分体现出一个人自身的热情及魅力；同时微笑还是空乘人员最基本的职业修养，无论是面对一般乘客、贵宾还是自己，都需要面带微笑，养成微笑的习惯。微笑还是一种魅力，空乘人员亲和的微笑可以有效缩短和乘客之间的距离，营造出良好的交流环境，是人际交往之中的润滑剂。

飞机上的乘客来自五湖自海，哪怕肤色不同、种族不同，微笑都是世界通用语。乘客登机后，乘务员报之以微笑，所有乘客都可以感受到欢迎，都会有“宾至如归”的感觉。微笑礼仪应做到以下几点：

（1）自然大方，主动微笑

空乘人员的微笑服务应是发自内心的，与乘客目光接触时，要神态自然，热情适度。先向对方微笑，然后再开口说话表示欢迎和进行交谈。空乘人员的自然大方、主动热情和彬彬有礼会营造一个友好、热情并对自己服务有利的气场，会较容易赢得乘客的好感。如对方微笑在先，空乘人员应马上还礼以微笑。

（2）眼中含笑，真诚微笑

微笑着面对乘客时，目光应平视乘客，自然坦诚，不可斜视对方，不可左顾右盼、交头接耳。面带微笑真诚地欢迎乘客，真实地展现自己，才能具有亲和力。试着在微笑时把眼睛以下的部位遮盖起来，观察自己的眼睛是不是也有动人的微笑。

（3）把握尺度，健康微笑

乘务员的笑容要适度，展现健康、有分寸的微笑，不可发出声音、无所顾忌地大笑。微笑注重“微”字，保持三度以内的微笑程度即可。微笑时牙齿不洁、不整、有异味则难以留给人好印象。如图 4-1-1 所示。

（4）持之以恒，一视同仁

微笑的启动和收拢要自然，不可突然。对待乘客须一视同仁，不得凭外表、地域和主观印象等差别而区别对待。无论是外宾、内宾，还是本地或外地乘客、男乘客或女乘客，都要同等对待，微笑示人。

（5）配合动作，结合语言

微笑服务时可配合身体动作：上半身微微前倾，配合点头致意等动作增强亲和力，同时下巴微收表达谦虚诚恳。微笑服务时还可结合语言进行问好打招呼，声音尽量柔和、甜美，音量适中。例如“您好！欢迎登机。”“女士您好！请问您是喝果汁还是可乐？”

图 4-1-1　乘务员的微笑礼仪

二、目光礼仪

目光又称眼神，在客舱迎客过程中，空乘人员应首先以明亮柔和的目光注视对方片刻，面带微笑，充分展示出好客的热情。

要注意与乘客距离不同时注视的部位：

（1）当乘客出现在 5 米以外时，目光注视乘客的整体身形，逐渐将视线集中于肩部以上。

（2）当乘客出现在 3 米左右时，目光注视乘客肩部以上部位，即两肩至头顶“大三角”区域。

（3）当乘客出现在 1.5 米左右时，目光注视乘客眉、眼与口部之间，即双眉至口唇“小三角”区域。

三、称呼礼仪

礼貌是人与人之间互相表示尊重、敬意和友好的行为标准，是一个人精神面貌和道德修养的具体表现。空乘人员在接待乘客的服务过程中，应做到文明礼貌、面带笑容，用空乘人员的真心、诚心、热心和耐心为乘客打造一个温馨的空中之家。空乘人员发自内心的微笑是做好接待乘客的前提和重要条件之一，会使客舱充满愉悦的气氛并能给乘客留下美好的印象。与此同时，也要把握好尺度。迎送国内的乘客时，应亲切自然、彬彬有礼；接待国外的乘客则要热情大方、不卑不亢；在迎送乘客时，要主动与乘客打招呼进行问候，来增强良好的第一印象。

（1）可以根据时间对乘客进行问候，如“早上好”“上午好”“下午好”“晚上好”等欢迎词。

（2）可以根据性别和年龄对乘客进行问候，如“女士您好”“先生您好”“阿姨您好”“叔叔您好”“小朋友你好”等欢迎词。

（3）可以根据乘客信息单信息对乘客进行问候，如“王女士您好”“陈先生您好”“张经理您好”“赵总您好”等欢迎词。

四、客舱广播礼仪

在客舱广播中，主要是通过富有感情的语言来传达情感和信息，这就要求相关的空乘人员需要掌握流利的普通话、英语以及一些其他语种。因此，空乘人员在学好相关理论知识的时候还需要加强自身的普通话、英语等口语能力。众所周知，广播只能听到声音，看不到广播的人，这就要求广播员在广播的过程中要做到声情并茂，让乘客听到广播犹如广播之人即在眼前。

在客舱播音时，乘务人员面对的是话筒，眼前并没有乘客，这时候需要做到“眼前无人，心中有人”。在播报的过程中，乘务人员还需要为乘客着想，设想和感受乘客的反应，及时意识到乘客的心理变化、实际需求以及情绪变化等方面，并且还要以此来充分调动起自身的情感，进而促使自身能够通过话语来传递情感（见图 4-1-2）。如果在广播过程中，播报员不带感情地进行播报，那么乘客所听到的就只是干巴巴的声音，是缺乏节奏的自言自语，这样就会影响到乘客的情绪。

机内广播礼仪规范要求如下：

（1）在机内负责广播的空乘人员必须要经过专业和严格的训练，直到获得广播资格证之后才能够上岗。

图 4-1-2　客舱广播

（2）需要保障不同目的地国家或地区的航线有相对应的语种广播。

（3）在广播过程中要用语准确、规范，要使用专用广播词；同时广播人员的语言要自然流畅，音量要适度。

（4）广播的语种要遵循一定的顺序，具体为：中文、英文以及其他相对应的语言。

（5）在有条件的情况下，可以根据飞机机型分舱广播。

（6）在航线较长的夜航飞行中，中途开餐可以不进行广播。

（7）当航班延误时，要及时通过广播通知机上的乘客。

（8）在遇到紧急情况时，带班的乘务长需要负责进行广播。

五、迎送礼仪

舱门迎客站姿

（一）迎送站姿

当客人进入客舱前，会直接面对乘务员的迎接，乘务员代表航空公司的形象，所以要保持良好的个人形象，给乘客留下良好的第一印象，这样乘客就会对乘务人员产生信赖和依赖感，乘务人员就可以第一时间架起与乘客沟通的桥梁。

乘务员在迎接乘客登机时，舱门处乘务员站在靠近厨房区域，身体与舱门大约成 45 度角（见图 4-1-3），客舱内乘务员应正面面向乘客，统一靠机舱右侧站立。应以标准的站姿、优美的仪态，面带微笑，目视对方，主动问候乘客。对于女乘务员来说，可以将双手交叉在身体前，右手放于上部，双手的肘部向外微张；男乘务员可将双手背在身后。女乘务员在站立时，膝盖和脚后跟要并紧；男乘务员站立时，双脚可以适当分开，略窄于肩。

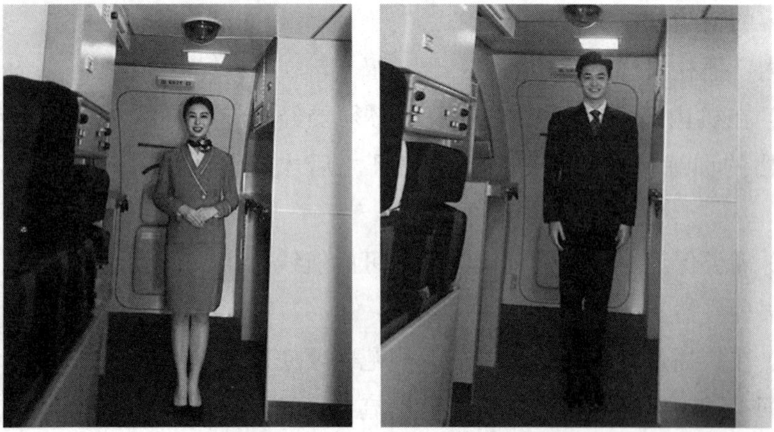

图 4-1-3　乘务员迎客站姿

在站姿方面，乘务员切忌无精打采、双手叉腰或抱在胸前、驼背弓腰、肩部不平、手臂乱动、两腿抖动、小动作多等。尤其是女乘务员，因为在工作过程之中会经常穿高跟鞋，容易出现疲累，但是在任何情况下都不能随意倚靠桌子、乘客座椅靠背、墙壁等，表现出慵懒的形象。

（二）手势礼仪

在迎送客时，不仅要用笑容、眼神和语言进行欢迎，还要有手势动作的辅助。在迎送客环节需要用到的手势礼仪有以下几种：

图 4-1-4　引导乘客就座

（1）递接式

当乘客进入客舱时，乘务员若发现乘客需要帮助寻找座位，应问候乘客同时亲切地要求："请出示您的登机牌。"用双手手指并拢、手心向上，双手接过乘客登机牌，看过后再双手奉还给乘客。

（2）引导式

看过乘客登机牌后，一手五指并拢，手心朝上与水平面呈 45 度夹角，手指伸展，手臂伸展至 135 度弧线，示意乘客明确方位或引导乘客至座位（见图 4-1-4）。

（三）鞠躬礼仪

乘务员在乘客进入客舱时，问候乘客："您好！欢迎登机！"语落后行15度鞠躬礼，要面带微笑并目光注视乘客。若登机时乘客间距比较大，可以每位乘客都进行鞠躬欢迎；若登机时乘客拥挤间距较小，则可以就近几位乘客鞠躬欢迎一次，不要每位鞠躬过于频繁，也可采用点头示意欢迎代替鞠躬欢迎，但面部表情和语言不变。

模块二　客舱服务礼仪训练

空乘人员在客舱服务过程中，应做到微笑、亲切，不能面无表情、语言生硬，要努力做到"六勤"，即眼勤、口勤、耳勤、手勤、腿勤、脑勤。

"眼勤"指眼里有活儿。在服务过程中，眼睛要密切关注客舱里的动静，适时捕捉乘客的需要，有时通过一个表情或动作，就能立刻明白乘客需要什么；"口勤"指做到热情主动打招呼，询问乘客需求，介绍服务设施的使用，提供热饮时要有适当的语言提示，在航班延误或出现小失误时诚意致歉等；"耳勤"指用听觉关注乘客和客舱中的情况，有问题时能及时发现和处理；"手勤"指多用手提供各种系列服务，其中包括帮乘客打开阅读灯，调整座椅靠背，为需要者递送毛毯、枕头等细微服务；"腿勤"指常在客舱中走动，进行安全检查，及时发现并处理各项事宜，随时满足乘客的服务需要等；"脑勤"指勤于思考，为提升服务质量动脑筋想办法，特别是在处理突发事件或各种矛盾冲突时，尤其要开动脑筋、沉着冷静、灵活应对。有了这些良好的行为习惯，就能为满意服务打下良好的基础。

一、飞机滑出前的礼仪训练

迎客服务礼仪基本要求：迎接乘客时应站姿端正，面向客舱门外的乘客。空乘人员应面带微笑，目光亲切地关注每一位即将踏入客舱的乘客并且主动问候，声音柔和、悦耳。空乘人员应主动询问 VIP 乘客、抱小孩的乘客、孕妇、老人、残障人士等特殊乘客的需求，如果需要帮助，应立即帮忙。遇见儿童乘客登机，空乘人员应降低姿态，目光高度与儿童齐平，并且友好地与儿童进行少许交流。主动疏导乘客，保持客舱通道的畅通，使用礼貌用语并且协助乘客妥善放好随身携带物品。前舱门迎客姿态、客舱迎客姿态及介绍应急出口如图 4-2-1、图 4-2-2 和图 4-2-3 所示。

图 4-2-1　前舱门迎客姿态

图 4-2-2　客舱迎客姿态

图 4-2-3　介绍应急出口

二、飞行过程中的礼仪训练

客舱巡视服务礼仪的基本要求：面带微笑、目光亲切地注视经过的每位乘客，缓慢巡视客舱，及时满足每位乘客的服务需求。客舱巡视是客舱服务中的一个重要环节，主要包括以下两方面的工作：

首先是客舱安全。在完成了餐饮服务程序后，大多数乘客需要休息。空乘人员在客舱内走动可以观察到每位乘客的状态、是否有特殊情况需要帮助。与乘客沟通时，应注意与乘客谈话的姿态是否符合礼仪要求和礼貌标准。与此同时，空乘人员还要仔细观察客舱设备是否正常、各项设备有无问题。尤其是在夜航飞行时，一旦发现不正常情况，应第一时间报告机长，以最快的速度做出恰当的处置。

其次是个性化服务。由于客舱内乘客有年龄、身份、性别、职务、身体健康状况、喜好等不同，因此对于服务的需求也有较大差异。例如，空乘人员在巡视客舱过程中应帮助睡觉的乘客关闭阅读灯和通风孔；帮助老人和儿童乘客调节椅背和小桌板，盖上毛毯；给需要的乘客送一杯饮料等。乘务员通过微笑和每个细微动作，体现细致周到而又个性化的客舱服务。请注意区分图 4-2-4 中正确与错误的巡视客舱姿态。

正确姿态

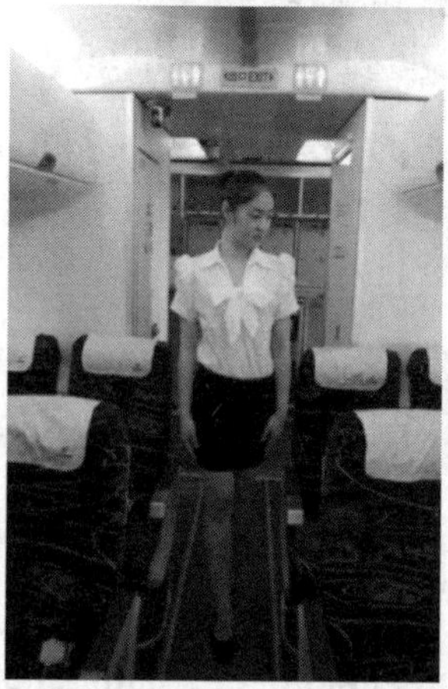

错误姿态

图 4-2-4　巡视客舱姿态

（一）书报杂志服务礼仪

在将飞机上的报纸折叠好之后，将相同或者是相同类型的报纸放在一起，杂志需要分开，并且所有的杂志排列成扇形。竖版报纸采用扇形摆法，横版报纸采用层叠摆法，注意都要将刊头露出。

发放杂志或者报纸时，空乘人员需要一只手四指并拢，手心朝上，以此将报纸或者杂志托住，另外一只手要扶在报纸或者杂志的左上角。为乘客介绍时应站在乘客的斜前45度位置并目光注视乘客，扶在报纸左上角的手应手心朝上为乘客介绍报纸种类。请注意区分图4-2-5所示的发放报纸杂志时的正确姿势和图4-2-6所示的发放报纸杂志时的错误姿势。

为单独的乘客提供杂志和报纸时，需要使用小托盘送出，同时询问乘客是否需要打开阅读灯。

图4-2-5　送报纸杂志的正确姿势

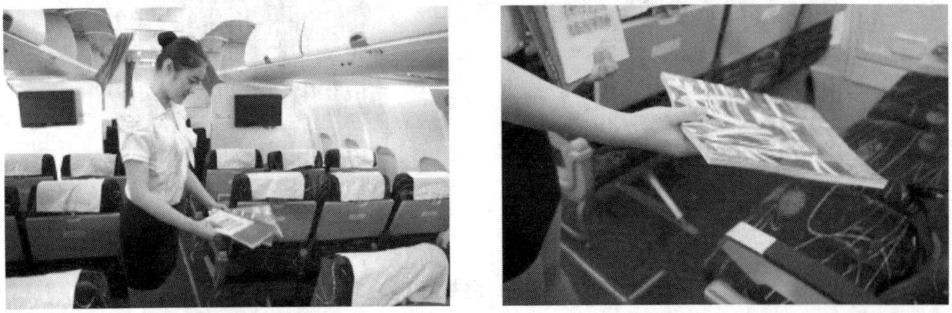

图4-2-6　送报纸杂志的错误姿势

（二）提供饮品

饮品服务是客舱餐食服务之一。空乘人员要在服务间内打开饮料，但要盖好瓶盖。送饮料前，空乘人员应主动向乘客介绍水车内的饮料品种，由乘客自行选择。当乘客需要冷饮时须询问乘客是否需要加冰块。倒饮料时，饮料一般以七成满为宜，用餐时可倒至八成，颠簸时以五成为宜，为儿童提供饮料时应以五成为宜并尽量使用热饮杯。请注意区分图 4-2-7 所示的递送饮品时的正确姿势和错误姿势。

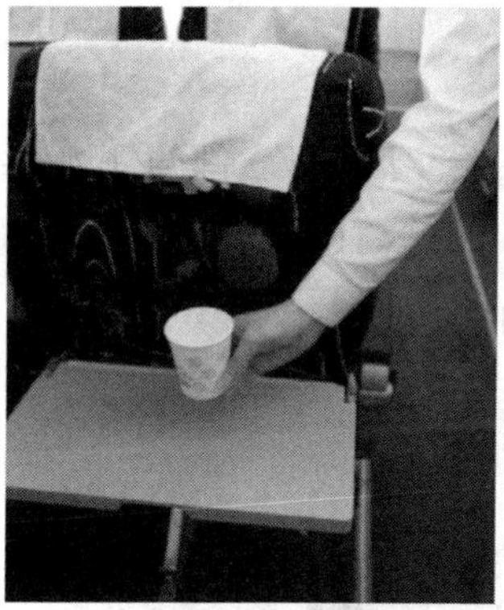

正确姿势

错误姿势

（拿杯手位：杯壁下三分之一处）

图 4-2-7　递送饮品

知识窗

关于咖啡

咖啡在许多人的日常生活中扮演着不可或缺的角色，其中美国人是全球咖啡消耗量最大的。据说，第一次载人上月球的阿波罗十三号宇宙飞船，在归航途中发生了生死攸关的故障，当时地面工作人员安慰三位宇航员的第一句话就是：“加油，香喷喷的热咖啡正等着你们归来。”

欧洲人喝咖啡比较讲究。相对英国和法国等国家的人而言，美国人喝咖啡比较随意。

（三）送收物品

递交物品时，应双手递送，并将物品的正面朝向乘客，使对方容易看清楚。接受物品时，也应礼貌地用双手接过来，并伴随礼貌用语。

递送刀叉等尖锐物品时，应将刀叉的柄递送给乘客，以便对方拿取。如果方便最好用双手递送，以显示对对方的恭敬之意。如递送别针之类的小东西，可以将其放在小托盘上递送给乘客，不但便于对方拿取，而且还给人以亲切之感。

（四）使用餐盘

端餐盘或其他盘状器皿时，应双手手指并拢，托于托盘底部两侧，大拇指放于盘的边缘。在将餐盘送给乘客时，应尽量双手递送或用右手递送，以示尊重。请注意区分图 4-2-8 和图 4-2-9 所示餐盘的正确拿法和错误拿法。

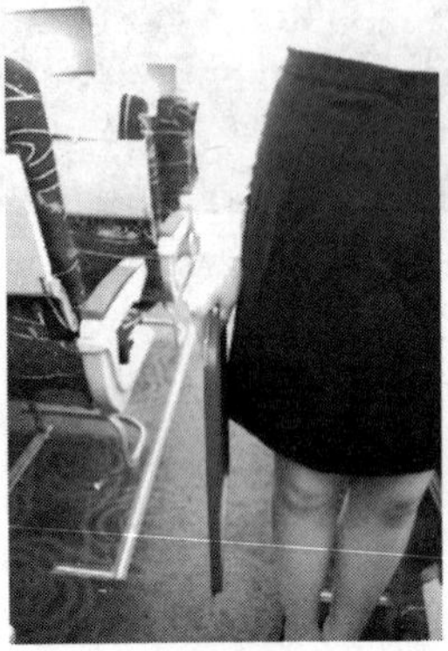

正确拿法

错误拿法

图 4-2-8　空托盘的拿法

正确拿法

错误拿法

图 4-2-9　用托盘提供服务

（五）送果仁小吃

在递送果仁等小吃时，应将食物放在餐巾纸上方，用双手或用右手递送到乘客手中，或整齐地摆放在乘客面前的小桌板上。

三、送别乘客时的礼仪训练

送别乘客服务礼仪基本要求：送别乘客时空乘人员应按各自岗位职责站立在自己负责的区域内，面带微笑，采用致意礼，目送每位乘客下机，并真诚地使用礼貌用语与其告别。空乘人员还应协助有需求的乘客下机。后舱送别乘客姿态如图 4-2-10 所示。

图 4-2-10　后舱送别乘客姿态

实训：客舱服务规范	实训总结
目标：根据上述所学的客舱服务规范，练习如何为乘客进行标准化的服务。	
训练情境：分组练习，每组 5~6 个人。每组设计经济客舱不同的服务场景，每种场景要求涉及送报纸杂志、提供饮品、送收物品、使用餐盘、送果仁小吃等对话，同时进行服务姿态训练。在训练中要注意动作要领，服务姿态要标准、规范。	
纠错：在训练中，动作姿态要优美轻盈，不然就会显得死板、生硬。要反复训练才能达到熟练的程度。	

模块三　公务舱服务礼仪训练

随着社会经济的发展，乘客对民航服务的要求越来越高，航空公司在继承传统航空服务理念的同时，要不断借鉴，甚至超越其他航空公司的服务模式与理念，进行科学管理，在继承与创新中不断发展与完善，让每一位乘客感受到安全优质的服务。空乘人员在为乘客提供任何一项服务时，都应注意表情、目光及语言的沟通，并且始终以最佳的精神状态和优雅得体的仪态为乘客服务。热情、真挚、周到的服务能够吸引乘客，获得好评，而真正能打动人心的则是蕴藏在服务中的真挚情感。因此，空乘人员需要怀着真诚的心，带着对空乘职业的热爱，为乘客提供贴心、舒心、细心的服务。

公务舱的乘客，是航空公司的要客。据调查，航空公司 80% 的利润来自 20% 左右的公务舱乘客，这些“重要的少数”是航空公司利润的增长点，因此在服务上需要高度重视。

公务舱客舱服务的基本理念体现于“雅致”服务，相对于经济舱服务而言，公务舱客舱服务应更加细致与完善，体现个性化、高端化，要求空乘人员服务主动、热情，富有职业精神。空乘人员在服务过程中，要将称呼乘客的姓氏贯穿服务的全过程，适时地与乘客沟通，了解乘客需求，体现亲切和温馨，使乘客有宾至如归之感。首先，要始终牢记公务舱乘客的心理需求是安全、舒适、亲切及被尊重。其次，空乘人员要具备管理客舱环境、调节客舱气氛和讲究语言技巧的能力，通过空乘人员的举止、言语使乘客感受到被尊敬、被重视，从而建立良好的关系和氛围，更好地完成公务舱服务。

下面介绍下国内航线公务舱的规范服务流程。

一、迎宾服务

（一）地面准备

（1）检查服务用品、供应品及食品，并做好空中服务的准备工作。

（2）检查整理书报杂志，准备好迎宾饮料及热毛巾。

（二）登机服务

（1）根据登机牌上的乘客姓名为乘客提供姓氏尊称服务。

（2）空乘人员站立在机舱门口附近，站姿端正、优雅，面带富有亲和力的微笑，引导乘客入座、协助乘客摆放行李。

（3）主动自我介绍，与乘客沟通。

（4）帮助乘客搭挂衣物，提醒乘客取出衣物内的贵重物品，由乘客自行保管。

（5）迎宾饮料服务。乘客入座后，根据航线和配备情况提供热毛巾、欢迎饮料及拖鞋。服务时将餐巾纸和饮料放置在乘客座椅中间扶手或可收缩的桌板上。也可按乘客需求提供其他冷热饮。

（6）为乘客提供最新报纸、杂志。提供时应主动介绍，并做到语言、表情、视线动作到位。

（7）主动询问乘客是否需要拖鞋或靠垫等，如需要应及时提供。在乘客看书时帮其打开阅读灯，休息时提供毛毯，适时进行细微服务。

（8）乘客用完毛巾和饮料后，应及时将其收走。

二、餐食服务

（一）服务准备

1. 提供餐谱

（1）面带微笑将餐谱递送到乘客手中，了解乘客用餐时间。

（2）提供姓氏服务，用中英文主动向乘客介绍餐食内容及饮料酒水单。

（3）订餐完还应征询乘客对主菜的烤制要求。

2. 进行细微服务

有吧台的机型摆吧台，无吧台的用饮料车供饮。送饮时，同时提供餐巾纸和小吃。

3. 供餐计划

（1）根据航线、航段、起飞时间合理安排开餐时间，给乘客足够的时间享受美食。

（2）根据乘客需求和配备计划制订供餐计划。

（3）做好供餐准备：烘烤餐食。

（二）供餐规范

1. 铺餐巾

帮助乘客打开小桌板，将餐布平铺，动作要轻。

2. 送餐前酒水

（1）主动介绍各种餐前饮料、餐前酒，递送小食品及餐巾纸。

（2）正确提供餐前酒。

3. 餐食服务

（1）餐盘服务：在服务舱内预先将冷盘上的保鲜膜打开，并摆放好餐具。面带微笑，目光注视乘客，将托盘放置在乘客的小桌板上，并作简单介绍，请乘客享用餐食。

（2）热面包服务：使用面包筐、面包夹，夹时不宜用力过大，以防面包变形。提供面包时，将面包呈现于乘客面前，主动介绍面包的品种，由乘客自行选择。

（3）主菜服务：在餐车上整齐地摆放好各类主菜。将冷盘及刀叉收回，放入餐车内的下层。递送上乘客预订的热主菜，并在供餐中及时添加饮料、酒类。

（4）提供餐后茶点服务。将餐后热饮、巧克力或甜品、用具及酒杯摆放在餐车上同时提供。

4. 餐后服务

整理客舱，提供细微服务。

三、送客服务

（一）落地前工作

（1）落地前广播，向乘客致谢；

（2）整理客舱，进行安全检查。

（二）落地后工作

（1）落地后广播；

（2）归还为乘客保管的行李等物品；

（3）通常是公务舱乘客优先于普通舱乘客下机，应面带微笑、语言得体地引导公务舱乘客下机。

案例

对待客人不能厚此薄彼

空乘人员小张在这次航班任务中担任公务舱空乘人员。她发现这次航班中有一位常旅客，所以感到非常高兴。于是她在对此乘客服务时非常热情、主动，乘客有求必应。飞机快落地时，公务舱的其他乘客却向该航班的乘务长投诉说，小张的服务很不周到。小张感到很委屈，难道对客人主动热情不好吗？

评析：本案例中，小张过于热情接待常旅客，忽视了公务舱其他乘客的感受，引起其他乘客的不满。向每位乘客分别提供全方位服务是很难做到的。但是，要使每一位乘客都满意，除了细致服务外，重要的是做到尽心尽力、平等待人，不能厚此薄彼。

实训：公务舱服务	实训总结
目标：根据上述所学的公务舱服务礼仪规范，练习如何为公务舱乘客进行优质服务。	
训练情境：分组练习，每组5~6个人。每组设计公务舱不同的服务场景，每种服务场景设计包含迎接乘客登机、问候公务舱登机乘客、提供特殊餐食及特殊饮品、送别乘客等情景。训练中注意动作要领、服务姿态要标准规范，同时要加强规范服务程序的训练。	
纠错：在平时生活学习中要注意积累一些关于冲调咖啡、品茶、特殊饮品及酒类的常识，以免服务中出现差错。	

模块四　特殊旅客服务礼仪训练

特殊旅客是指由于各种原因需要在飞行中得到特殊照顾的旅客。主要分为：婴幼儿小旅客、无成人陪伴儿童、老年旅客、孕妇旅客、疾病旅客、残疾旅客、患有精神疾病的旅客、死亡休克旅客、被押解的犯罪嫌疑人等，这些旅客也是航空旅客的重要组成部分，是空乘人员不可忽视的服务对象。为这些特殊旅客提供热心、耐心、虚心、细心的服务，是空乘人员应尽的责任。每一位乘客在乘机时都有轻松、方便、舒适、安全、快乐的需求，所以空乘人员要关注包括特殊旅客在内的所有乘客，了解乘客的需求，为特殊旅客提供职业化、人性化的服务。

一、无成人陪伴儿童乘客的服务礼仪

无成人陪伴儿童（UM，Unaccompanied Minor），指年龄在5~12周岁、在没有年满18周岁且有民事行为能力的成人陪同下乘坐飞机的儿童。无成人陪伴儿童可以在不换机的前提下独自乘机旅行，也可在不备降或预计不会因气象原因改乘或跳过目的地的航班上独自乘机旅行。根据航空公司不同机型的要求，每段航程承接无成人陪伴儿童的数量也有所限制。

对无成人陪伴儿童乘客的服务包括以下方面：

（1）登机时，首先要了解所持文件袋内文件是否齐全，了解接送小乘客人员的姓名、地址及电话号码，了解小乘客的身体情况、生活习惯、所携带物品及小乘客监护人提出的特殊要求等。

（2）向小乘客介绍周围的服务设施，如安全带、呼唤铃、阅读灯、邻近的洗手间及使用方法。注意不能将小乘客安排在靠近紧急出口的座位上。

（3）飞行中，指定一名空乘人员照顾无人陪伴的小乘客，并及时了解该儿童的冷暖情况，为其增减衣物。

（4）饮食上尽量照顾儿童的生活习惯，对年龄较小的儿童，可帮助其分餐。小乘客应以冷饮为主，首选饮料是果汁；如果提供热饮，以倒半杯为宜。

（5）为小乘客提供玩具、图书及文化娱乐用品，随时掌握小乘客的空中生活情况。

（6）飞机起飞、下降前，帮小乘客在腹部垫放一条毛毯，系好安全带。

（7）飞机下降时，若儿童处于睡眠状态，要唤醒小乘客，以防止客舱内气压变化压迫耳膜。

（8）到达目的地后，要把小乘客的情况详细告诉地面服务人员，并将其所携带的物品点交清楚，进行交接并签字。

案例

无成人陪伴儿童的好伙伴

5岁的小嘉宜是作为无成人陪伴儿童登上飞机的，一进客舱，她就跟乘务员们打招呼、问好，非常乖巧。当班乘务长了解到这位小朋友是“小荧星”艺术团的成员。刚上机那会儿客舱非常安静，飞机平飞后，经济舱第一排传来了哭声，原来是无成人陪伴的小女孩嘉宜哭了起来。乘务员急忙上前安抚，可是怎么也哄不住，小嘉宜想家人了。哭声打破了客舱里的那份安宁。这时，乘务长来到小嘉宜面前，牵着她的小手说：“听说我们嘉宜是小演员呢，最近看过《爸爸去哪儿》吗？其实今天你们老师给叔叔安排了一个任务，就是在飞机上呀，扮演你的爸爸，你扮演女儿，就像电视里那样！如果我们配合得好的话呢，就说明你已经是一名合格的‘小荧星’了，还有一份小礼物奖励给小嘉宜哦！”乘务长的话音刚落，小嘉宜就立刻收住泪水，进入了角色，变得活泼起来。于是一路上有“爸爸”陪着，小嘉宜出色完成了“乘机任务”，还得到了“爸爸”送的飞机拼图，小嘉宜度过了一段愉快的旅程。临下飞机，她还对着乘务长挥手说:“爸爸再见!”

看着小嘉宜的变化，大家知道她的陌生感正在逐渐消失。乘务长智慧而有技巧的安排使小嘉宜有了家的感觉，这种融洽的氛围也感染到了周围的旅客，感动着整个客舱。专业细致的服务会让飞机上的每一颗心都在这一瞬间变得温柔如水。

【实训】组织学生进行角色扮演，练习针对小旅客的服务技巧。

二、携带婴儿乘客的服务礼仪

出生 14 天至 2 岁的孩子称婴儿。对携带婴儿乘客的服务包括：

（1）主动帮助乘客安放行李，妥善安排好其随身携带物品，提醒乘客将婴儿日常必需品放在便取之处。

（2）主动向乘客介绍客舱设备的使用，特别是呼唤铃、通风孔、洗手间的位置和使用方法，若洗手间有换尿布的设施应详细介绍。

（3）帮助抱婴儿的监护人在胳膊下面垫放枕头，使其在旅途中能更为舒适。

（4）协助乘客系好安全带，应将婴儿安全带扣在监护人安全带上，让乘客抱紧婴儿，并提醒携带婴儿的成人乘客在起飞、下降和颠簸时保护好婴儿。

（5）向乘客征询婴儿喂食及饮水的时间和分量，有无特殊要求等。

（6）为抱婴儿的乘客提供饮料时需注意饮料的位置，同时提醒乘客注意小桌板上的饮料，避免泼洒到婴儿身上。

（7）监护人需要空乘人员帮助抱婴儿时，应采取正确姿势。同时在触摸婴儿身体之前，要注意手部卫生。

（8）如果有婴儿摇篮，平飞后，挂好摇篮，垫上毛毯，放好小枕头，让婴儿完全躺在摇篮里，系好安全带。

（9）应时刻关注带婴儿的乘客。婴儿睡觉时应及时提供毛毯和枕头。

（10）为避免压耳的不适，飞机起降前应提醒乘客照顾好婴儿并唤醒婴幼儿。

（11）落地后，帮助乘客整理随身携带物品、穿好衣服，提醒乘客抱好婴儿。

（12）下机时，帮助乘客提拿物品，送乘客下机。

案例

贴心照顾携带婴儿的乘客

一位带着6个月大宝宝的妈妈乘机。乘务员发现后主动帮助其拿行李并引导其入座。因担心宝宝压耳的不适，乘务员贴心地提醒这位妈妈在飞机起飞时给宝宝喂些水或牛奶，不要让宝宝睡着。宝宝在接触新环境时有些不适应，乘务员立即送上机上的小礼品来吸引宝宝的注意力。宝宝睡觉时，乘务员为宝宝盖上毛毯，并在妈妈的手臂下垫上毛毯，以防妈妈的手臂被扶手弄疼。提供餐食时，乘务员将餐食放在邻座小桌板上，并帮这位妈妈打开食物包装，取出刀叉，方便她使用。用餐后又立即收走餐盒，以便她有足够的空间照顾宝宝。机上有专供妈妈给宝宝换尿布的洗手间，乘务员主动告诉妈妈洗手间的方位及如何使用。当飞机抵达目的地后，乘务员帮助妈妈整理好行李物品，送至机舱门口。年轻的妈妈特别感动，一再地表示感谢，并对怀里的宝宝说："长大后还要来坐飞机哦！"

【**实训**】组织学生进行角色扮演，熟练掌握针对婴幼儿服务的技巧。

三、孕妇乘客的服务礼仪

（一）孕妇乘客的运输规则

怀孕不足32周的孕妇乘机，除医生诊断不适应乘机外，按一般乘客承运。怀孕满32周但不足35周的孕妇乘机，应办理乘机医疗许可。该乘客的医疗许可应在乘机前7天内签发有效。

不予承运的对象：怀孕35周（含）以上者，预产期在4周（含）以内者，无法准确确定预产期者，产后不足7天者。

（二）孕妇乘客的服务

（1）了解孕妇情况是否符合乘机规定。

（2）主动帮助提拿、安放随身携带物品，注意调节通风口，主动介绍客舱服务设备、洗手间的位置和使用方法，尤其是呼唤铃和清洁袋。将孕妇安排在适当的座位，经常主动了解孕妇的情况以随时给予照顾。

（3）起飞和下降前为孕妇在小腹下部垫一个枕头或毛毯，然后在大腿根部系上安全带，并示范解开的方法。

（4）在餐饮服务时，应了解孕妇饮食习惯，主动沟通，不断了解其需求，尽量使乘客舒适。

（5）应多为孕妇乘客提供备份清洁袋，并主动询问其乘机感受，随时给予照顾。

（6）遇将要分娩，空乘人员要尽快将孕妇安排到与客舱隔离的适当位置。广播寻找医务人员，请他们协助处理；若无，应及时报告机长，并按乘务员手册对应章节采取措施。

（7）帮助乘客整理随身携带物品、穿好衣服。帮助乘客提拿物品，送乘客下机。

案例

用心为乘客服务

2009年6月的一天，某航班载着109名乘客从昆明出发前往上海。航程中一声痛苦的呼喊打破了机舱的和谐与宁静，一名怀胎7个月的孕妇脸色苍白，额上的汗珠不停地往下掉。乘务长从孕妇的状况判断，该孕妇有早产的可能，机上一遍又一遍地广播：寻找医生和护士。机组人员当机立断，调整好座位，让孕妇平躺下来，氧气瓶、毛巾、枕头、毛毯等全部用上，做好临产准备，在飞机备降长沙机场的过程中，空乘人员分工明确，安抚、照顾着产妇，以确保产妇和婴儿的安全。几乎就在飞机落地的同时，在乘务组和机上乘客的帮助下，产妇成功地产下一名女婴。

四、伤残乘客的服务礼仪

（1）上下飞机时要主动帮助乘客提拿和安放随身携带物品。

（2）乘客就座后，应主动送上枕头或毛毯，帮助系好安全带并示范解开的方法。

（3）主动递送书报杂志，协助伤残乘客穿脱衣物。

（4）下身伤残的乘客在上下飞机时，应有空乘人员搀扶，护送乘客至座位或小推车、轮椅上。安排座位时，要考虑到乘客的舒适安全和上下飞机的方便。

（5）在供应饮料和餐食时，帮助其放好小桌板。在飞行航程中，对病伤乘客要留意观察。

（6）在照顾各类伤残乘客时，都要考虑到患者的意愿，不要触碰伤病部位，避免伤害到他们的自尊心。

（7）空乘人员与伤残乘客交流时应注意某些语言禁忌。

（8）伤残乘客原则上先上飞机，后下飞机。空乘人员要帮助乘客整理随身物品，并送其下机。

案例

贴心照顾伤病乘客

迎客时，乘务员发现一名脸上缠着绷带，面部严重烧伤的特殊旅客，而且这名旅客没有陪同人员。乘务员为他安排了一个比较安静的后排座位。在提供饮料时，乘务员见他缠着绷带，无法正常饮水，就主动为其拿来吸管。他充满感激又略带吃惊地抬头看了一眼乘务员。轻轻说了声“谢谢”。

五、担架乘客的服务礼仪

（一）担架乘客的运输规则

（1）本人不能自主行动或病情较重、只能躺在担架上旅行的乘客，称为担架乘客。

（2）担架乘客在乘机时至少有一名医护人员或一名成人陪同。如果医生认为有必要，担架乘客应有医护人员陪同。每个航班上只限载运输一名担架乘客。

（二）担架乘客的服务

（1）担架乘客乘机都有特殊乘客乘机通知单，要事先了解其病症、到达站、有无医务人员或家人陪同，担架是否随机及有无特殊要求等。

（2）登机时，根据情况安排担架病人先上飞机，帮助其系好安全带。飞机下降时用枕头或毛毯垫高其头部，并提醒陪同人员在起飞、下降和颠簸时注意安全。

（3）飞行中指定专人负责，经常观察、询问病情，根据情况妥善照顾。供应饮料和餐食时，要与病人或陪同人员商量，并协助进食。

（4）飞机下降时用枕头或毛毯垫高其头部，提醒病人防止压耳并躺好，系好安全带，并提醒陪同人员在起飞、下降和颠簸时注意安全。

（5）落地后，让病人最后下飞机，协助整理、提拿手提物品，护送担架乘客下机。

案例

耐心照顾担架乘客

一位有残疾的担架旅客，在飞机上不吃不喝，任由陪同家属劝说都不听，细心的乘务员发现后进行询问，才知道老先生是为了减少去洗手间的次数，怕老伴一个人扶不动他。乘务员热情地安慰他说："没关系，您上洗手间时我们会帮助您的。"老人这才放心地吃东西。后来老人要上洗手间，两位乘务员把他搀扶到洗手间并在门外一直等候。飞行途中，乘务员不时观察老人是否需要帮助，并主动拿来枕头垫在老人头部，并分别为两位老人盖上毛毯，使老人更舒服。临下飞机，老先生和他的老伴感动得流下了眼泪，拉着乘务员的手说："你们真像我们的亲人。"

六、老年乘客的服务礼仪

60 岁以上的人称老年人。尊老爱幼是中华民族的传统美德，在客舱服务中针对老年乘客首先要先了解他们的普遍特点：有些守旧，身体机能出现减退，思维和反应迟缓，应变能力较差，希望得到尊敬，乘坐飞机时注重舒适安全等。基于这些特点，空乘人员在老年乘客登机时一定要主动询问其是否需要帮忙，热情搀扶老年乘客上飞机。

（1）主动帮助提拿、安放乘客随身携带的物品及拐杖，安排座位。老年人使用的拐杖应由空乘人员妥善保管。同时需做好解释工作，避免老人产生不安心理。

（2）应主动介绍安全带的使用方法。

（3）若是无人陪伴的老人应安排在离空乘人员较近的座位上方便照顾。

（4）老年乘客腿部易冷，主动提供毛毯，帮助盖毛毯时应注意把脚、腿盖上，或适当垫高下肢。

（5）为老年人提供供应的食品时，尽量送热饮、软食。

（6）与老人谈话时，声音要略大些，速度要慢，语言简练、柔和，用较亲切的称呼来减缓老人的紧张情绪。

（7）旅途中经常去看望老年乘客，主动嘘寒问暖，工作空余时多与他们交谈，以消除老人寂寞，态度要诚恳。

（8）对于使用拐杖的老年乘客，登机后将拐杖固定在旅客座椅下方或由乘务员专门保管。下机时应将保管的拐杖等及时交还给乘客，并提醒乘客拿好随身携带物品，搀扶老人下机，并交代地面服务人员给予照顾。

案例

老年乘客的应急处理

某航空公司 4716 航班从上海飞往北京。离降落时间只有 40 分钟时，一名年纪较大的老年乘客突然晕倒在客舱过道里。抢救工作马上展开，空乘人员在乘客中找到了一位医生，在这位医生的帮助下，迅速解开病人的领口、领带，对病人施行心肺复苏术。空乘人员取来了氧气瓶，渐渐地病人苏醒了。空乘人员立即调出附近一排座位，放下扶手，轻轻将病人抬到座位上，盖好毛毯，此后空乘人员一直守候在病人的身旁，直到飞机落地。

七、盲人乘客的服务礼仪

在为盲人乘客服务时，了解适当礼仪非常重要。服务中，应当做到：

（1）主动向盲人乘客作自我介绍，征得乘客同意方可搀扶。走到视障乘客身边时，或离开时，都要告知他，以避免惊吓到乘客或出现盲人乘客与空气继续对话的尴尬。

（2）就座后，帮助安放手提物品，尽量放在乘客可以触摸到的地方，帮助其系好安全带并讲解解开的方法。

（3）如盲人乘客随身带有导盲犬，可帮助安置于座位的前面，使导盲犬的头朝向通道。

（4）向盲人乘客介绍紧急设备的方向、位置及使用方法，触摸各种服务设备、洗手间的位置，并教会其使用方法。

（5）供应餐食和饮料时，要将餐盘内各种食物的位置告诉盲人乘客。帮助盲人乘客切削肉食和水果等。

（6）给盲人乘客递送物品时必须确认乘客接拿稳妥后再放手。

（7）飞行中由专人负责，经常询问盲人乘客的需求，多和其交谈，以免其寂寞。在用口语指导视障人士时，表述一定要详细。

（8）在乘客需要时，空乘人员可协助乘客上洗手间，同时介绍洗手间内设备的使用方法。

（9）了解到达站是否有人来接，主动送乘客下飞机，交代地面人员给予照顾。

案例

无微不至地关怀盲人乘客

在北京飞往上海的航班上有位盲人旅客登机。乘务员一边帮忙提拿行李，一边让旅客搭着她的手慢慢地引领她到座位。在放行李时，乘务员先询问是否有需要放在身边的物品，放好行李后又告诉旅客行李的位置。随后乘务员向她进行安全简介，并让旅客触摸了呼唤铃、座椅调节按钮、小桌板以及通风口的位置。还请她不用担心，乘务员会随时在她身边。送餐时，乘务员细心地把餐食锡纸打开，在旅客小桌板的四个方向顺时针摆好餐食和餐具，并凑近她轻声说“您好，餐食都准备好了。”说着，握着她的右手，按顺时针方向介绍一遍。供餐结束和落地前，乘务员都会询问她是否需要用洗手间。无微不至的关怀使旅客备受感动。她动容地对乘务员表达谢意，并说真的就像在家一样，丝毫不会感到担忧。

八、晕机乘客的服务礼仪

（1）晕机的乘客，大多数不愿让人知道，应轻声询问他们乘机前后的情况及有无晕机史，加以安慰。

（2）让晕机的乘客松开领带、腰带和安全带等，帮助调整通风口和座椅靠背，让乘客安静休息，介绍并打开清洁袋。

（3）乘客呕吐时，及时更换清洁袋；呕吐后，送上毛巾和漱口的温开水，及时擦净被弄脏的衣服、行李和地毯；对无法清洁的地毯和座椅，在飞机落地后通知有关部门。

（4）座椅被弄脏，有条件时可调换座位；没有空位时，可更换座椅套，或擦净后铺上毛毯让乘客就座。

（5）对于晕机严重的乘客，提供氧气。

（6）落地后，若乘客再次吐在地毯上，空乘人员应拿废报纸盖上并站在旁边，指导乘客避让而行，以免乘客下机时踩在上面。

（7）下机时主动帮助晕机乘客提拿行李并搀扶下机。

案例

细心照顾晕机乘客

在由无锡飞往深圳的航班上。乘务员在收餐过程中，发现某座位的一名旅客突然晕倒，脸色发白。乘务长闻声而来，经验丰富的她立即做出判断：客人晕机了。她给晕机的旅客松开领带、腰带和安全带等，帮助调整通风口和座椅靠背，让乘客安静休息，并安抚同行旅客。其他的乘务员有的广播寻找医生并通知飞行机组，有的传递急救设备，有的关注客舱动态安抚其他旅客。终于，在大家的努力下，该旅客意识逐渐恢复。乘务员不间断地进行陪护，并提供温水、毛巾和清洁袋，给予游客如家人般贴心的照顾。落地后，乘务员帮助其整理随身物品，并主动搀扶旅客下飞机，同时委托地面工作人员帮他提取行李。这名晕机旅客全然没有了当时的痛苦和不安，对乘务员又是微笑又是鞠躬。

九、重要旅客的服务礼仪

重要旅客（VIP，Very Important Person），是指符合一定身份或职务、在旅途中需要特殊礼遇的旅客。重要旅客的范围和分类大致如下：

（一）重要旅客的范围

（1）省、部级（含副职）以上的负责人；

（2）军队在职正军职少将以上的负责人；

（3）公使、大使级外交使节；

（4）由各部、委以上单位或我驻外使、领馆提出要求按重要旅客接待的客人；

（5）承运人认为需要给予此种礼遇的旅客。按承运人的要求确定需要给予此种礼遇的旅客，并在售票部门备案。

（二）重要旅客的分类

（1）重要旅客

①最重要旅客（VERY VERY IMPORTANT PERSON，代号 VVIP）

（a）我国党和国家领导人；

（b）外国国家元首和政府首脑；

（c）外国国家议会议长和副议长；

（d）联合国秘书长。

②一般重要旅客（VERY IMPORTANT PERSON，代号 VIP）

（a）政府部长，省、自治区、直辖市人大常委会主任，省长，自治区人民政府主席，直辖市市长，以及相当于这一级的党、政、军负责人；

（b）外国政府部长；

（c）我国和外国政府副部长和相当于这一级的党、政、军负责人；

（d）我国和外国大使；

（e）国际组织（包括联合国、国际民航组织）负责人；

（f）我国和外国全国性重要群众团体负责人；

（g）两院院士。

（2）工商界重要旅客（COMMERCIALLY IMPORTANT PERSON，代号CIP）

（a）工商业、经济和金融界等重要、有影响的人士；

（b）重要的旅游业领导人；

（c）国际空运企业组织、重要的空运企业负责人和我公司邀请的外国空运企业负责人。

（3）各航空公司白金卡旅客

（三）重要旅客的服务礼仪

（1）乘务组获知重要旅客乘机信息后，应尽可能多地了解其相关资料。

（2）接待重要旅客时，称呼其姓氏及职位头衔。由指定空乘人员引导入座，帮助其提拿、安放行李。

（3）指定空乘人员专门为重要旅客提供服务，供应特殊餐食、饮料时主动征求重要旅客或陪同人员的意见；如有特殊要求，应尽量满足。

（4）优先通知重要旅客到达目的地的时间及天气情况。

（5）航班不正常时，优先通知重要旅客航班信息，并尽力满足其需求。

（6）乘务长在航班任务结束前，向重要旅客征询对服务工作的意见。

（7）通常情况下，重要乘客最后上机，最先下机，也可征求重要乘客的意见，以尊重其要求为原则。下机时，优先将其送至机舱门口并帮助其提拿行李。

实训：为特殊旅客提供服务	实训总结
目标：在客舱服务礼仪规范训练的基础上，练习如何为特殊旅客进行服务。	
训练情境：分组练习，每组5~6个人。每组设计客舱服务时为不同的特殊旅客（晕机者、婴幼儿、残疾人士等）进行服务的场景，训练中要针对不同的特殊旅客，运用不同的服务方式。除了规定的服务范围，还要细心地处处为这些旅客着想。除了服务礼仪的训练，还要设计一些服务中特殊旅客的突发事件，更好地了解他们的心理需求。	
纠错：在训练中，除了动作姿态要优美轻盈，还要注重服务语言的运用，对待特殊旅客更要有耐心，不能有歧视心理。	

实训：为VIP旅客提供服务	实训总结
飞行途中，乘客发现一位当红影星坐在头等舱，很多乘客都争相到头等舱向明星索要签名。此时作为乘务员该如何处理？	

案例

用情动人，以礼服人，不失为另一种处置投诉危机的方式

一次北京至珠海的航班上，头等舱客满，还有五名VIP旅客，乘务组自然是不敢掉以轻心。2排D座是一位外籍旅客，入座后对乘务员还很友善，并不时和乘务员做做鬼脸儿开开玩笑。起飞后这名外籍客人一直在睡觉，乘务员忙碌着为VIP一行和其他客人提供餐饮服务。然而两个小时后，这名外籍旅客忽然怒气冲冲地走到服务台，大发雷霆，用英语对乘务员说道："两个小时的空中旅客时间里，你们竟然不为我提供任何服务，甚至连一杯水都没有！"说完就返回座位了。旅客突如其来的愤怒使乘务员们很吃惊。头等舱乘务员很委屈地说："乘务长，他一直在睡觉，我不便打扰他呀！"说完立即端了杯水送

过去，被这位旅客拒绝；接着她又送去一盘点心，旅客仍然不予理睬。作为乘务长，眼看着将进入下降阶段，不能让旅客带着怒气下飞机，于是灵机一动和头等舱乘务员用水果制作了一个委屈脸型的水果盘，端到客人的面前，慢慢蹲下来轻声说道："先生，我非常难过！"旅客看到水果拼盘制成的脸谱很吃惊。"真的？为什么难过？""其实在飞行中我们一直都有关注您，但起飞后您就睡觉了，我们为您盖上了毛毯，关闭了通风孔。后来我发现您把毛毯拿开了，继续在闭目休息。"旅客情绪开始缓和，并微笑着说道："是的！你们如此真诚，我误解你们了，或许你们也很难意识到我到底是睡着了还是闭目休息，我为我的粗鲁向你们道歉，请原谅！"说完他把那片表示难过的西红柿片180度旋转，立即展现出一个开心的笑容果盘。

模块五　涉外空乘服务礼仪训练

一、涉外礼仪的基本原则

所谓涉外礼仪的基本原则，是指在礼仪活动中与外国人接触时，应遵守、应用的与国际交往惯例一致的宏观指导性原则。它既是对国际交往惯例的高度概括，又对参与国际交往的空乘人员具有普遍的指导作用。空乘人员在工作中，常常会接触到外国人，所以，除了要了解和掌握涉外礼仪的基本原则以外，还必须学会在实际工作中认真地遵守、运用涉外礼仪的基本原则。

（一）主权平等，以人为本的原则

主权平等是现代国际关系的基本准则，作为国际交往行为规范之一的现代国际礼仪，也必须遵循这一准则。以人为本，要求在国际交往中的任何行为应有意识地尊重与保障人权。每一位涉外空乘人员都必须充分地意识到：自己所从事的一切涉外交往行为，其根本目的都是维护中国人民与世界人民之间的友好关系。

礼仪小故事

周总理送客

1957年国庆节后，周总理去机场送一位外国元首离京。当元首的专机起飞后，外国使节等的队列仍然整齐，并对元首座机行注目礼。而中国政府的几位部长和一位军队的将军却疾步离开了队列。周总理目睹这一状况后，立即派人把大家叫回来，一起昂首向在机场上空回旋的飞机行辞别礼。随后，待送走外国友人，总理特地把中国的送行官员留了下来，严肃地给人们上了一课：外国元首的座机起飞后绕机场上空回旋，是表达对东道国的感谢。东道国的主人须在飞机离开视线后方可离开。我们的干部和工作人员代表了国家形象，切不可不遵守国际礼仪，使国家形象受损。

（二）维护形象的原则

在涉外交往中，每一名空乘人员都必须时时刻刻注意维护自身形象。在涉外交往中，每一名空乘人员都代表着中国民航的形象，外国友人对中国的了解和看法，首先是来自他所接触到的中国人，比如乘坐中国航班时遇到的中国乘务人员。因此，空乘人员在对外交往中若是不注意维护自身形象，从某种程度上来讲，有可能会损害中国的国际形象。

（三）不卑不亢的原则

不卑不亢原则，是涉外礼仪中的一项基本原则。空乘人员在工作中必须意识到，自己在外国友人的眼里，就是公司的代表，就是国家的代表。因此，在工作中，空乘人员的言谈举止都应当从容得体，堂堂正正。在涉外乘务服务中，每一件不起眼的小事都有可能成为大事。空乘人员在工作中的一言一行、一举一动，都会被对方与中国甚至中华民族的形象联系在一起。在外国乘客面前，既不能表现得畏惧，低三下四，也不能表现得自大狂傲，放肆嚣张。在涉外礼仪中坚持这一原则，是每一名涉外空乘人员都必须高度重视的问题。

（四）求同存异的原则

世界各国的礼仪与习俗存在一定程度的差异性。在涉外乘务服务中，对于诸如此类的差异，尤其是我国与交往对象所在国之间的礼仪与习俗的差异性，重要的是去了解，而不是评判是非、鉴定优劣。空乘人员在工作中应对外国友人所在国的礼仪与习俗有深刻的认识，并予以特别的尊重，同时对于国际上所通行的礼仪惯例应认真地加以遵守。

（五）热情有度的原则

热情有度就是要求空乘人员在航班工作中，同外国乘客打交道时，不仅要热情友好，而且要把握好待人热情友好的具体分寸，不能过于冷淡，也不能热情过度，即“热情有度”。热情有度就是保持基本热情原则的同时遵循适当的“度”，度就是分寸，因此热情有度的原则应该充分体现在以下几个方面：一是应体现对外国乘客适当的关心和问候，但不宜对外国乘客表现得过于关心和关照，这是礼数问题；二是和外国乘客的言行举止应该保持限度，切忌表现出过分亲昵的举动和不文明的举动，比如拍肩膀、跨胳膊、随意牵手等，用中国话随意开玩笑等行为也应该令行禁止；三是面对不同的场合要保持合理的社交距离。只有把握好适当的分寸，才能在对外交往活动中给他人留下良好的印象。

我们虽然无法全部了解世界各国的礼仪知识，但是只要遵循这五点涉外交往中的原则，就能把握处理事情的大致方向。

二、涉外空乘服务的礼仪训练

空乘人员在涉外服务过程中，肯定会接触不同国家、不同民族、不同身份的人士，能否处理好与外国友人之间的关系，是判断空乘人员服务质量的重要标准。空乘人员与乘客之间的见面礼是在航班乘务工作中遇到的基本问题。不同国家的人们往往使用不同的见面礼节，我们在服务工作中针对不同国家的习俗采取不同的见面礼节，才更显亲切。例如，日本人行鞠躬礼、泰国人行合十礼以及欧美人行吻手礼、拥抱礼等。空乘人员在服务工作中应注意遵循各国的惯例和礼仪习俗。

除了注重各国礼节差异外，对乘客所在国的饮食也需要十分关注。各国餐饮文化和饮食习俗存在很大的差异，有不同的饮食爱好和禁忌的食物，空乘人员在服务工作中要十分重视。比方说日本人不喜欢吃松花蛋，法国人不喜欢吃无鳞鱼，英国人不喜欢吃狗肉和动物的头、爪，德国人不吃核桃，美国人不吃羊肉和大蒜，俄罗斯人不吃海参、海蜇和木耳等。在所有的饮食禁忌中，宗教方面的饮食禁忌最为严格，而且绝对不允许有丝毫差错。在服务外国乘客时，要高度重视。针对不同宗教信仰及因健康原因需特别照顾的乘客，各航空公司都推出了特殊餐食，包括素食餐、犹太教餐、穆斯林餐、印度餐、低脂肪餐、海鲜餐、婴儿餐等。比如，对信仰犹太教的外国友人进行餐食服务时，应尊重犹太教民族的习俗规定。食物餐盒必须由乘客本人开启，再由空乘人员将餐食进行加热，最后送至乘客手中。空乘人员在工作中还会遇到很多类似问题，都需要遵守并认真对待。对于各国带有普遍性的饮食禁忌，应有所了解和掌握，以便更好地接待各国朋友。

案例

中西方礼仪差异

当年李鸿章出使美国，曾宴请当地政府官员。宴会结束前，他对来宾说："承蒙各位光临，不胜荣幸。我们略备粗馔，没有什么可口的东西。聊表寸心，不成敬意，还望诸位海涵。"这番话中国人一听便知道是客套话，但来宾们不解，更使饭店老板不满，竟诉诸法院，要李鸿章说明饭菜为什么"不可口"，并要求赔礼道歉。法院判饭店胜诉。

李鸿章为什么会败诉呢？

评析：本案例中李鸿章恰恰错在将中国的语言习惯套在跨文化的交往中，才会输了这场令他哭笑不得的官司。东西方文化在很多方面有着相同的目标，只是在表达方式等方面有所不同。只要我们了解这些不同之处，并尊重对方的文化、礼仪、习俗，就能和睦相处。

实训：为外国乘客提供服务	实训总结
目标：在客舱服务礼仪规范训练的基础上，练习如何为外国乘客进行服务。	
训练情境：分组练习，每组 5~6 个人。每组设计客舱服务时为不同国家乘客进行服务的场景，训练中要针对不同的外国乘客，了解其国家的风俗习惯和个人的特殊要求，以标准规范的服务体态语言体现中国空乘人员的风采。	
纠错：在训练中，一定要细心，如果忽略了中西方文化的差异，就会引起很大误会。	

实训：特殊旅客特殊餐食服务实训	实训总结
一位乘客预订了一份清真餐，但飞机上没有配，作为乘务员此刻你该如何处理？	

单元小结

本单元主要讲的是空乘人员常用服务礼仪、客舱服务礼仪及涉外礼仪等的知识与训练。通过对本章节的学习，熟练掌握基本服务的常识与规范，为今后的工作打下扎实的基础。

思考与练习

1. 思考题

（1）空乘人员的客舱服务礼仪有哪些？

（2）面对特殊乘客的服务细节有哪些不同？

（3）如何规范地对公务舱乘客进行标准且细微的服务？

（4）进行角色扮演，熟练掌握为各类特殊乘客服务的技巧。

2. 实践题

（1）乘客说他是本次航班所属航空公司老总的朋友，想坐头等舱，你该如何处理？

（2）某次航班飞行时，公务舱乘客提出想要一份特殊餐食，但其没有提前预订，作为空乘人员，你该如何处理？

（3）乘客需要英文报，但已经发完了，你如何处理？

（4）乘客需要的报纸品种，本次航班飞行没有配备时怎么办？

（5）乘客的衣服被咖啡弄脏，要求赔偿，你该如何处理？

（6）一位乘客预订了一份清真餐，但飞机上没有配，作为空乘人员该如何处理？

3. 荐读

请读一本周恩来总理的传记，深刻体会周总理礼仪修养和礼仪风范。

参考书目

刘维娅 . 社交礼仪教程[M]. 武汉：华中师范大学出版社，2007.

鲁丹丽，高强 . 职业礼仪修养[M]. 北京：高等教育出版，2018.

吕艳芝，等 . 社交礼仪培训全书[M]. 北京：中国纺织出版社，2022.

王连英 . 民航客舱安全管理[M]. 北京：中国民航出版社，2015.

韦克俭 . 现代礼仪教程[M]. 长沙：中南大学出版社，2016.

许湘岳，等 . 礼仪训练教程[M]. 北京：人民出版社，2020.

杨静，等 . 形体训练与形象设计[M]. 北京：清华大学出版社，2023.

英格丽・张 . 你的形象值百万[M]. 北京：中国青年出版社，2005.

张号全，孙梅 . 航空面试技巧[M]. 北京：化学工业出版社，2017.

图书在版编目（CIP）数据

空乘人员仪态与服务礼仪训练 / 洪涛，杨静主编
. -- 5版. -- 北京 : 旅游教育出版社，2024.7
民航空中乘务专业系列教材
ISBN 978-7-5637-4385-8

Ⅰ. ①空… Ⅱ. 洪… ②杨… Ⅲ. ①民用航空－乘务人员－礼仪－教材 Ⅳ. ①F560.9

中国版本图书馆CIP数据核字(2022)第004596号

民航空中乘务专业系列教材

空乘人员仪态与服务礼仪训练

（第5版）

洪　涛　杨　静　主　编

杨　倩　郑大莉　高　宏　副主编

亢　元　熊　莹　李巧娜　参　编

策　　划	李红丽
责任编辑	李红丽
出版单位	旅游教育出版社
地　　址	北京市朝阳区定福庄南里1号
邮　　编	100024
发行电话	（010）65778403　65728372　65767462（传真）
本社网址	www.tepcb.com
E - mail	tepfx@163.com
排版单位	北京旅教文化传播有限公司
印刷单位	唐山玺诚印务有限公司
经销单位	新华书店
开　　本	710毫米 × 1000毫米　1/16
印　　张	15.75
字　　数	209千字
版　　次	2024年7月第5版
印　　次	2024年7月第1次印刷
定　　价	38.00元

（图书如有装订差错请与发行部联系）

备忘录

备忘录